Cintia Aparecida de Sousa
Jéssica Alessandra de Jesus Marquês

MANUAL DE
GRAMÁTICA DA LÍNGUA PORTUGUESA

COPYRIGHT © 2012 – EDITORA VALE DAS LETRAS

Todos os direitos reservados a:

Editora Vale das Letras Ltda.

Todos os direitos reservados e protegidos pela lei 9.610/1998. Nenhuma parte deste livro, sem autorização prévia por escrito da editora, poderá ser reproduzida ou transmitida, sejam quais forem os meios empregados: eletrônicos, mecânicos, fotográficos, gravações ou quaisquer outros.

AUTORIA E PRODUÇÃO
Cintia Aparecida de Sousa
Jéssica Alessandra de Jesus Marquês

DIREÇÃO EDITORIAL
Eureka Soluções Pedagógicas

ASSESSORIA PEDAGÓGICA
Eureka Soluções Pedagógica

REVISÃO
Iara de Oliveira

CAPA E PROJETO GRÁFICO
Editora Vale das Letras

S725m   Sousa, Cintia Aparecida de.
        Manual de gramática da língua portuguesa / Cintia
        Aparecida de Sousa [e] Jéssica Alessandra de Jesus
        Marquês. – 1. ed. – Blumenau : Vale das Letras, 2012.
        384 p. : il.

        ISBN 978-85-410-0249-3

        1. Língua portuguesa – Dicionário. I. Marquês, Jéssica
        Alessandra de Jesus. II. Título.
                                    CDD 20 – 469.3

Ficha catalográfica elaborada pela Bibliotecária Sandra Cristina da Silva – CRB 14/945

Editora Vale das Letras Ltda.
Frederico G. Busch, 209 - Jardim Blumenau
Blumenau-SC - CEP: 89010-360
editora@valedasletras.com.br / www.valedasletras.com.br

SUMÁRIO

INTRODUÇÃO 5

CAPÍTULO 1
FONÉTICA E FONOLOGIA 10

CAPÍTULO 2
ACENTUAÇÃO GRÁFICA 22

CAPÍTULO 3
ORTOGRAFIA 30

CAPÍTULO 4
HÍFEN 45

CAPÍTULO 5
ESTRUTURA DAS PALAVRAS 50

CAPÍTULO 6
SUBSTANTIVO 64

CAPÍTULO 7
ADJETIVO 84

CAPÍTULO 8
ARTIGO 95

CAPÍTULO 9
NUMERAL 97

CAPÍTULO 10
PRONOMES 103

CAPÍTULO 11
ESTRUTURA DO VERBO 112

CAPÍTULO 12
ADVÉRBIO 147

CAPÍTULO 13
PREPOSIÇÃO 152

CAPÍTULO 14
CONJUNÇÃO E INTERJEIÇÃO 155

CAPÍTULO 15
FRASE, ORAÇÃO, PERÍODO 160

CAPÍTULO 16
TERMOS DA ORAÇÃO 164

CAPÍTULO 17
ORAÇÕES COORDENADAS 177

CAPÍTULO 18
ORAÇÕES SUBORDINADAS 181

CAPÍTULO 19
CONCORDÂNCIA NOMINAL 192

CAPÍTULO 20
CONCORDÂNCIA VERBAL 200

CAPÍTULO 21
REGÊNCIA 211

CAPÍTULO 22
CRASE 221

CAPÍTULO 23
FUNÇÕES DAS PALAVRAS "QUE" E "SE" 227

CAPÍTULO 24
PONTUAÇÃO 233

CAPÍTULO 25
FIGURAS DE LINGUAGEM 241

CAPÍTULO 26
VÍCIOS DE LINGUAGEM 246

SIMULADÃO 253

GABARITOS DE VESTIBULARES E CONCURSOS 362

OS 100 ERROS MAIS COMUNS 366

EXERCÍCIOS ENEM 375

GABARITOS – EXERCÍCIOS ENEM 384

INTRODUÇÃO

Ao dar início aos estudos da linguagem, por meio da gramática, é necessário ter algumas definições básicas que farão diferença nos estudos linguísticos. A primeira delas é uma definição para o próprio termo "linguagem", pois esta se apresenta como possibilidade de representação da realidade e como material necessário à existência e à comunicação entre os homens, porque, desde os primórdios, o homem necessita da linguagem para conviver em sociedade.

Tendo em vista essas relações que a linguagem estabelece, é pertinente entender a conexão entre homem e sociedade, compreendendo a diversidade da linguagem, abrangendo o âmbito da palavra, da imagem, do som e até mesmo da degustação, na medida em que a linguagem se movimenta basicamente entre esses quatro âmbitos. Você pode estar se perguntando: "Degustação?" Sim, degustação. É válido pensar a linguagem nesse âmbito, por exemplo, quando se depara com uma propaganda de algum alimento ou bebida cuja significação é tão forte que remete até mesmo ao sabor daquele produto.

Em relação à linguagem, cabe ainda pensar em sistemas de comunicação, ou seja, diferentes instâncias sociais que combinam diversas linguagens com um objetivo em comum. Assim, pode-se adotar quatro exemplos de sistemas de comunicação possíveis de identificar devido às suas diferenças. Tem-se, portanto:

- Publicitário: trabalha com diversos tipos de linguagens, com a finalidade de construir ou apresentar um produto como ideal, ou na tentativa de levar o consumidor a comprar determinado produto;

- Informativo: tem como foco a clareza e a objetividade e, desse modo, necessita unir diferentes formas de linguagens para apresentar melhor a informação. É valido observar, no entanto, que a informação não se coloca como uma verdade absoluta, pois há uma luta de interesses nos meandros dos meios que a difundem;

- Artístico: em muitos casos, seus objetivos ou temas não são explícitos, pois seu principal foco é fazer o indivíduo refletir, por meio de inquietudes ou de estranhamentos, mas, ainda assim, não se constroem realidades, porém possibilidades. Para alcançar esses efeitos, o sistema artístico também utiliza diferentes termos e estruturas linguísticas;

- Entretenimento: as diversas formas de linguagem são apresentadas, em muitos casos, de maneira simples, objetiva, clara e direta, já que sua principal finalidade é entreter, divertir.

A LEITURA

Existe uma relação estrita entre os códigos e as linguagens, pois a linguagem elucida imagens e signos, que remetem aos significados das palavras e das coisas. A Língua Portuguesa, a Literatura e as Artes, de modo geral, são competências que permitem a leitura e a identificação dos signos, daí a importância de apreender a norma padrão e conhecer as variedades linguísticas: para poder ler de maneira completa e definitiva.

É importante compreender o ato de ler e a forma como acontece esse processo. Em primeira instância, existe uma determinação, que é adotada como o passo inicial para uma leitura. Esse primeiro momento da leitura é conhecido como decodificação, ou seja, a quebra do código linguístico é aquele primeiro processo que se aprende na pré-escola em que CA+SA = CASA ou imagem, a decodificação, se dá, portanto, da simples identificação do signo linguístico. É uma leitura limitada, que deve estar presente apenas no processo de aprendizagem inicial.

Quando se aborda a especificação da leitura, é relevante compreender que esta acontece quando se é capaz de transmitir informação. Se houve realmente um avanço na leitura, isto é, se o leitor saiu do campo da decodificação para, de fato, compreender o texto lido, ele tem que ser capaz de falar acerca do assunto abordado na leitura. Quando se fala após uma leitura, por exemplo, "não entendi nada!", na verdade não houve uma leitura efetiva, mas sim uma simples decodificação das palavras.

A leitura depende de textos tanto verbais, em que há o envolvimento de palavras, quanto não-verbais, que são aqueles que fazem uso das palavras. Mas, para uma leitura mais completa, é necessário ainda promover uma análise do texto. A palavra "análise" vem do grego e significa quebra, ou seja, é necessário entender o sentido que os signos linguísticos, as palavras, produzem.

Muito importante na construção de sentidos, tem-se a distinção entre sentido conotativo e denotativo. O primeiro refere-se ao sentido figurado de uma palavra. Exemplo: Mathias é **fera** em matemática. Já o segundo, trata as palavras a partir de sentidos e significados coincidentes, ou seja, aqueles atrelados diretamente ao termo compartilhado no dicionário. Exemplo: O leão é uma **fera** que vive na África.

Os termos em destaque são distintos em seus sentidos e nas colocações das frases, porque aludem a ideias diferentes. Um menino ser fera em matemática não quer dizer que ele é um animal selvagem, como o leão, mas que ele é bom em matemática. É possível afirmar que os contratos sociais da linguagem são importantes para a identificação dos sentidos, principalmente quando se referem ao sentido conotativo.

Para uma boa leitura, é importante identificar essas diferenças nos textos e compreender as significações e as relações entre os termos.

Tendo essas noções bem estabelecidas, cabe diferenciar os termos "compreensão" e "interpretação", a fim de trabalhar melhor a capacitação linguística dos leitores. É importante esclarecer, desse modo, que o termo "compreensão" visa a uma análise superficial e direta. E a interpretação, diferentemente, envolve em sua análise um aprofundamento relevante que depende de conhecimento formal e de vivência.

Dentro dessa conjuntura, distinguem-se dois tipos de interpretação: a literal, que abarca o campo das ideias textuais, que está presa ao texto, cujas leituras são feitas "ao pé da letra"; a crítica, que acontece com a transmissão do texto para a realidade, ligando as construções de significados ao ambiente histórico, social e ideológico no qual o texto está inserido.

Não se pode confundir essa ação com julgamento, pois criticar envolve juízo de fato, ou seja, fatos comprovados e analisados cuidadosamente. Diferente dessa ação, encontra-se o juízo de valor, que se refere à opinião dos sujeitos, não passando por um ambiente de pesquisa e constatação, sendo, portanto, encarado como julgamento. Esse tipo de prática deve ser evitada em processos de leitura e análise interpretativa.

Quando se prepara para uma prova de interpretação de textos em que, consequentemente, serão necessários conhecimentos de gramática normativa, é imprescindível se ater às relações de ideias, à noção de lógica e à solução de problemas. Dessa forma, é possível promover uma extensão interpretativa da prova com a preocupação tanto com as informações explícitas quanto com as implícitas.

CAPÍTULO 1
FONÉTICA E FONOLOGIA

abcdef
ghijkl
mnopq
rstuvw
xyz

A Fonética é o campo da Linguística que se dedica ao estudo dos sons falados, ou seja, a língua em sua realização, enquanto a Fonologia estuda os fonemas da língua. Entende-se por fonema a menor unidade significativa que compõe o sistema linguístico de uma língua.

Os fonemas de um língua distinguem vocábulos semelhantes, já que cada fonema possui uma unidade significativa, observe:

> Lara – tara – cara – Sara

No exemplo, /l/, /t/, /c/ e /s/ são fonemas, pois diferenciam as palavras pela mudança de uma única letra das palavras. Cabe ressaltar que fonema e letra não são a mesma coisa. Letra é a representação gráfica dos fonemas de uma língua, enquanto o fonema são as unidades sonoras mínimas da língua. Em alguns casos, o número de letras é igual ao de fonemas, mas em outros não há coincidência, veja os exemplos:

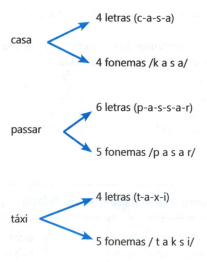

1.1 CLASSIFICAÇÃO DOS FONEMAS

Os fonemas na língua portuguesa classificam-se em vogais, semivogais e consoantes.

1.1.1 Vogais

Ocorrem quando o fonema produzido resulta da vibração das cordas vocais, sem a obstrução da passagem da corrente de ar. As vogais funcionam como o centro da sílaba, já que na Língua Portuguesa não há sílaba sem vogal.

Em um estudo sobre a estrutura da Língua Portuguesa, Câmara Jr. (1970) mostrou que a língua oral é muito mais complexa do que o uso aparentemente simples e regular das cinco vogais latinas presentes na escrita "a, e, i, o, u", já que na língua oral encontramos 12 fonemas: /a/, /ã/, /ê/, /é/, /ẽ/, /i/, /ĩ/, /ô/, /ó/, /õ/, /u/ e /ũ/.

Os fonemas vocálicos são classificados de acordo com o Quadro 1.

Semivogais: ocorrem quando os fonemas /i/ e /u/ unem-se a uma vogal para formar a parte vocálica da sílaba.

Quadro 1

Quanto à oralidade e à nasalidade				
Orais	São produzidas apenas com o som que sai da cavidade bucal sem obstrução.	/a/, /é/, /ê/, /i/, /ó/, /ô/ e /u/	**ara**ra, c**éu**, be**le**za, hi-po**pó**tamo, **ó**culos, l**o**bo, ur**u**bu
Nasais	São produzidas com o som saindo pela cavidade bucal e nasal (com o abaixamento do palato duro).	/ã/, /ẽ/, /ĩ/, /õ/ e /ũ/	ma**çã**, l**en**ço, lingui**ça**, m**on**te, m**un**do
Quanto ao timbre				
Abertas	São produzidas sem o abaixamento do palato, permitindo que o ar saia livremente.	/a/, /é/ e /ó/	**ca**sa, m**é**dico, cip**ó**

| Fechadas | São produzidas com um leve abaixamento do palato duro, sem caracterizar uma obstrução. | /ê/, /ô/, /i/, /u/ e todas as nasais | ele**f**ante, cop**o**, **i**lha, p**u**ro |

Observação: em alguns itens lexicais, os fonemas /e/ e /o/ podem aparecer como semivogais, ressaltando que é apenas no final da palavra, devido a essas vogais serem pronunciadas como /i/ e /u/ respectivamente.

Consoantes: são aqueles fonemas em que os sons são produzidos com a obstrução do ar na passagem pelo aparelho fonador; acompanham a vogal para formar a sílaba. As consoantes classificam-se de acordo com o Quadro 2:

Quadro 2

	Quanto ao modo de articulação	
Oclusivas	A corrente de ar encontra um obstáculo total (oclusão), que impede a saída do ar, mas esse obstáculo se abre e o som é produzido.	/p/, /b/, /t/, /d/, /k/, /g/

Constritivas	Há um estreitamento do canal bucal, isto é, a corrente de ar encontra um obstáculo parcial. As constritivas são classificadas em:	
	fricativas: quando a corrente de ar passa por uma estreita fenda, produzindo um ruído semelhante a uma fricção.	/f/, /v/, /s/, /z/, /ch/, /j/
	laterais: quando o dorso da língua se apoia no palato duro (céu da boca), com isso, a corrente de ar sai pelas fendas laterais da boca.	/l/, /lh/
	vibrantes: quando a ponta mantém com os alvéolos contato, acarretando uma vibração.	/r/

Quanto ao ponto de articulação		
Bilabiais	Ocorrem quando há presença dos lábios na produção do som.	/p/, /b/, /m/
Labio-dentais	Ocorrem quando há contato da ponta da língua com os dentes superiores.	/f/, /v/
Alveolares	Ocorrem quando há contato da ponta da língua com os alvéolos dos dentes superiores.	/t/, /d/, /n/
Palatais	Ocorrem quando há contato do dorso da língua com o palato duro, ou céu da boca.	/ch/, /j/, /lh/, /nh/

Velares	Ocorrem quando há contato do dorso da língua com o palato mole, o véu palatino.	/k/, g/, /r/
Quanto às cordas vocais		
Surdas	Ocorrem quando os sons são produzidos sem a vibração das cordas vocais.	/p/, /t/, /k/, /f/, /s/, /x/
Sonoras	Ocorrem quando os sons são produzidos com vibração das cordas vocais.	/b/, /d/, /g/, /v/, /z/, /j/, /l/, /lh/, /r/, /m/, /n/, /nh/
Quanto ao papel das cavidades bucal e nasal		
Nasais	Ocorrem quando a corrente de ar passa pela boca e pelo nariz, em virtude do abaixamento do véu palatino.	/m /, /n/, /nh/
Orais	Ocorrem quando a corrente de ar sai apenas pela boca.	Todas as outras consoantes

1.2 ENCONTROS VOCÁLICOS

Na Língua Portuguesa existem três tipos de encontros vocálicos: **ditongos**, **tritongos** e **hiatos**.

1.2.1 Ditongos

Ditongo é o encontro de uma vogal e uma semivogal ou de uma semivogal e uma vogal em uma mesma sílaba.

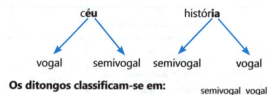

Os ditongos classificam-se em:

Crescentes	São formados por uma semivogal seguida de uma vogal.	glória
Decrescentes	São formados por uma vogal seguida de uma semivogal.	beijo

Observação: na Língua Portuguesa os ditongos podem ser orais (pai) ou nasais (mãe).

1.2.2 Tritongos

Tritongo é o encontro de uma semivogal, uma vogal e outra semivogal em uma mesma sílaba.

1.2.1 Hiato

Hiato é o encontro de duas vogais em uma mesma sílaba, as quais são pronunciadas de maneiras distintas.

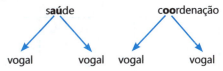

1.3 ENCONTROS CONSONANTAIS

Na Língua Portuguesa, encontros consonantais consistem no encontro de duas ou mais consoantes sem o intermédio de uma vogal. Estes podem ser:

Perfeitos	As consoantes permanecem na mesma sílaba quando é feita a divisão silábica. Nesse caso, a segunda consoante geralmente é **l** ou **r**.	pra-to cla-ra
Imperfeitos	As consoantes não permanecem na mesma sílaba quando é feita a divisão silábica, ou seja, são separáveis.	cac-to, ap-to
Mistos	São itens lexicais que possuem tanto encontro consonantal perfeito quanto imperfeito.	dis-ci-pli-na

1.4 DÍGRAFOS

Dígrafo é a união de duas letras para a produção de um único som. Na Língua Portuguesa, há dois tipos de dígrafos:

Consonantais	É o encontro de duas consoantes que representa um fonema consonantal.	ch lh nh rr ss sc sç xc gu e qu seguidos de e ou i	churro filha galinha carro assado crescer desço exceto guerra, quilo
Vocálicos	É o encontro de duas consoantes que representa um fonema vocálico.	am, an em, en im, in om, on um, un	pampa, janta tempo, tentação limpar, mina sombra, congresso algum, mundo

Observação: Dígrafo e encontro consonantal não são a mesma coisa. No dígrafo, há apenas um som produzido; no encontro consonantal, todas as consoantes são pronunciadas.

1.5 SÍLABA

Sílaba é um grupo de um ou mais fonemas, que são pronunciados de uma única vez, sendo a base desse conjunto a vogal. Quanto ao número de sílabas, as palavras classificam-se em:

Monossílabas	Possuem apenas uma sílaba.	mar, dor, cor
Dissílabas	Possuem duas sílabas.	ca-fé, do-ce, ca-sa
Trissílabas	Possuem três sílabas.	mé-di-co, xí-ca-ra, pa-co-te
Polissílabos	Possuem mais de três sílabas.	car-to-li-na, com-pu-ta-dor, se-ca-do-ra

1.6 DIVISÃO SILÁBICA

A divisão silábica na Língua Portuguesa escrita é expressa por meio do hífen, sempre com base na pronúncia das sílabas dos vocábulos.

li-vro, ca-der-no, a-li-an-ça

Para fazer a divisão silábica, observam-se algumas regras:

Separam-se	
as vogais dos hiatos	sa-ú-de pa-ís

as consoantes dos dígrafos ss, rr, sc, sç, xc	as-sa-do car-ro des-ci-da cres-ça ex-ce-to
os encontros consonantais em sílabas diferentes	ap-to ad-vo-ga-do as-pec-to

Não se separam

os dígrafos qu, gu ch, lh e nh	ques-tão á-gua chu-va ga-lho ma-nhã
os encontros consonantais que iniciam sílaba (l e r)	blu-sa pra-to
a consoante inicial seguida de outra consoante	psi-có-lo-go gno-mo
ditongos	his-tó-ria sé-rie
tritongos	sa-guão Pa-ra-guai

EXERCÍCIOS

1. Indique o número de letras e fonemas das seguintes palavras:

pássaro
cachorro
fixo
pomar
limpo
galho
homem

Japão
mais
quantidade
ecologista
ré
país

2. Classifique as palavras, utilizando os seguintes códigos:

DN – ditongo nasal
DO – ditongo oral
D – dígrafo
EC – encontro consonantal
( ) quando
( ) achei
( ) olhos
( ) muito
( ) mais
( ) velhos
( ) que
( ) resto
( ) corpo
( ) ficaram
( ) esperando
( ) nascesse

3. Faça a divisão silábica das palavras e classifique-as:

industriais
recorde
lua
mel
professor
ambiente

4. (CEFET-MG) Os vocábulos "também", "saguão", "joia", "pia" e "água" possuem, respectivamente:
a) ditongo crescente, tritongo, ditongo crescente, hiato.
b) ditongo crescente, hiato, tritongo, hiato, ditongo crescente.
c) hiato, tritongo, tritongo, ditongo crescente, ditongo crescente.
d) ditongo crescente, ditongo crescente, ditongo decrescente, ditongo crescente, hiato.
e) ditongo decrescente, tritongo, ditongo decrescente, hiato, ditongo crescente.

5. A palavra "vascaíno" possui:

( ) um encontro consonantal e um hiato.
( ) um dígrafo e um ditongo crescente.
( ) um encontro consonantal e um ditongo decrescente.
( ) um dígrafo e um hiato.
( ) um encontro consonantal e um ditongo crescente.

CAPÍTULO 2
ACENTUAÇÃO GRÁFICA

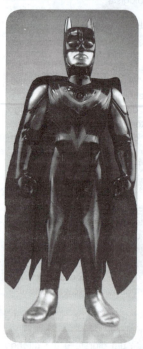

Algumas palavras, com a reforma ortográfica mais recente, perderam a acentuação. É o caso de heroico, embora herói continue sendo acentuada.

As palavras, na Língua Portuguesa, apresentam na entonação uma sílaba de mais destaque, a qual se pronuncia com maior intensidade e força. Essa sílaba é denominada sílaba tônica.

Os monossílabos, por possuírem apenas uma sílaba, são classificados em átonos e tônicos:

Monossílabos átonos: quando não possuem acentuação própria e, por isso, são pronunciados com menor intensidade.

o, lhe, me, se, a

Monossílabos tônicos: quando possuem acentuação própria e, com isso, são pronunciados com maior intensidade.

lá, pá, mim, tu

As palavras com mais de uma sílaba são classificadas de acordo com a posição da sílaba tônica. Observe:

Classificação das palavras quanto à sílaba tônica

Oxítonas	A sílaba tônica é a última sílaba da palavra.	a-**mor** a-**vó** chi-**nês**
Paroxítonas	A sílaba tônica é a penúltima sílaba da palavra.	**bo**-ca **lá**-pis la-**ran**-ja
Proparoxítonas	A sílaba tônica é antepenúltima sílaba da palavra.	**mé**-di-co a-**grô**-no-mo **lí**-qui-do

Em alguns itens lexicais, na linguagem escrita, para identificar a sílaba mais forte usa-se um sinal sobre a vogal da sílaba tônica. Esses sinais são denominados acentos gráficos e apresentam-se de duas maneiras: quando a vogal for pronunciada com um som aberto usa-se o acento agudo (′); quando o som for pronunciado fechado utiliza-se o acento circunflexo (^).

Para fazer uso correto desses acentos, convém observar algumas regras de acentuação gráfica.

2.1 REGRAS GERAIS

1. Todas as palavras **proparoxítonas** são acentuadas:
   - psicólogo, xícara, bêbado, física, ônibus

2. Acentuam-se as palavras **paroxítonas** terminadas em:
- **i(s):** lápis, táxi, júri, tênis
- **us:** vírus, ônus
- **um/uns:** húmus, álbuns
- **r:** caráter, repórter,
- **x:** tórax, fênix,
- **n:** pólen, próton,
- **l:** fértil, projétil,
- **ditongo:** água, círio, cárie, área, ócio
- **ão(s):** órfão, órgão, órfãos, órgãos
- **ã(s):** ímã, órfã
- **ps:** bíceps, tríceps

3. Acentuam-se as **oxítonas** terminadas em:
- **a(s):** Araxá, Paraná
- **e(s):** café, você
- **o(s):** avó, avô
- **em(ens):** também, ninguém

4. Acentuam-se os **monossílabos tônicos** terminados em:
- **a(s):** pá, pás
- **e(s):** pé, pés, pré
- **o(s):** pó, pós

5. Acentuam-se os **ditongos** de pronúncia aberta de palavras **oxítonas** e **monossílabas**:
- **eu:** réu, chapéu
- **ei:** pastéis, coronéis
- **oi:** herói, anzóis

6. Acentuam-se as vogais **i** e **u** que formam **hiato** com a vogal anterior:

sa-í-da, sa-ú-de, ba-ú, ju-í-zo, pa-ís

Observação: Não se acentuam as vogais **i** ou **u** quando essas formarem **hiatos** e forem seguidas na mesma sílaba pelas consoantes: **l, m, n, r**, ou o dígrafo **nh**.

ra-ul, ru-im, ra-iz, sa-ir-des, ra-i-nha.

7. Os verbos **ter** e **vir** recebem acento circunflexo na 3ª pessoa do plural quando conjugados no presente do indicativo:

Singular: ele tem, ele vem
Plural: eles **têm**, eles **vêm**

Observação: os verbos derivados de **ter** e **vir** recebem acento agudo na 3ª pessoa do singular e acento circunflexo na 3ª pessoa do plural.

Singular: ele retém, ele intervém
Plural: eles **retêm**, eles **intervêm**

2.2 NOVO ACORDO ORTOGRÁFICO DA LÍNGUA PORTUGUESA

No ano de 2009, a Língua Portuguesa sofreu algumas modificações. Para ficar por dentro das novas regras de acentuação gráfica confira o quadro:

Nova regra	Regra antiga	Exemplos
Ditongos abertos (ei, oi) não são mais acentuados em palavras paroxítonas.	assembléia, platéia, idéia, colméia, boléia, panacéia, Coréia, hebréia, bóia, paranóia, jibóia, apóio, heróico, paranóico	assembleia, plateia, ideia, colmeia, boleia, panaceia, Coreia, hebreia, boia, paranoia, jiboia, apoio, heroico, paranoico

Observação: Nos ditongos abertos de palavras oxítonas e monossílabas, o acento continua: herói, constrói, dói, anéis, papéis.
Observação. 2: O acento no ditongo aberto "eu" continua: chapéu, véu, céu, ilhéu.

O hiato "oo" não é mais acentuado.	enjôo, vôo, corôo, perdôo, côo, môo, abençôo, povôo	enjoo, voo, coroo, perdoo, coo, moo, abençoo, povoo
O hiato "ee" não é mais acentuado.	crêem, dêem, lêem, vêem, descrêem, relêem, revêem	creem, deem, leem, veem, descreem, releem, reveem

Não existe mais o acento diferencial em palavras homógrafas.	pára (verbo), péla (substantivo e verbo), pêlo (substantivo), pêra (substantivo), péra (substantivo), pólo (substantivo)	para (verbo), pela (substantivo e verbo), pelo (substantivo), pera (substantivo), pera (substantivo), polo (substantivo)

Observação: O acento diferencial ainda permanece no verbo "poder" (3ª pessoa do Pretérito Perfeito do Indicativo – "pôde") e no verbo "pôr'" para diferenciar da preposição "por".

Não se acentua mais a letra "u" nas formas verbais rizotônicas, quando precedida de "g" ou "q" e antes de "e" ou "i" (gue, que, gui, qui).	argúi, apazigúe, averigúe, enxagúe, enxagúemos, obliqúe	argui, apazigue, averigue, enxague, ensaguemos, oblique
Não se acentua mais "i" e "u" tônicos em paroxítonas quando precedidos de ditongo.	baiúca, boiúna, cheiínho, saiínha, feiúra, feiúme	baiuca, boiuna, cheiinho, saiinha, feiura, feiume

Não existe mais o trema em Língua Portuguesa. Apenas em casos de nomes próprios e seus derivados, por exemplo: Müller, mülleriano.	agüentar, conseqüência, cinqüenta, qüinqüênio, frqüência, freqüente, eloqüência, eloqüente, argüição, delinqüir, pingüim, tranqüilo, lingüiça	aguentar, consequência, cinquenta, quinquênio, frequência, frequente, eloquência, eloquente, arguição, delinquir, pinguim, tranquilo, linguiça.

EXERCÍCIOS

1. Acentue as palavras de cada item e complete as lacunas.

pa, pe, so, gel, gol, ter, sos,
Acentuam-se os monossílabos tônicos terminados em _____.

Carajas, dende, carijo, ninguem, vintem, parabens, colibri, urubu.
Acentuam-se as oxitonas terminadas em _____.

tunel, Cesar, onix, biceps, itens, imã, orfã, sotão, protons, bombom, fenix, historia.
Acentuam-se as paroxítonas terminadas em _____.

onibus, maximo, passaro, matematica, lampada, numero, lagrima.
Acentuam-se _____ as proparoxítonas.

2. Acentue as palavras abaixo:

a) Os politicos deveriam levar a serio os problemas que assolam o pais.
b) Este voo esta atrasadissimo. O avião deveria ter saido ha mais de uma hora.
c) Onde esta a Marcia? E o Antonio? Sera que sairam juntos?
d) Ficavamos sempre naquele lugar, perto daquelas arvores.

e) Ele esperou o semaforo abrir e partiu em altissima velocidade.

3. (UFAL) O Acordo Ortográfico da Língua Portuguesa, que entrará em vigor a partir de janeiro de 2009, prevê, dentre outras, as seguintes alterações ortográficas:

I) "O trema, sinal de diérese, é inteiramente suprimido em palavras portuguesas ou aportuguesadas."
III) "Não se acentuam graficamente os ditongos representados por ei e oi da sílaba tônica das palavras paroxítonas."

Assinale a alternativa que apresenta o par de palavras que, de acordo com essas duas novas regras, respectivamente, terão sua grafia alterada.

a) eqüino e cafeína
b) contígüo e chapéu
c) distingüir e assembléia
d) lingüiça e idéia
e) lângüido e constrói

4. (UFSCar) Assinale a série em que todas as palavras estão acentuadas corretamente.

a) idéia, urubu, suíno, ênclise
b) bíceps, heróico, item, fóssil
c) tênis, fôsseis, caiste, japonesa
d) fútil, hífen, ânsia, decaído
e) apóia, tapête, órfã, ruína

5. (UM-SP) Assinale a alternativa em que pelo menos um vocábulo não seja acentuado.

a) orfão, taxi, balaustre
b) itens, parabens, alguem, tambem
c) tactil, amago, cortex, roi
d) papeis, onix, bau, ambar
e) hifen, cipos, pe

CAPÍTULO 3
ORTOGRAFIA

O uso correto da linguagem torna a comunicação mais eficiente.

3.1 REGRAS GERAIS

Emprego da letra H (letra que não tem pronunciação fonética)
- Inicial em palavras etimológicas: hesitar, herói, homologar, hilário, hélice;
- em dígrafos após as letras l, c ou n: chá, chácara, chave, boliche, telha, companhia;
- em algumas interjeições: Ah! Oh! Hum!

Emprego da letra E
- em algumas conjugações de verbos terminados em -uar: continue (do verbo continuar), pontue (do verbo pontuar);
- em algumas conjugações de verbos terminados em -oar: abençoe (do verbo abençoar), perdoe (do verbo perdoar);
- quando o prefixo ante (anterior, antes) forma palavras: antebraço, antessala.

Emprego da letra I
- em algumas conjugações de verbos terminados em -uir: possui (do verbo possuir), diminui (do verbo diminuir);
- quando o prefixo anti (contra) forma palavras: anticristo, antitetânico.

Representação do fonema S
Não há uma regra específica para a representação desse fonema. É necessário, portanto, ler muito para ter domínio da escrita das palavras de modo geral.
- **C, Ç**: anoitecer, cimento, dançar, paçoca
- **S**: ansiedade, cansado, pretensão
- **SS**: acessar, discussão, obsessão, sossegar
- **SC, SÇ**: acréscimo, adolescente, crescer, piscina
- **X**: aproximação, máximo, proximidade, trouxe
- **XC**: excelência, excêntrico, excessivo, excesso

Emprego do S com som de Z
- em adjetivos com sufixos -oso, -osa, -ês, -esa, -ese, -isa, -ose: francesa, corajosa, teimoso, camponês, poetisa, glicose, catequese;
- quando o radical do verbo terminar em -s: atrasar (de atrás), abrasar (de brasa);
- nas conjugações dos verbos pôr e querer e suas derivações: pusemos, impuser, quisemos, quisera.

Emprego da letra Z
- em palavras terminadas em -zal, -zeiro, -zinho, -zinha, -zito, -zita: manguezal, cinzeiro, pezinho, vizinha;
- em palavras derivadas em que o radical termina por -z: raizama, enraizado, raizeiro (derivadas de raiz);
- em algumas conjugações de verbos terminados em -izar: atualizar, agonizar;

- em substantivos abstratos que terminam por eza: estranheza, beleza, grandeza.

Emprego da letra G
- Em palavras terminadas em -agem, -igem, -ugem: garagem, viagem, ferrugem;
- em palavras terminadas em -ágio, -égio, -ígio, -úgio: relógio, estágio, prodígio, refúgio;
- em palavras derivadas de outros elementos que são grafados pela letra g: ferruginoso (de ferrugem), massagista (de massagem).

Emprego da letra J
- quando as palavras que derivam de outras possuem a terminação -ja: laranjeira, laranjinha (derivadas de laranja);
- utiliza-se em todas as conjugações de verbos terminados em -jar ou -jear: viajei, viaje, viajemos (do verbo viajar);
- em palavras derivadas em que a terminação é com a letra j: nojeira, nojento (da palavra nojo);
- em palavras de origem indígena: canjica, jequitibá, jiló, pajé.

Emprego do X
- em palavras de origem indígena: xavante, abacaxi, orixá;
- geralmente depois de ditongo: caixa, ameixa, faixa;
- depois de sílabas que iniciam por en ou me: enxada, mexicano, mexer.

Emprego do CH
Não há uma regra específica para este domínio, é necessário, portanto, ler muito para ter domínio da escrita das palavras de modo geral. Exemplos: mecha, chuchu, pechincha.

EXERCÍCIOS

1. Complete com:

S ou Z

fu_ível
fri_zar
gá_
ga_e
va_ar
ân_ia
_ino
duque_a
juí_a
coli_ão
coali_ão
pequi_ar
anali_ar
defe_a
triste_a
fiscali_ar
campone_a
vora_

G ou J

an_élico
a_eitar
ma_estade
_eito
_iló
cere_eira
verti_em
can_ica
su_estão

re_eição
tra_eto
_esto
berin_ela
tan_erina
lo_inha
be_e
sar_eta

CH ou X

en_urrada
me_er
_alé
_ale
en_uto
pe_in_a
bro_e
_aveco
col_ão
co_i_ar
gra_a
en_otar
en_oval
ve_ame
pu_ar
trou_a
_ícara
bu_a

S, SS ou Ç

intui_ão
imer_ão

diver_ão
reda_ão
conver_ão
educa_ão
preten_ão
expan_ão
se_ão
fu_ão
exporta_ão
exce_ão
explu_ão
elei_ão
trai_ão
agre_ão
impre_ão
prome_a

O ou U

ab_lir
g_ela
táb_a
c_ringa
b_eiro
s_ar
p_leiro
b_tequim
p_lenta
píl_la
ent_pir
s_stenido
b_rb_rinho
ch_visco
cam_ndongo
s_petão
eng_lir
c_mbica

E ou I

corr_mão
pát_o
cad_ado
in_gualável
arrep_o
lamp_ão
_ncinerar
_mpecilho
requ_sito
pr_vilegio
d_formar
d_famar
s_ringa
s_quer
crân_o
mer_tíssimo
escárn_o
camp_ão
fem_nino

2. (TRE-SP) Foram insuficientes as _____ apresentadas, _____ de se esclarecerem os _____.

a) escusas - a fim - mal-entendidos
b) excusas - afim - mal-entendidos
c) excusas - a fim - malentendidos
d) excusas - afim - malentendidos
e) escusas - afim - mal-entendidos

3. (TTN) Assinale a alternativa em que todas as palavras estão corretamente grafadas:

a) quiseram, essência, impecílio
b) pretencioso, aspectos, sossego
c) assessores, exceção, incansável
d) excessivo, expontâneo, obsecção
e) obsecado, reinvidicação, repercussão

4. (TRE-RJ) Pronunciam-se corretamente, com o e e abertos (ó / é), como "povos" e "servo", as seguintes palavras:

a) inodoros / indefeso
b) fornos / obsoleto
c) caroços / adrede
d) gostos / destro
e) globos / coeso

5. (TRE-SP) Este meu amigo _____ vai _____ se para ter direito ao título de eleitor.

a) extrangeiro – naturalizar
b) estrangeiro – naturalisar
c) extranjeiro – naturalizar
d) estrangeiro – naturalizar
e) estranjeiro – naturalisar

6. (IBGE) Entre as opções abaixo, somente uma completa corretamente as lacunas apresentadas a seguir. Assinale-a: Na cidade carente, os _____ resolveram _____ seus direitos, fazendo um _____ assustador.

a) mendingos; reivindicar; rebuliço
b) mindigos; reinvindicar, rebuliço
c) mindigos; reivindicar, reboliço
d) mendigos; reivindicar, rebuliço
e) mendigos; reivindicar, reboliço

7. (IBGE) Assinale a opção em que todas as palavras se completam adequadamente com a letra entre parênteses:

a) em __ aguar / pi __ e / mi __ to (x)
b) exce __ ão / Suí __ a / ma __ arico (ç)
c) mon __ e / su __ estão / re __ eitar (g)
d) búss __ la / eng __ lir / ch __ visco (u)
e) __ mpecilho / pr __ vilégio / s __ lvícola (i)

8. (BRÁS CUBAS) Indicar a vogal que completa corretamente os vocábulos:

a) i – d__stilar, pr__vilégio, cr__ação, d__senteria
b) e – quas__, __mpecilho, cand__eiro, crân__o
c) o – cap__eira, g__ela, b__eiro, b__lir
d) u – táb__a, jab__ticaba, ch__visco, b__liçoso
e) i – s__quer, efetu__, cr__ador, pát__o

9. (ENG. ITAJUBÁ) Nas frases abaixo, todas as formas verbais estão escritas corretamente, exceto:

a) Josué, este mês, atrasou o pagamento.
b) Puseste em mim tantas esperanças.
c) D. Áurea cerzia com grande habilidade.
d) Se quizeres, estudarei matemática contigo.
e) Fernanda já coseu suas meias.

3.2 HOMÔNIMOS E PARÔNIMOS

3.2.1 Homônimos:

São palavras cuja escrita é idêntica, porém seus significados são diferentes. Os homônimos são classificados em três tipos:

- Homônimos perfeitos: ocorrem quando a grafia e o som das palavras são iguais.

cedo (advérbio)
cedo (verbo ceder)
meio (numeral)
meio (adjetivo)
meio (substantivo)

- Homônimos homófonos: ocorrem quando o som das palavras é igual, mas a grafia é diferente.

incerto (duvidoso)
inserto (incluso, inserido)

- **Homônimos homógrafos:** ocorrem quando se tem a grafia igual, porém som diferente.

sede (vontade de beber)
sede (residência)

LISTA DE HOMÔNIMOS

- **a cerca de** (sobre, a respeito de) **há cerca de** (relacionado a tempo, faz aproximadamente)
- **almoço** (refeição) **almoço** (verbo almoçar)
- **apreçar** (colocar o preço) **apressar** (aumentar a velocidade, acelerar)
- **bucho** (estômago de animas que ruminam, como bois, girafas, camelos) **buxo** (planta de ornamentação)
- **caçar** (perseguir animais) **cassar** (cancelar, anular)
- **cela** (compartimento de prisões ou conventos) **sela** (arreio)
- **censo** (fazer recenseamento) **senso** (advêm da palavra sensatez, discernimento)
- **cessão** (ceder, ato de doar) **seção ou secção** (divisão, corte) **sessão** (reunião)
- **cessão** (ato de ceder) **sessão** (reunião) **seção** (repartição)
- **chá** (bebida) **xá** (título de soberano oriental)
- **concerto** (harmonia, combinação) **conserto** (remendo, reparação)
- **chalé** (casa de campo) **xale** (utensílio de vestimenta)
- **cheque** (folha bancária para pagamento a prazo) **xeque** (jogada que marca a vitória no jogo de xadrez)

- **coser** (ato de costurar) **cozer** (ato de cozinhar)
- **esperto** (pessoa ativa, dinâmica, inteligente) **experto** (entendido, perito, especialista)
- **espiar** (olhar escondido) **expiar** (sofrer castigo ou punição)
- **fúsil** (que se pode fundir) **fuzil** (arma de fogo)
- **incipiente** (iniciante) **insipiente** (ignorante)
- **laço** (laçado) **lasso** (frouxo, cansado)
- **taxa** (tributo, pagamento) **tacha** (prego pequeno, brocha)
- **taxar** (estabelecer preço) **tachar** (censurar, notar defeito)

3.2.2 Parônimos

São palavras cuja forma é semelhante, porém os significados são distintos.

soar (produção de som)
suar (transpiração)

LISTA DE PARÔNIMOS

- **acerca de** (a respeito de, sobre) **cerca de** (aproximadamente)
- **acender** (provocar fogo) **ascender** (subir, crescer)
- **acento** (sinal de acentuação gráfica) **assento** (móvel em que alguém se senta)
- **afim** (com afinidade, semelhante) **a fim de** (com a finalidade de)
- **arrear** (pôr arreios) **arriar** (abaixar)

- **comprimento** (extensão) **cumprimento** (saudação)
- **conjetura** (suposição, hipótese) **conjuntura** (situação, circunstância)
- **deferir** (conceder) **diferir** (adiar)
- **descrição** (representação) **discrição** (ser discreto)
- **descriminar** (inocentar) **discriminar** (diferenciar, distinguir)
- **despensa** (compartimento) **dispensa** (libertação, desobrigação)
- **despercebido** (desatento) **desapercebido** (desprevenido)
- **discente** (alunos) **docente** (professores)
- **emergir** (subir) **imergir** (descer)
- **emigrante** (relativo a quem sai) **imigrante** (relativo a quem entra)
- **eminente** (nobre, excelente) **iminente** (prestes a acontecer)
- **estada** (permanência - relativo à pessoa) **estadia** (permanência - relativo a veículo)
- **flagrante** (evidente) **fragrante** (aromático)
- **indefesso** (incansável) **indefeso** (sem defesa)
- **infligir** (penalizar, castigar) **infrigir** (violar, transgredir)
- **intemerato** (puro, integro) **intimorato** (destemido, valente)
- **intercessão** (rogo, pedido, súplica) **interce(c)ção** (ponto de encontro)
- **mandado** (ordem imperativo) **mandato** (poder político ou procuração)
- **ratificar** (confirmar) **retificar** (corrigir)

- **cerração** (nevoeiro espesso) **serração** (serragem)
- **sortir** (abastecer) **surtir** (originar)
- **sustar** (suspender) **suster** (sustentar)
- **vultoso** (volumoso) **vultuoso** (atacado de vultuosidade)

EXERCÍCIOS

1. Preencha as lacunas com um dos termos entre parênteses:

Em momentos de guerra é importante _____ a despensa de alimentos. (sortir/surtir)

O mandato do senador foi _____ pelo governo. (caçado/cassado)

O _____ do presidente é de quatro anos. (mandado/mandato)

A Avenida Brasil estava coberta pela _____. (cerração/serração)

Rodrigo sempre teve excelente _____ de justiça. (censo/senso)

Todos os _____ haviam sido ocupados. (acentos/assentos)

Devemos uma _____ quantia ao banco. (vultosa/vultuosa)

A próxima _____ começará atrasada. (seção/sessão)

_____-se, mas havia hostilidade entre eles. (cumprimentaram/comprimentaram)

Na _____ das avenidas, houve uma colisão. (intersecção/intercessão)

2. Preencha as lacunas com as seguintes palavras:

seção - sessão - cessão - comprimento - cumprimento - conserto - concerto

O estudante de jornalismo foi à _____ do jornal.

Na _____ musical os novos cantores apresentaram-se muito bem.

O _____ do velhinho é amável.

O _____ das roupas é feito pela mãe da jovem.

O _____ do sapato custou muito caro.

Fu_____ meus familiares com amabilidade.

A _____ de cinema atrasou novamente.

O vestido tem um bom _____ para mulheres altas.

Os pequenos violinistas participaram de um _____.

3. (FUVEST) Estava _____ a _____ da guerra, pois os homens _____ nos erros do passado.

a) eminente, deflagração, incidiram
b) iminente, deflagração, reincidiram
c) eminente, conflagração, reincidiram
d) preste, conflaglação, incidiram
e) prestes, flagração, recindiram

3.3 USOS DO PORQUÊ

- **Porquê**: utilizado como substantivo, vem acompanhado pelo artigo "o"; para identificá-lo, substituir por "o motivo", "a razão".

    Ex.: Maria não entendeu o porquê de tanto estudo.
    (Maria não entendeu o motivo, a razão de tanto estudo.)

- **Por quê**: utilizado somente em final de frases ou quando sinalizado sozinho.

    Ex.: Terminou o namoro de novo por quê?
    Você não veio à aula. Por quê?

- **Porque:** conjunção utilizada com função explicativa, causativa ou de finalidade.

    Ex.: Faltei porque estava doente. (pois – explicação)
    Eles ficaram porque estava muito tarde. (já que, uma vez que, visto que – causa)
    Coma agora, porque não sinta fome mais tarde. (para que, a fim de que – finalidade)

- **Por que:** exerce a função de pronome interrogativo ou funciona como preposição; para identificá-lo de maneira mais fácil, substitua a palavra por que pela expressão "por qual razão" ou "por qual motivo".

    Ex.: Por que o voto é obrigatório? (por qual motivo)
    Gostaria de saber por que não me disse a verdade. (por qual razão)

EXERCÍCIOS

1. Escolha a forma correta para completar as frases: por que, porque, por quê ou porquê.

Gostaria de saber _____ você está assim.

Foi desclassificado e não sabe _____.

_____ você está tão feliz?

Não irá à aula _____?

Paulo não veio à prova _____ não sabia o local certo.

Não sei _____ os senadores estão discutindo.

Aprender o uso dos _____ é muito importante.

Como muito chocolate _____ gosto.

Ele não fez a lição de matemática _____ não foi à aula e perdeu a explicação.

_____ temos de economizar água e cuidar do planeta?

Você não gosta de tangerina _____?

Você não se veste com roupa da cor amarela? _____

Descobri _____ te amo tanto.

A reforma não foi terminada _____ a prefeitura ficou sem verba.

_____ o professor pediu demissão?

Os que estudam aquele período histórico jamais compreenderam o _____ de tanta violência.

Este supermercado foi fechado _____?

Retiraram-se da reunião sem dizer _____.

Você é a favor da liberdade de imprensa _____?

Responda-me:_____ não partir hoje?

_____ ela ganhou, fiquei estonteante de alegria.

Não sei o _____ de tudo isso.

2. (DASP) Assinale a única alternativa que apresenta erro no emprego dos "porquês":

a) Por que insistes no assunto?
b) O carpinteiro não fez o serviço porque faltou madeira.
c) Não revelou porque não quis contribuir.
d) Ele tentou explicar o porquê da briga.
e) Ele recusou a indicação não sei por quê.

3. (ESAP) Considerando o uso apropriado do termo sublinhado, identifique em que sentença do diálogo há um erro de grafia:

a) Por que você não entregou o trabalho ao professor?
b) Você quer mesmo saber o porquê?
c) Claro. A verdade é o princípio por que me oriento.
d) Pois, acredite, eu não sei porque fiz isso.
e) Você está mentindo. Por quê?

4. (UE PONTA GROSSA-PR)
— _____ me julgas indiferente?
— _____ tenho meu ponto de vista.
— E não o revelas _____? – Nem sei o _____.

Assinale a alternativa que preenche adequadamente as lacunas:

a) Por que, Porque, por que, por quê
b) Por que, Porque, por quê, porquê
c) Porque, Por que, porque, por quê
d) Por quê, Porque, por que, porquê
e) Porque, Porque, por quê, por quê

5. (FUVEST) Assinale a frase gramaticalmente correta:

a) Não sei por que discutimos.
b) Ele não veio por que estava doente.
c) Mas porque não veio ontem?
d) Não respondi porquê não sabia.

CAPÍTULO 4
HÍFEN

Pela nova ortografia, escreve-se guardarroupa ou guarda-roupa?

São ligadas por hífen palavras independentes foneticamente e que formam uma composição em que um sentido é atribuído. Por isso, é possível afirmar que os hífens entram na composição de palavras novas e adjetivos compostos e separam radicais e prefixos.

4.1 APLICAÇÃO DO HÍFEN

Na Língua Portuguesa, o hífen é empregado nos seguintes casos:

- Prefixos terminados pela letra R em junção com a palavra iniciada pela letra R:

> hiper-realista
> inter-regional
> inter-racial
> inter-relação

- Prefixos terminados em vogal em junção com palavra iniciada pela letra H:

> anti-herói
> anti-higiênico
> pré-histórico

- Prefixos terminados em vogal unidos a palavras iniciadas pela mesma vogal:

> anti-inflamatório
> anti-imperialista
> arqui-inimigo
> micro-ondas

- Quando os elementos formam uma unidade de sentido:

> beija-flor
> erva-doce,
> água-marinha
> guarda-chuva,
> médico-cirurgião
> segunda-feira

- Prefixos que representam formas adjetivas que fazem referência a misturas de culturas ou de países:

> anglo-brasileiro
> latino-americano
> greco-romano

- Prefixos ex, vice e soto:

> ex-marido
> vice-presidente
> soto-mestre
> soto-capitão

- Prefixos circum e pan unidos a palavras iniciadas por vogal ou pelas consoantes M ou N:

> pan-americano
> circum-navegação

- Prefixos pré, pró e pós unidos a palavras com significado próprio:

> pré-natal
> pró-desarmamento
> pós-graduação

- Palavras além, aquém, recém e sem unidas a palavras de significado independente:

> além-mar
> aquém-fronteiras
> recém-nascidos
> sem-número
> sem-teto

4.2 NÃO APLICAÇÃO DO HÍFEN

O hífen não é aplicado nas seguintes situações:

- Prefixos terminados em vogal e palavras que iniciam por R ou S. Em vez de utilizar o hífen, as consoantes são dobradas:

> antessala, antessacristia, antissocial, antirrugas, extrasseco, ultrassonografia

- Prefixos terminados em vogal e palavras iniciadas por vogal:

> autoafirmação, autoajuda, autoescola, extraescola, extraoficial, infraestrutura, semiautomático, semiárido

- Palavras compostas que são tomadas como palavras novas, mas sem que se perceba a noção de composição:

> mandachuva, paraquedas, paralamas, parabrisa

EXERCÍCIOS

1. (UF-PR) Na junção dos elementos seguintes, para formar uma só palavra, indique a alternativa que corresponde ao emprego ou não do hífen:

super + homem; pan + americano; sub + reptício; infra + estrutura; intra + muscular; extra + terreno

a) sim, não, não, sim, sim, não
b) não, não, não, não, sim, sim
c) sim, sim, sim, sim, não, não
d) sim, sim, sim, não, não, sim
e) sim, sim, não, sim, não, não

2. (UF-SC) Fez um esforço _____ para vencer o campeonato _____.

a) sobre-humano, inter-regional
b) sobrehumano, interregional
d) sobreumano, interregional
c) sobrehumano, inter-regional
e) sobre-humano, interegional

3. (SANTA CASA) Considerando-se que o hífen é empregado

corretamente nos compostos cujos elementos, reduzidos ou não, perderam a sua significação própria; nos compostos com o primeiro elemento de forma adjetiva, reduzida ou não, assinale a alternativa que contém apenas exemplos certos, de acordo com a regra:

a) extraordinário, sobre-mesa, anti-higiênico
b) maleducado, mal-humorado, subreino
c) arco-íris, tenente-coronel, luso-brasileiro
d) paraquedista, panamericano, bel-prazer
e) auto-sugestão, extraregimental, pró-cônsul

4. (FUND. LUSÍADA) Assinale a alternativa que contém as palavras corretamente formadas:

a) bem-vindo, pan-americana, sub-base, protomártir
b) pré-histórico, mal-estar, panamericano, prematuro
c) auto-afirmação, autocrítica, excombatente, neolatinas
d) pós-graduação, antitérmico, malmequer, sub-áereo
e) antocontrole, anti-corrosivo, grão-mestre, aero-espacial

5. Em qual palavra o hífen não foi empregado corretamente:

a) auto-suficiente
b) intra-ocular
c) neo-realista
d) contra-dança

CAPÍTULO 5
ESTRUTURA DAS PALAVRAS

As palavras são compostas por algumas unidades mínimas, que serão listadas abaixo.

- **Morfema**: unidade mínima significativa de um vocábulo, ou seja, é a parte de uma palavra que possui um significado ou exerce uma função. A palavra "comprássemos", por exemplo, é constituída de quatro morfemas: compr-a-sse-mos. Para cada uma dessas partes existe uma nomenclatura, conforme sua função na constituição da unidade da palavra.

> **compr-** (radical)
> **-a-** (vogal temática)
> **-sse-** (desinência modo temporal)
> **-mos** (desinência número pessoal)

Nessa separação morfológica temos:

- **Radical**: elemento comum a palavras de uma mesma família.

> **ferr**o, **ferr**ugem,
> **ferr**eiro, **ferr**agem
> **ferr** = radical

- **Vogal temática**: vogal que se une ao radical, formando, desse modo, o tema, ou seja, um grupo de palavras significativas.

casar
cas = radical (casório, casamento, casado, etc.)
a = vogal temática
cas + a = casa = tema

Para verbos, a vogal temática identifica sua conjunção. Na Língua Portuguesa, temos três conjugações:

> ar – amar (vogal temática a)
> 1ª conjugação
> er – correr (vogal temática e)
> 2ª conjugação
> ir – partir (vogal temática i)
> 3ª conjugação

- **Desinências**: flexões situadas no final das palavras e que permitem a identificação de gênero, número, pessoa, etc.

- **Nominais**: presentes em palavras substantivadas que nomeiam seres ou objetos, essas desinências indicam gênero e número.

> **aluno** (desinência nominal o)
> indica palavra masculina e singular.
> **aluna** (desinência nominal a)
> indica palavra feminina e singular.

- **Verbais**: desinência que possibilita a identificação de flexões dos verbos. Pode indicar o modo, o tempo, a pessoa e o número destes.

> **corre** (desinência verbal e)
> indica a 3ª pessoa do singular.
> **corremos** (desinência verbal mos)
> indica a 1ª pessoa do plural.

5.1 CLASSIFICAÇÃO DAS PALAVRAS

- **Simples:** quando possuem apenas um radical. Exemplos: flor, sol, roupa.

- **Composta:** Indicada por dois ou mais radicais. Exemplos: couve-flor, girassol, guarda-roupa.
- **Primitiva:** Origina novas palavras sem ter sido criada por outro elemento, forma inicial dos elementos. Exemplos: terra - palavra primitiva da qual derivam-se as palavras terreiro, terreno, terraplanagem.
- **Derivada:** Formada a partir de outras palavras. Exemplos: casarão, casebre, casinha - derivadas da palavra primitiva casa.

5.2 FORMAÇÃO DAS PALAVRAS

As palavras podem ser formadas por diversos processos, que estão listados na sequência.

5.2.1 Derivação

Por esse processo, as palavras são formadas por apenas um radical ao qual é acrescido um ou mais afixos.

Os afixos são termos que, quando unidos ao radical, permitem a formação de novas palavras. Podem ser antepostos ao radical (prefixos) ou pospostos a ele (sufixos).

Por isso, há alguns tipos de derivação.

5.2.1. 1 Prefixal

Ocorre quando o radical é acrescido apenas um prefixo.

infeliz - in = prefixo / feliz = radical

5.2.1. 2 Sufixal

Ocorre quando o termo se liga posteriormente ao radical.

felizmente - mente = sufixo / feliz = radical

5.2.1. 3 Prefixal e sufixal

Ocorre quando são afixados, no radical, um prefixo e um sufixo simultaneamente.

infelizmente - in = prefixo / feliz = radical / mente = sufixo

Note que, na derivação prefixal e sufixal, o acréscimo do prefixo e do sufixo ocorre de forma independente, ou seja, a retirada de um deles não acarreta a inexistência da palavra. Veja: infeliz, felizmente.

Abaixo listam-se alguns afixos de origem grega e latina.

Alguns prefixo de origem grega		
Prefixo	Significação	Exemplos
a-, an-	privação, negação, insuficiência, carência	apatia anarquia
ana-	inversão, mudança, repetição	anagrama
anfi-	em redor, em torno, de ambos os lados, duplicidade	anfíbio
anti-	oposição, ação contrária	antipatia
apo-	afastamento, separação	apogeu
arqui-, arce-	superioridade hierárquica, primazia, excesso	arquidiocese arcebispo

cata-	movimento de cima para baixo	catarata
di-	duplicidade	ditongo
dia-	movimento através de, afastamento	diálogo
dis-	dificuldade, privação	disenteria
ec-, ex-, exo-, ecto-	movimento para fora	eclipse êxodo
en-, em-, e-	posição interior, movimento para dentro	embrião
endo-	posição interior, movimento para dentro	endocarpo endócrino
epi-	posição superior, movimento para	epiderme
eu-	excelência, perfeição, bondade	euforia
hemi-	metade, meio	hemisfério
hiper-	posição superior, excesso	hipérbole
hipo-	posição inferior, escassez	hipótese
meta-	mudança, sucessão	metamorfose
para-	proximidade, semelhança, intensidade	parasita

peri-	movimento ou posição em torno de	periferia
pro-	posição em frente, anterioridade	prólogo
pros-	adjunção, em adição a	prosódia
poli-	multiplicidade	polissílabo
sin-, sim-	simultaneidade, companhia	sinfonia
tele-	distância, afastamento	televisão

Alguns prefixo de origem latina

Prefixo	Significação	Exemplos
a-, ab-, abs	afastamento, separação	abstinência
a-, ad-	aproximação, movimento para junto	advogado
ante-	anterioridade, procedência	antebraço
ambi-	duplicidade	ambiguidade
ben(e)-, bem-	bem, excelência de fato ou ação	benefício
bi-, bis-	repetição, duas vezes	bisneto

circu(m)-	movimento em torno	circunferência
cis-	posição aquém	cisplatino
co-, com,- con-	companhia, concomitância	colégio
contra-	oposição	contradizer
de-	movimento de cima para baixo, separação, negação	decapitar
de(s)-, di(s)-	negação, ação contrária, separação	discussão
e-, es-, ex-	movimento para fora	exportação
en-, em-, in-	movimento para dentro, passagem para um estado ou forma, revestimento	enterrar
extra-	posição exterior, excesso	extraordinário
i-, im-, in-:	sentido contrário, privação, negação	impossível
inter-, entre-	posição intermediária	intercalar
infra-	posição inferior abaixo	infravermelho
intro-	movimento para dentro	introvertido

justa-	posição ao lado	justapor
ob-, o-	posição em frente, oposição	obstáculo
per-	movimento através	percorrer
pos-	posterioridade	pós-modernismo
pre-	anterioridade	prefácio
pro-	movimento para frente	progresso
retro-	movimento para trás	retrospectiva
semi-	metade	semirreta
so-, sob-, sub-, su-	movimento de baixo para cima, inferioridade	soterrar substrato
super-, supra-, sobre-	posição superior, excesso	super-homem suprarrenal
trans-, tras-, tres-, tra-	movimento para além, movimento através	transatlântico trespassar
ultra-	posição além do limite, excesso	ultravioleta
vice-, vis-	em lugar de	visconde

Alguns sufixos			
Sufixos que formam nome de uma ação	-ada	jornada
	-ez(a)	beleza
	-ança	mudança
	-ismo	ciclismo
	-ância	abundância
	-mento	relacionamento
	-ção	comunicação
	-são	compreensão
	-tude	amplitude
	-ença	presença
	-ura	formatura
Sufixos que formam nomes de agentes (profissões)	-ário(a)	operário
	-or	orador
	-eiro(a)	caminhoneiro
	-nte	estudante
	-ista	motorista
Sufixos que formam nome de lugares	-aria	padaria
	-ário	berçário
	-eiro	cabeleireiro
	-tério	cemitério
	-tório	lavatório
	-douro	matadouro

Sufixos que formam nomes indicadores de abundância, aglomeração, coleção	-aço	ricaço
	-ario(a)	infantaria
	-ada	papelada
	-edo	arvoredo
	-agem	folhagem
Sufixo que forma nomes de religião, doutrinas filosóficas, sistemas políticos	-ismo	budismo comunismo

5.2.1.4 Parassintética

Ocorre quando não é possível retirar nem o prefixo, nem o sufixo do vocábulo sem que haja perda de sentido.

> empobrecer
> em = prefixo
> cer = sufixo
> pobre = radical

As palavras "empobre" e "pobrecer" não existem, por isso, não é possível retirar os afixos.

5.2.1.5 Regressiva

Também conhecida como derivação deverbal, ocorre quando os verbos são substantivados, sem que a palavra sofra diminuição.

Atenção: não confundir com conjugação!

> luta (de lutar)
> chuva (de chover)

5.2.1.6 Imprópria

Ocorre quando há mudança da classe gramatical da palavra sem, no entanto, mudar o sentido principal.

> O menino é um bom aluno. (bom = adjetivo)
> Os bons sempre alcançam a vitória. (os bons = substantivo)

A palavra "bom" sofreu derivação imprópria, pois mudou a classe gramatical de adjetivo (origem) para substantivo.

5.2.2 Composição

Ocorre quando as palavras são formadas por dois ou mais radicais. A composição pode ser de dois tipos: justaposição ou aglutinação.

5.2.2.1 Justaposição

É resultante da união de duas ou mais palavras sem que haja alteração fonética.

> passatempo = passa + tempo
> pontapé = ponta + pé
> pé de moleque = pé + de + moleque

O mesmo ocorre com as palavras guarda-chuva, guarda-roupa, girassol, couve-flor, beija-flor, etc.

5.2.2.2 Aglutinação

Ocorre quando a união de radicais ou palavras acarreta a mudança fonética das palavras primitivas.

> planalto = plano + alto (supressão do "o" da palavra "plano")
> embora = em + boa + hora (supressão do "a" final de "boa" e da primeira sílaba de "hora")

O mesmo ocorre com os vocábulos planície, fidalgo, aguardente, etc.

5.2.3 Outros processos de formação de palavras:

5.2.3.1 Hibridismo

Ocorre quando as palavras são formadas a partir da junção de radicais estrangeiros.

> automóvel
> auto = radical grego
> móvel = radical latino

5.2.3.2 Abreviação ou redução

Ocorre quando há a diminuição da palavra com a intenção de

facilitar a pronúncia, de dinamizar a língua, dando origem, assim, a uma forma mais curta.

> fotografia = foto
> pneumático = pneu
> quilograma = quilo

5.2.3.3 Onomatopeia

Ocorre quando as palavras são formadas a partir de elementos que pretendem significar sons, seja de seres, seja de objetos, ou fenômenos da natureza.

> tique-taque, zum-zum,
> tchibum, toc-toc

EXERCÍCIOS

1. (IBGE) Assinale a opção em que todas as palavras se formam pelo mesmo processo:

a) ajoelhar / antebraço / assinatura
b) atraso / embarque / pesca
c) o jota / o sim / o tropeço
d) entrega / estupidez / sobreviver
e) antepor / exportação / sanguessuga

2. (BB) A palavra "aguardente" formou-se por:
a) hibridismo
b) aglutinação
c) justaposição
d) parassíntese
e) derivação regressiva

3. (AMAN) Que item contém somente palavras formadas por justaposição?

a) desagradável - complemente
b) vaga-lume - pé-de-cabra

c) encruzilhada - estremeceu
d) supersticiosa - valiosas
e) desatarraxou - estremeceu

4. (UE-PR) "Sarampo" é:

a) forma primitiva
b) formado por derivação parassintética
c) formado por derivação regressiva
d) formado por derivação imprópria
e) formado por onomatopeia

5. (EPCAR) Numere as palavras da segunda coluna conforme a primeira. Em seguida, marque a alternativa que corresponde à sequência numérica encontrada:

1) justaposição
2) aglutinação
3) parassíntese
4) derivação sufixal
5) derivação imprópria
6) derivação prefixal

( ) aguardente
( ) casamento
( ) portuário
( ) pontapé
( ) os contras
( ) submarino
( ) hipótese

a) 1, 4, 3, 2, 5, 6, 1
b) 4, 1, 4, 1, 5, 3, 6
c) 1, 4, 4, 1, 5, 6, 6
d) 2, 3, 4, 1, 5, 3, 6
e) 2, 4, 4, 1, 5, 3, 6

6. (CESGRANRIO) Indique a palavra que foge ao processo de formação de chapechape:

a) zunzum
b) reco-reco
c) toque-toque
d) tlim-tlim
e) vivido

CAPÍTULO 6
SUBSTANTIVO

A palavra chuva é um substantivo concreto.

Substantivos são palavras que nomeiam seres, sejam eles animados ou inanimados, existentes ou inexistentes, imaginários ou fictícios. É tudo aquilo que pode ser precedido de artigo.

6.1 TIPOS DE SUBSTANTIVOS

6.1.1 Concreto

São substantivos reais, palpáveis ou que foram criados pela imaginação. São seres independes entre si.

> mulher, papel, anjo, vampiro

6.1.2 Abstrato

Referem-se a estado, qualidade, ação ou sentimentos que estão fora dos seres, por isso, dependem dos seres para terem existência.

> beleza, raiva, justiça, vida, saudade

6.1.3 Próprio

São substantivos concretos que designam seres específicos, particulares. São utilizados para dar nomes às pessoas, às organizações, aos lugares e aos acidentes geográficos.

> Maria, O Jornal Nacional, Minas Gerais

Observação.: Existem expressões em que substantivos próprios se tornam comuns.

> Aquele indivíduo é um judas. (traidor)

6.1.4 Comum

Referem-se a nomes cuja aplicabilidade se dá a todos os seres ou objetos de mesma espécie.

> homem, cachorro, melancia, prato

6.2 FORMAÇÃO DOS SUBSTANTIVOS

6.2.1 Primitivo

São os substantivos que não são originados de outras palavras, mas que, ao contrário, dão origem a outros substantivos.

> pedra, ferro, piano, pão

6.2.2 Derivado

São os substantivos que se formaram a partir de outros substantivos (primitivos).

> pedreiro, ferradura, pianista, padaria

6.2.3 Simples

São os substantivos formados por apenas um radical ou uma palavra.

> jornalista, flor, paixão, morte

6.2.1 Composto

São os substantivos formados por dois ou mais radicais.

> redator-chefe, terça-feira, passaporte

6.3 GÊNEROS DOS SUBSTANTIVOS

A terminação, o significado ou o sentido determina se a palavra é feminina ou masculina.

6.3.1 Biforme

Quando indica duas formas distintas para os gêneros, mantendo o radical.

> garoto / garota
> professor / professora

6.3.2 Heterônimos

Quando indica duas formas distintas para os gêneros, havendo "inclusive" a modificação do radical das palavras.

> homem / mulher
> cavalo / égua

6.3.3 Epiceno

Utilizado para determinados animais (répteis, insetos e peixes), necessita acrescentar as palavras "macho" ou "fêmea" para indicar o gênero, pois possui a mesma forma e o mesmo artigo.

> a cobra macho / a cobra fêmea
> o pernilongo macho / o pernilongo fêmea
> a sardinha macho / a sardinha fêmea

6.3.4 Comum-de-dois gêneros

Possui a mesma forma tanto para o gênero masculino quanto para o feminino, sendo necessário acrescentar apenas o artigo definido.

> o/a jovem, o/a estudante
> o/a democrata

6.3.5 Sobrecomum

O substantivo mantém a mesma forma tanto para designar seres masculinos quanto femininos, não havendo alteração nem de pronomes, nem de artigos que o acompanham; o gênero é determinado pelo sentido.

> criança, vítima
> cônjuge, pessoa

Veja este outro exemplo: Aquele menino é uma criança concentrada e aquela menina uma criança desatenta.

6.4 NÚMERO DOS SUBSTANTIVOS

Capacidade que o substantivo possui de indicar mais de um ser ou objeto. Para isso, é relevante analisar a terminação das palavras.

6.4.1 Formação dos substantivos no plural

- Terminados por vogal: acrescenta-se -s.

> café → cafés
> mesa → mesas

- Terminados em -ão: fazem o plural -ões, -ães ou -ãos. Ressalta-se que as paroxítonas aceitam mais de uma forma no plural.

> gavião → gaviões
> pão → pães
> órfão → órfãos
> ancião (paroxítona) → anciões, anciães, anciãos

- Terminados em -al, -el, -ol, -ul: Substitui-se o -l por -is.

> carnaval → carnavais
> papel → papéis

- Terminados em -il: acrescenta-se -s nas oxítonas e -eis nas paroxítonas e proparoxítonas.

> canil → canis
> fóssil → fósseis
> réptil → répteis

- Terminados em -em, -im, -om e -um nasais: muda-se -m por -ns.

> armazém → armazéns
> virgem → virgens
> som → sons
> jejum → jejuns

- Terminados em -n nasal: acrescenta-se -s.

> pólen → pólens
> abdômen → abdômens

- Terminados em -r ou -z: acrescenta-se -es.

> nariz → narizes
> cor → cores

- Terminados em -s ou -x: não sofrem alteração.

> um atlas → cinco atlas
> o lápis → os lápis

- Terminados em -s ou -z, para vocábulos monossílabos ou dissílabos: acrescenta-se -es.

> deus → deuses
> giz → gizes

6.4.2 Plural de substantivos compostos

- Quando formados pela junção de substantivos com outros substantivos, adjetivo ou numeral em qualquer ordem, ambos recebem o plural.

> couve-flor → couves-flores
> obra-prima → obras- primas
> segunda-feira →
> segundas-feiras
> má-língua → más-línguas

Observação: Terra-novas, grão-mestres e padre-nossos são as exceções desta regra.

- Quando formados por palavras invariáveis (advérbio, verbo, preposição, conjunção, interjeição) mais um substantivo, somente o segundo elemento recebe o plural, o primeiro não se altera, visto que é invariável.

> ante-sala → ante-salas
> ave-maria → ave-marias
> guarda-chuva → guarda-chuvas
> abaixo-assinado → abaixo-assinados

- Quando a composição acontece por aglutinação, somente o último elemento recebe o plural.

> pernalta → pernaltas
> grão-prior → grão-priores

- Quando a composição acontece por justaposição, somente o último elemento recebe o plural.

> girassol → girassóis
> terraplenagem → terraplenagens

- No caso de palavras repetidas, somente o segundo substantivo recebe o plural.

> tico-tico → tico-ticos
> reco-reco → reco-recos

- Em substantivos ligados pela preposição de, somente o primeiro elemento recebe o plural.

> pé de moleque → pés-de-moleque
> perna de pau → pernas-de-pau

- Quando formados por elementos invariáveis ou se o último elemento já estiver no plural, não há alteração no plural.

> o saca-rolhas → os saca-rolhas
> o cola-tudo → os cola-tudo

6.5 GRAU DOS SUBSTANTIVOS

É a maneira pela qual se manifesta o aumento ou a diminuição de um substantivo, tendo como base o seu estado inicial. Pode acontecer de suas maneiras:

- Analítico: ocorre o emprego de palavras que indicam aumento ou diminuição (grande, pequeno, enorme, etc.)

> casa enorme,
> carro pequeno

- Sintético: ocorre com o acréscimo de sufixos aos substantivos, indicando, conforme a necessidade, o aumentativo ou o diminutivo.

> bonito → bonitão, bonitinho

6.6 COLETIVOS

São substantivos que se referem a nomes de grupos, seres

em conjunto ou coleções:

abelha - enxame, cortiço, colmeia;
acompanhante - comitiva, cortejo, séquito;
alho - (quando entrelaçados) réstia, enfiada, cambada;
aluno - classe;
amigo - (quando em assembleia) tertúlia;
animal - (em geral) piara, pandilha, (todos de uma região) fauna, (manada de cavalgaduras) récua, récova, (de carga) tropa, (de carga, menos de 10) lote, (de raça, para reprodução) plantel, (ferozes ou selvagens) alcateia;
anjo - chusma, coro, falange, legião;
apetrecho - (quando de profissionais) ferramenta, instrumental;
aplaudidor - (quando pagos) claque;
argumento - carrada, monte, montão, multidão;
arma - (quando tomadas dos inimigos) troféu;
arroz - batelada;
artigo - (quando heterogêneo) mixórdia;
artista - (quando trabalham juntos) companhia, elenco;
árvore - (quando em linha) alameda, carreira, rua, souto, (quando constituem maciço) arvoredo, bosque, (quando altas, de troncos retos a aparentar parque artificial) malhada;
asneira - acervo, chorrilho, enfiada, monte;
asno - manada, récova, récua;
assassino - choldra, choldraboldra;
assistente - assistência;
astro - (quando reunidos a outros do mesmo grupo) constelação;
ator - elenco;
autógrafo - (quando em lista especial de coleção) álbum;

ave - (quando em grande quantidade) bando, nuvem;
avião - esquadrão, esquadrilha, flotilha;
bala - saraiva, saraivada;
bandoleiro - caterva, corja, horda, malta, súcia, turba;
bêbado - corja, súcia, farândola;
boi - boiada, abesana, armento, cingel, jugada, jugo, junta, manada, rebanho, tropa;
bomba – bateria;
borboleta - boana, panapaná;
botão - (de qualquer peça de vestuário) abotoadura, (quando em fileira) carreira;
burro - (em geral) lote, manada, récua, tropa, (quando carregado) comboio;
cabelo - (em geral) chumaço, guedelha, madeixa, (conforme a separação) marrafa, trança;
cabo - cordame, cordoalha, enxárcia;
cabra - fato, malhada, rebanho;
cadeira - (quando dispostas em linha) carreira, fileira, linha, renque;
cálice - baixela;
camelo - (quando em comboio) cáfila;
caminhão – frota;
canção - (quando reunidas em livro) cancioneiro, (quando populares de uma região) folclore;
canhão - bateria;
cantilena - salsada;
cão - adua, cainçalha, canzoada, chusma, matilha;
capim - feixe, braçada, paveia;
cardeal - (em geral) sacro colégio, (quando reunidos para a eleição do papa) conclave, (quando reunidos sob a direção do papa) consistório;

carneiro - chafardel, grei, malhada, oviário, rebanho;
carro - (quando unidos para o mesmo destino) comboio, composição, (quando em desfile) corso;
carta - (em geral) correspondência;
casa - (quando unidas em forma de quadrados) quarteirão, quadra;
castanha - (quando assadas em fogueira) magusto;
cavalariano - (de cavalaria militar) piquete;
cavaleiro - cavalgada, cavalhada, tropel;
cavalgadura - cáfila, manada, piara, récova, récua, tropa, tropilha;
cavalo - manada, tropa;
cebola - (quando entrelaçadas pelas hastes) cambada, enfiada, réstia;
cédula - bolada, bolaço;
chave - (quando num cordel ou argola) molho, penca;
célula - (quando diferenciadas igualmente) tecido;
cereal - (em geral) fartadela, fartão, fartura, (quando em feixes) meda, moreia;
cigano - bando, cabilda, pandilha;
cliente - clientela, freguesia;
coisa - (em geral) coisada, coisarada, ajuntamento, chusma, coleção, cópia, enfiada, (quando antigas e em coleção ordenada) museu, (quando em lista de anotação) rol, relação, (em quantidade que se pode abranger com os braços) braçada, (quando em série) sequência, série, sequela, coleção, (quando reunidas e sobrepostas) monte, montão, cúmulo;
coluna - colunata, renque;
cônego - cabido;
copo - baixela;
corda - (em geral) cordoalha, (quando no mesmo liame) maço, (de navio) enxárcia, cordame, massame, cordagem;

correia - (em geral) correame, (de montaria) apeiragem;
credor - junta, assembleia;
crença - (quando populares) folclore;
crente - grei, rebanho;
depredador - horda;
deputado - (quando oficialmente reunidos) câmara, assembleia;
desordeiro - caterva, corja, malta, pandilha, súcia, troça, turba;
diabo - legião;
dinheiro - bolada, bolaço, disparate;
disco - discoteca;
doze - (coisas ou animais) dúzia;
ébrio - ver bêbado;
égua - ver cavalo;
elefante - manada;
erro - barda;
escravo - (quando da mesma morada) senzala, (quando para o mesmo destino) comboio, (quando aglomerados) bando;
escrito - (quando em homenagem a homem ilustre) polianteia, (quando literários) analectos, antologia, coletânea, crestomatia, espicilégio, florilégio, seleta;
espectador - (em geral) assistência, auditório, plateia, (quando contratados para aplaudir) claque;
espiga - (quando atadas) amarrilho, arregaçada, atado, atilho, braçada, fascal, feixe, gavela, lio, molho, paveia;
estaca - (quando fincadas em forma de cerca) paliçada;
estado - (quando unidos em nação) federação, confederação, república;
estampa - (quando selecionadas) iconoteca, (quando explicativas) atlas;
estátua - (quando selecionadas) galeria;

estrela - (quando cientificamente agrupadas) constelação, (quando em quantidade) acervo, (quando em grande quantidade) miríade;
estudante - (quando da mesma escola) classe, turma, (quando em grupo cantam ou tocam) estudantina, (quando em excursão) tuna, (quando vivem na mesma casa) república;
fazenda - (quando comerciáveis) sortimento;
feiticeiro - (quando em assembleia secreta) conciliábulo;
feno - braçada, braçado;
filme - filmoteca, cinemoteca;
fio - (quando dobrado) meada, mecha, (quando metálicos e reunidos em feixe) cabo;
flecha - (quando caem do ar, em porção) saraiva, saraivada;
flor - (quando atadas) antologia, arregaçada, braçada, fascículo, feixe, festão, capela, grinalda, ramalhete, buquê, (quando no mesmo pedúnculo) cacho;
foguete - (quando agrupados em roda ou num travessão) girândola;
força naval - armada;
força terrestre - exército;
formiga - cordão, correição, formigueiro;
frade - (quanto ao local em que moram) comunidade, convento;
frase - (quando desconexas) apontoado;
freguês - clientela, freguesia;
fruta - (quando ligadas ao mesmo pedúnculo) cacho, (quanto à totalidade das colhidas num ano) colheita, safra;
fumo - malhada;
gafanhoto - nuvem, praga;
garoto - cambada, bando, chusma;
gato - cambada, gatarrada, gataria;

gente - (em geral) chusma, grupo, multidão, (quando indivíduos reles) magote, patuleia, poviléu;
grão - manípulo, manelo, manhuço, manojo, manolho, maunça, mão, punhado;
graveto - (quando amarrados) feixe;
gravura - (quando selecionadas) iconoteca;
habitante - (em geral) povo, população, (quando de aldeia, de lugarejo) povoação;
herói - falange;
hiena - alcateia;
hino - hinário;
ilha - arquipélago;
imigrante - (quando em trânsito) leva, (quando radicados) colônia;
índio - (quando formam bando) maloca, (quando em nação) tribo;
instrumento - (quando em coleção ou série) jogo, (quando cirúrgicos) aparelho, (quando de artes e ofícios) ferramenta, (quando de trabalho grosseiro, modesto) tralha;
inseto - (quando nocivos) praga, (quando em grande quantidade) miríade, nuvem, (quando se deslocam em sucessão) correição;
javali - alcateia, malhada, vara;
jornal - hemeroteca;
jumento - récova, récua;
jurado - júri, conselho de sentença, corpo de jurados;
ladrão - bando, cáfila, malta, quadrilha, tropa, pandilha;
lâmpada - (quando em fileira) carreira, (quando dispostas numa espécie de lustre) lampadário;
leão - alcateia;
lei - (quando reunidas cientificamente) código, consolidação, corpo, (quando colhidas aqui e ali) compilação;

leitão - (quando nascidos de um só parto) leitegada;
livro - (quando amontoados) chusma, pilha, ruma, (quando heterogêneos) choldraboldra, salgalhada, (quando reunidos para consulta) biblioteca, (quando reunidos para venda) livraria, (quando em lista metódica) catálogo;
lobo - alcateia, caterva;
macaco - bando, capela;
malfeitor - (em geral) bando, canalha, choldra, corja, hoste, joldra, malta, matilha, matula, pandilha, (quando organizados) quadrilha, sequela, súcia, tropa;
maltrapilho - farândola, grupo;
mantimento - (em geral) sortimento, provisão, (quando em saco, em alforje) matula, farnel, (quando em cômodo especial) despensa;
mapa - (quando ordenados num volume) atlas, (quando selecionados) mapoteca;
máquina - maquinaria, maquinismo;
marinheiro - marujada, marinhagem, companha, equipagem, tripulação;
médico - (quando em conferência sobre o estado de um enfermo) junta;
menino - (em geral) grupo, bando, (depreciativamente) chusma, cambada;
mentira - (quando em sequência) enfiada;
mercadoria - sortimento, provisão;
mercenário - mesnada;
metal - (quando entra na construção de uma obra ou artefato) ferragem;
ministro - (quando de um mesmo governo) ministério, (quando reunidos oficialmente) conselho;
montanha - cordilheira, serra, serrania;

mosca - moscaria, mosquedo;
móvel - mobília, aparelho, trem;
música - (quanto a quem a conhece) repertório;
músico - (quando com instrumento) banda, charanga, filarmônica, orquestra;
nação - (quando unidas para o mesmo fim) aliança, coligação, confederação, federação, liga, união;
navio - (em geral) frota, (quando de guerra) frota, flotilha, esquadra, armada, marinha, (quando reunidos para o mesmo destino) comboio;
nome - lista, rol;
nota - (na acepção de dinheiro) bolada, bolaço, maço, pacote, (na acepção de produção literária, científica) comentário;
objeto - ver coisa;
onda - (quando grandes e encapeladas) marouço;
órgão - (quando concorrem para uma mesma função) aparelho, sistema;
orquídea - (quando em viveiro) orquidário;
osso - (em geral) ossada, ossaria, ossama, (quando de um cadáver) esqueleto;
ouvinte - auditório;
ovelha - (em geral) rebanho, grei, chafardel, malhada, oviário;
ovo - (os postos por uma ave durante certo tempo) postura, (quando no ninho) ninhada;
padre - clero, clerezia;
palavra - (em geral) vocabulário, (quando em ordem alfabética e seguida de significação) dicionário, léxico, (quando proferidas sem nexo) palavrório;

pancada - pancadaria;
pantera - alcateia;
papel - (quando no mesmo liame) bloco, maço, (em sentido lato, de folhas ligadas e em sentido estrito, de 5 folhas) caderno, (5 cadernos) mão, (20 mãos) resma, (10 resmas) bala;
parente - (em geral) família, parentela, parentalha, (em reunião) tertúlia;
partidário - facção, partido, torcida;
partido político - (quando unidos para um mesmo fim) coligação, aliança, coalizão, liga;
pássaro - passaredo, passarada;
passarinho - nuvem, bando;
pau - (quando amarrados) feixe, (quando amontoados) pilha, (quando fincados ou unidos em cerca) bastida, paliçada;
peça - (quando devem aparecer juntas na mesa) baixela, serviço, (quando artigos comerciáveis, em volume para transporte) fardo, (em grande quantidade) magote, (quando pertencentes à artilharia) bateria, (de roupas, quando enroladas) trouxa, (quando pequenas e cosidas umas às outras para não se extraviarem na lavagem) apontoado, (quando literárias) antologia, florilégio, seleta, silva, crestomatia, coletânea, miscelânea;
peixe - (em geral e quando na água) cardume, (quando miúdos) boana, (quando em viveiro) aquário, (quando em fileira) cambada, espicha, enfiada, (quando à tona) banco, manta;
pena - (quando de ave) plumagem;

pessoa - (em geral) aglomeração, banda, bando, chusma, colmeia, gente, legião, leva, maré, massa, mó, mole, multidão, pessoal, roda, rolo, troço, tropel, turba, turma, (quando reles) corja, caterva, choldra, farândola, récua, súcia, (quando em serviço, em navio ou avião) tripulação, (quando em acompanhamento solene) comitiva, cortejo, préstito, procissão, séquito, teoria, (quando ilustres) plêiade, pugilo, punhado, (quando em promiscuidade) cortiço, (quando em passeio) caravana, (quando em assembleia popular) comício, (quando reunidas para tratar de um assunto) comissão, conselho, congresso, conclave, convênio, corporação, seminário, (quando sujeitas ao mesmo estatuto) agremiação, associação, centro, clube, grêmio, liga, sindicato, sociedade;
pilha - (quando elétricas) bateria;
planta - (quando frutíferas) pomar, (quando hortaliças, legumes) horta, (quando novas, para replanta) viveiro, alfobre, tabuleiro, (quando de uma região) flora, (quando secas, para classificação) herbário;
ponto - (de costura) apontoado;
porco - (em geral) manada, persigal, piara, vara, (quando do pasto) vezeira;
povo - (nação) aliança, coligação, confederação, liga;
prato - baixela, serviço, prataria;
prelado - (quando em reunião oficial) sínodo;
prisioneiro - (quando em conjunto) leva, (quando a caminho para o mesmo destino) comboio;
professor - corpo docente, professorado, congregação;
quadro - (quando em exposição) pinacoteca, galeria;
querubim - coro, falange, legião;
recruta - leva, magote;
religioso - clero regular;

roupa - (quando de cama, mesa e uso pessoal) enxoval, (quando envoltas para lavagem) trouxa;
salteador - caterva, corja, horda, quadrilha;
selo - coleção;
serra - (acidente geográfico) cordilheira;
soldado - tropa, legião;
trabalhador - (quando reunidos para um trabalho braçal) rancho, (quando em trânsito) leva;
tripulante - equipagem, guarnição, tripulação;
utensílio - (quando de cozinha) bateria, trem, (quando de mesa) aparelho, baixela;
vadio - cambada, caterva, corja, mamparra, matula, súcia;
vara - (quando amarradas) feixe, ruma;
velhaco - súcia, velhacada.

EXERCÍCIOS

1. (UFJF-MG) Assinale a alternativa onde aparecem substantivos simples, respectivamente, concreto e abstrato:
a) água, vinho
b) Pedro, Jesus
c) Pilatos, verdade
d) Jesus, abaixo-assinado
e) Nova Iorque, Deus

2. (MACK) Assinale a alternativa em que a flexão do substantivo composto está errada:
a) os pés-de-chumbo
b) os corre-corre
c) as públicas-formas
d) os cavalos-vapor
e) os vaivens

3. (UM-SP) Aponte a alternativa em que haja erro quanto à flexão do nome composto:

a) vice-presidentes, amores-perfeitos, os bota-fora
b) tico-ticos, salários-família, obras-primas
c) reco-recos, sextas-feiras, sempre-vivas
d) pseudo-esferas, chefes-de-seção, pães-de-ló
e) pisca-piscas, cartões-postais, mulas-sem-cabeças

4. (UF-PR)

I - O cônjuge se aproximou.
II - O servente veio atender-nos.
III - O gerente chegou cedo.

Não está claro se é homem ou mulher:

a) no primeiro período
b) no segundo período
c) no terceiro período
d) no primeiro e no segundo períodos
e) no segundo e no terceiro períodos

5. (UM-SP) Em qual das alternativas colocaríamos o artigo definido feminino para todos os substantivos?
a) sósia - doente - lança-perfume
b) dó - telefonema - diabetes
c) clã - eclipse - pijama
d) cal - elipse - dinamite
e) champanha - criança - estudante

GABARITOS – SUBSTANTIVO

1. Alternativa E.
2. Alternativa B.
3. Alternativa E.
4. Alternativa A.
5. Alternativa D.

CAPÍTULO 7
ADJETIVO

Na frase, "que bruxa feia", qual seria o adjetivo?

Palavra que acompanha e modifica o substantivo, indicando-lhe qualidade, estado, característica, aparência, condição, modo de ser ou aspecto qualquer. É palavra invariável que completa, especifica, explica ou determina o substantivo.

7.1 TIPOS DE ADJETIVOS

7.1.1 Quanto à formação e à estrutura, os adjetivos podem ser classificados em:

- Primitivos: nesses, a palavra, que não sofre alteração, nem é derivada de outra, origina outros adjetivos.

> mulher **boa**,
> mulher **má**

- Derivados: nesses, a palavra é formada a partir de outra primitiva.

> mulher **bondosa**,
> mulher **maldosa**

- Simples: sua formação acontece com apenas uma palavra ou radical.

> mulher **magra**,
> mulher **alta**

- Compostos: são formados por mais de um radical.

> sul-americano,
> azul-marinho

7.1.2 Quanto à função sintática, os adjetivos podem ser classificados em:

- Explicativos: quando apresentam uma qualidade essencial do ser, que faz parte do substantivo, que é inerente ao substantivo.

> O ser humano é **mortal**.
> O fogo é **quente**.

- Aposto explicativo: Quando esse tipo de adjetivo estiver logo após o substantivo, ele deve ficar entre vírgulas. Sintaticamente, exerce a função de aposto explicativo.

> O leite, **branco**, é o indicado para a saúde.

- Restritivos: diferentemente dos explicativos, os adjetivos restritivos oferecem qualidade ao ser, mas podem ser retirados do substantivo.

> Nem todo fogo é alto.
> Nem todo homem é bonito.

- Adjunto adnominal: Se o adjetivo restritivo vier em posição posterior, ligado ao substantivo, não deve ficar entre vírgulas. Sintaticamente, exerce a função de adjunto adnominal.

> O estudante inteligente é mais dedicado.

7.1.3 Os adjetivos ainda podem ser classificados em:

- Adjetivos pátrios: indicam nacionalidade ou lugar de origem do substantivo. Também podem ocorrer na forma composta, unindo nações distintas.

> goiano (adjetivo referente àquele nascido no estado de Goiás)
> grego (nascido na Grécia)
> romano (nascido em Roma)

- Locução adjetiva: expressão formada por mais de uma palavra e que exerce a função de adjetivo.

> de bispo = episcopal
> de criança = infantil

"Sandálias infantis", nesse exemplo, infantil é uma locução adjetiva.

7.2 GÊNERO DOS ADJETIVOS

Quanto ao gênero, os adjetivos podem ser classificados em:

- Uniformes: o adjetivo pode ser usado tanto para feminino quanto para masculino sem sofrer flexão.

> o estudante/ a estudante **paulista**
> o caderno/ a lapiseira **ruim**

- Biformes: o adjetivo sofre flexão de acordo com os gêneros masculino e feminino.

> o estudante **esforçado**/
> a estudante **esforçada**
> o caderno **velho**/
> a lapiseira **velha**

7.2.1 Regras para a flexão de adjetivos femininos

- Adjetivo terminado em -o e as oxítonas terminadas em -m e -s têm o seu feminino apenas pelo acréscimo da letra -a.

> o aluno baixo/ a aluna baixa
> algum/ alguma, francês/ francesa

- Adjetivo terminado em -eu faz o feminino em -eia. Exceção: judeu (judia) e sandeu (sandia).

> europeu/ europeia

- Adjetivo terminado em -ão faz -o adjetivo feminino em -ã ou -ona.

> o jovem cristão /
> a jovem cristã
> o aluno chorão /
> a aluna chorona

- Adjetivo composto feminino

Em adjetivos compostos, apenas a segunda palavra recebe a flexão do feminino.

> jogo luso-brasileiro /
> apresentação luso-brasileira

- Quando dois adjetivos indicam cor, somente o segundo elemento sofre flexão no feminino.

> carro verde-amarelo –
> camiseta verde-amarela

- Quando um adjetivo indicativo de cor forma uma composição com um substantivo, nenhum dos dois elementos sofre alteração quanto à flexão do feminino.

> parede branco-marfim /
> carro branco-marfim

- Quando os adjetivos que designam cor vêm acompanhados por uma das expressões "de cor", "a cor de" ou "cor de", não ocorre alteração quanto ao gênero feminino.

> terno de cor verde,
> blusa de cor verde

7.3 GRAU DOS ADJETIVOS

O grau dos adjetivos é relativo à intensidade dos adjetivos ao exprimir a qualidade dos seres.

7.3.1 Grau normal

É o adjetivo normal, sem alterações de intensidade: alto, bonito, pequeno, grande.

> Aquele casaco é bonito.

7.3.2 Comparativo

Homens são, em geral, mais altos do que as mulheres.

Relaciona os elementos ou qualidades comparando-os entre si. Os comparativos se ramificam em três tipos: de superioridade, de igualdade e de inferioridade.

• **De superioridade**: coloca um elemento em condição acima da condição de outro. Oferece mais qualidade, mais intensidade ao substantivo a que se refere. Pode ser:

Analítico: é formado por duas ou mais palavras que indicam um grau comparativo. As expressões que compõem o analítico são "mais... que" e "mais... do que".

> Romeu é mais corajoso do que Lucas.

Sintético: é formado por apenas uma palavra que indica a comparação. Algumas formas sintéticas: melhor (de bom), pior (de ruim), maior (de grande) e menor (de pequeno).

> O trabalho é maior que o seu.

- **De igualdade**: coloca os elementos da frase no mesmo grau de intensidade. Pode se expresso por: "tão... como" e "tanto... quanto".

> Sorvete é tão gostoso quanto chocolate.

- **De inferioridade**: formado por duas ou mais palavras que indicam um grau comparativo. As expressões que compõem o analítico são: "menos... do que" e "menos... que".

> Jiló é menos gostoso que abobrinha.

7.3.3 Superlativo

A intensidade dos superlativos é máxima. Não é feito diretamente em relação a outros elementos, mas caracteriza o elemento por ele mesmo.

- **Superlativo absoluto**: sua intensidade é absoluta, não há comparação de forma alguma. Este se ramifica em:

Superlativo absoluto analítico: nesse tipo, há a utilização de advérbios de intensidade (bastante, muito, extremamente, excessivamente, o mais, assaz, extraordinariamente) e eles se compõem pelo uso de mais de uma palavra para expressar a intensidade almejada.

> A matemática é bastante difícil.

Superlativo absoluto sintético: é expresso por apenas uma palavra, que é a soma do radical do adjetivo mais as terminações provenientes do latim (íssimo, rimo, limo), sabendo-se que estes sofrem alteração conforme o gênero das palavras.

> A matemática é dificílima.

- **Superlativo relativo**: a comparação acontece de forma indireta, por isso o termo relativo, na medida em que a comparação é relativa a outro elemento. Apesar de fazer a comparação com outro ser, a intensidade é em grau máximo, portanto se enquadra na especificidade superlativa e não comparativa.

Superlativo relativo de superioridade: necessita do artigo definido anteposto à primeira palavra comparada, acrescido das palavras "mais" ou "maior" e da preposição "de" (ou suas variações) anteposta ao segundo elemento.

> Aquela faculdade é a maior do Brasil.

Superlativo relativo de inferioridade: necessita do artigo definido anteposto à primeira palavra comparada, acrescido das palavras "menos" ou "menor" e da preposição "de" (ou suas variações) anteposta ao segundo elemento.

> Aquele acervo era o menor do mundo, apesar de sua riqueza histórica e cultural.

Observação: As palavras ótimo, péssimo e máximo não sofrem alteração quanto ao seu grau, pois suas significações já indicam a função superlativa.

Também não sofrem alteração de grau nem superlativo, nem comparativo, as palavras: eterno, infinito, imenso, onipotente, quadrado, redondo, imortal, infalível, primeiro, pois apresentam, também, uma significação de superioridade.

7.3.3.1 Formação do superlativo absoluto sintético

A formação do superlativo absoluto sintético obedece algumas regras, que serão listadas abaixo.

A adjetivos terminados em -l, -r e -u, cuja caracterização é oxítona, acrescenta-se -íssimo

> normal → normalíssimo

Em adjetivos terminados em -vel átono, transforma "vel" em "bil" e acrescenta-se a -íssimo.

> amável → amabilíssimo

A adjetivos terminados em -il cuja caracterização é paroxítona, acrescenta-se -limo.

> frágil → fragílimo

Em adjetivos terminados em -m, transforma-se "m" em "n" e depois acrescenta-se -íssimo

> comum → comuníssimo

Em adjetivos terminados em -o e -e, estas vogais caem e se acrescenta -íssimo.

> belo → belíssimo,
> feio → feiíssimo

Quando a palavra termina em -co, troca-se por "qu", ou se ela termina em "go" troca por "gu", em seguida acrescenta-se -íssimo.

> pouco → pouquíssimo,
> cego → ceguíssimo

Quando a palavra termina com "fico", "dico" e "volo", retira-se o "o", soma-se o termo "ent", seguido de -íssimo.

> benefício → beneficentíssimo

A adjetivos terminados em "ro" e "re", considera-se sua palavra de origem latina e acrescenta-se no radical latino o termo "rimo".

> mísero (do latim miser) → misérrimo

EXERCÍCIOS

1. Identifique o adjetivo na frase circulando-o.

Infelizmente é normalíssimo em um país como o Brasil a acomodação geral sobre questões políticas e sociais.

2. Dê o grau dos adjetivos:

a) Ele é um menino bastante aplicado.

___

b) Tudo o que as mulheres desejam são homem fidelíssimos.

___

c) A formatura é um dia extremamente feliz na vida de muitas famílias.

___

d) João é mais bonito que todos os outros irmãos.

___

3. Marque o grau de adjetivo da frase: A baleia branca é o maior mamífero dos oceanos.

a) Comparativo de superioridade
b) Superlativo absoluto analítico
c) Superlativo absoluto sintético
d) Superlativo relativo de superioridade.

4. (PUC) Assinale a alternativa que possa substituir, pela ordem, as partículas de transição dos períodos abaixo, sem alterar o significado delas: "Em primeiro lugar, observemos o avô. Igualmente, lancemos um olhar

para a avó. Também o pai deve ser observado. Todos são altos e morenos. Consequentemente a filha também será morena e alta."

a) primeiramente, ademais, além disso, em suma
b) acima de tudo, também, analogamente, finalmente
c) primordialmente, similarmente, segundo, portanto
d) antes de mais nada, da mesma forma, por outro lado, por conseguinte
e) sem dúvida, intencionalmente, pelo contrário, com efeito

5. (CESGRANRIO) Assinale a opção em que a locução grifada tem valor adjetivo:

a) "Comprei móveis e objetos diversos que entrei a utilizar **com receio**."
b) "Azevedo Gondim compôs **sobre ela** dois artigos."
c) "Pediu-me **com voz baixa** cinquenta mil réis."
d) "Expliquei **em resumo** a prensa, o dínamo, as serras..."
e) "Resolvi abrir o olho para que vizinhos **sem escrúpulos** não se apoderassem do que era delas."

GABARITO – ADJETIVO

1. normalíssimo
2. Superlativo Absoluto Analítico
Superlativo Absoluto Sintético
Superlativo Absoluto Analítico
Comparativo de Superioridade Analítico

3. Alternativa D.
4. Alternativa A.
5. Alternativa C.

CAPÍTULO 8

ARTIGO

Acompanha o substantivo com a função de caracterizá-lo e aparece em posição anterior a ele. É valido observar que se a palavra não exerce a função de substantivo, mas vem antecedida por um artigo, ela passa a ser substantivada, ou seja, exerce a função de substantivo. A partir do artigo, é possível identificar o gênero e o grau do substantivo. Os artigos são majoritariamente classificados em dois tipos.

- Definidos: empregados para determinar os seres, pois especificam e particularizam o ser. Têm a função de precisar o substantivo e são eles: o, os, a, as.

> o amigo, a amiga, os livros, as canetas

- Indefinidos: utilizados quando se referem a seres indeterminados, de maneira imprecisa, geral. São eles: um, uma, uns, umas.

> um irmão, uma irmã, uns casais, umas esposas

EXERCÍCIOS

1. (FESP) Assinale a alternativa correspondente à classe gramatical da palavra a, respectivamente: Esta gravata é a que recebi; Estou disposto a tudo; Fiquei contente com a nota; Comprei-a logo que a vi.

a) artigo - artigo - preposição - preposição

b) preposição - artigo - pronome demonstrativo - artigo
c) pronome demonstrativo - preposição - artigo - pronome pessoal
d) pronome pessoal - preposição - artigo - pronome pessoal
e) nenhuma das alternativas

2. (FMU) Procure e assinale a única alternativa em que há erro, quanto ao problema do emprego do artigo:

a) Nem todas opiniões são valiosas.
b) Disse-me que conhece todo o Brasil.
c) Leu todos os dez romances do escritor.
d) Andou por todo Portugal.
e) Todas cinco, menos uma, estão corretas.

3. (FATEC) Indique o erro quanto ao emprego do artigo:

a) Em certos momentos, as pessoas as mais corajosas se acovardam.
b) Em certos momentos, as pessoas mais corajosas se acovardam.
c) Em certos momentos, pessoas as mais corajosas se acovardam.
d) Em certos momentos, as mais corajosas pessoas se acovardam.
e) n.d.a

4. Indique o artigo definido, se necessário, antes das palavras em destaque, nas frases seguintes:
a) Todos **alunos** participaram da eleição.
b) Em todo **lugar** há um cartaz.
c) Todas **pessoas** deverão estar de branco.
d) Nem todos **seres** humanos são mortais.
e) **Perna** foi quebrada.

GABARITO – ARTIGO

1. Alternativa C.
2. Alternativa A.
3. Alternativa A.
4.
a) Todos os alunos participaram da eleição.
b) Em todo lugar há um cartaz.
c) Todas as pessoas deverão estar de branco.
d) Nem todos os seres humanos são mortais.
e) A perna foi quebrada.

CAPÍTULO 9
NUMERAL

Palavra que indica número, ordem, fracionário ou multiplicativo. Pode exercer também a função de adjetivo quando acompanha um substantivo.

> cinco crianças

Pode exercer também a função de substantivo, ou seja, quando indica um nome, quando o número é nomeado, indicado, passado para a forma escrita.

> quatro, sete (diferentes da forma matemática 4 e 7)

9.1 TIPOS DE NUMERAL

Os numerais podem ser classificados em quatro categorias: cardinais, ordinais, multiplicativos ou fracionários.

- Cardinais: apresentam a quantidade correta, exata de seres, utilizados, portanto, para a contagem de seres e invariáveis quanto à flexão, exceto: um (uma), dois (duas) e todos os outros que finalizam por -entos ou -ão (duzentos- duzentas).São:

> quatro, sete, mil

- Ordinais: apresentam uma ordem entre os elementos de uma série. Todos sofrem flexão quanto ao gênero e ao número.

> quarto, sétimo, milésimo

- **Multiplicativos**: apresentam uma multiplicação, ou seja, contêm duas ou mais vezes. Nessa categoria, há palavras específicas somente para os 12 primeiros números e para o número 100 (cêntuplo).

> quádruplo, sétuplo, duplo

- **Fracionários**: apresentam uma fração, ou seja, a divisão de um todo em partes.

> quarto, sétimo, milésimo

Observações:

As palavras "grau", "hora" e "quilômetro" são comumente acrescidas à palavra "zero" para formar uma unidade significativa.

> zero grau
> zero-hora = meia-noite
> zero-quilômetro = que ainda não foi usado (veículo)

As palavras "último", "penúltimo" e "antepenúltimo" também exercem função de adjetivo.

- **Emprego do numeral**: a preposição "e" é intercalada entre as centenas e as dezenas, e entre estas e as unidades.

Há alguns termos que indicam agrupamentos numéricos, cuja forma é exata, e são chamados de substantivos coletivos numéricos.

> par – 2 itens
>
> dezena –10 unidades
>
> vintena – 20 anos
>
> centena ou centúria –100 unidades
>
> grosa – doze dúzias
>
> milheiro milhar – mil dezenas
>
> biênio – 2 anos
>
> triênio – 3 anos
>
> quadriênio – 5 anos
>
> década ou decênio– 10 anos
>
> lustro ou quinquênio – 50 anos
>
> centenário – 100 anos
>
> milênio – 1000 anos
>
> sesquicentenário – 150 anos

9.2 PRINCIPAIS NUMERAIS

Cardinais	Ordinais	Multiplicativos	Fracionários
um	primeiro	-	-
dois	segundo	dobro, duplo	meio, metade
três	terceiro	triplo, tríplice	terço
quatro	quarto	quádruplo	quarto
cinco	quinto	quíntuplo	quinto
seis	sexto	sêxtuplo	sexto

sete	sétimo	sétuplo	sétimo
oito	oitavo	óctuplo	oitavo
nove	nono	nônuplo	nono
dez	décimo	décuplo	décimo
onze	décimo primeiro	undécuplo	onze avos
doze	décimo segundo	duodécuplo	doze avos
treze	décimo terceiro	-	treze avos
catorze	décimo quarto	-	catorze avos
quinze	décimo quinto	-	quinze avos
dezesseis	décimo sexto	-	dezesseis avos
dezessete	décimo sétimo	-	dezessete avos
dezoito	décimo oitavo	-	dezoito avos
dezenove	décimo nono	-	dezenove avos
vinte	vigésimo	-	vinte avos
trinta	trigésimo	-	trinta avos
quarenta	quadragésimo	-	quarenta avos
cinquenta	quinquagésimo	-	cinquenta avos
sessenta	sexagésimo	-	sessenta avos
setenta	septuagésimo	-	setenta avos
oitenta	octogésimo	-	oitenta avos

noventa	nonagésimo	-	noventa avos
cem	centésimo	cêntuplo	centésimo
duzentos	ducentésimo	-	ducentésimo
trezentos	trecentésimo	-	trecentésimo
quatrocentos	quadringentésimo	-	quadringentésimo
quinhentos	quingentésimo	-	quingentésimo
seiscentos	sexcentésimo	-	sexcentésimo
setecentos	septingentésimo	-	septingentésimo
oitocentos	octingentésimo	-	octingentésimo
novecentos	nongentésimo	-	nongentésimo
mil	milésimo	-	milésimo
milhão	milionésimo	-	milionésimo
bilhão	bilionésimo	-	bilionésimo

EXERCÍCIOS

1. (UNESP) Assinale o caso em que não haja expressão numérica de sentido indefinido:

a) Ele é o duodécimo colocado.
b) Quer que veja este filme pela milésima vez?
c) "Na guerra os meus dedos dispararam mil mortes."
d) "A vida tem uma só entrada; a saída é por cem portas."
e) n.d.a

2. (UF-ES) Milhão tem como

ordinal correspondente milionésimo. A relação entre cardinais e ordinais se apresenta inadequada na opção:

a) cinquenta - quinquagésimo, novecentos e um - nongentésimo primeiro
b) setenta - setuagésimo, quatrocentos e trinta - quadringentésimo trigésimo
c) oitenta - octingentésimo (oitenta - octogésimo), trezentos e vinte - trecentésimo vigésimo
d) quarenta - quadragésimo, duzentos e quatro - ducentésimo quarto
e) noventa - nonagésimo, seiscentos e sessenta - sexcentésimo sexagésimo

3. (FMU) Triplo e tríplice são numerais:

a) ordinal o primeiro e multiplicativo o segundo
b) ambos ordinais
c) ambos cardinais
d) ambos multiplicativos
e) multiplicativo o primeiro e ordinal o segundo

4. (UFPE) Indique o item em que os numerais estão corretamente empregados:

a) Ao papa Paulo Seis sucedeu João Paulo Primeiro.
b) Após o parágrafo nono, virá o parágrafo décimo.
c) Depois do capítulo sexto, li o capítulo décimo primeiro.
d) Antes do artigo dez vem o artigo nono.
e) O artigo vigésimo segundo foi revogado.

GABARITO – NUMERAL

1. Alternativa A.
2. Alternativa C.
3. Alternativa D.
4. Alternativa B.

CAPÍTULO 10
PRONOMES

"Eu amo você" possui quantos pronomes?

Palavra que substitui o substantivo, passando a representar os seres. Ela é variável em gênero, número e pessoa. O nome, representado pelo pronome, passa a ser uma pessoa no discurso. Os pronomes podem ser divididos quanto a sua aplicação.

10.1 PESSOAIS

Indicam os nomes e apresentam as pessoas dos discursos. Podem ser classificados em dois tipos:

- **Retos**: exercem sintaticamente a função de sujeito na oração.
- **Oblíquos**: exercem sintaticamente a função de complemento ou objetos da oração. Divide-se em:

Átonos: monossílabos que são inseridos antes ou depois do verbo (me, te, se, a, o, as, os, lhe, lhes nos, vos).
Tônicos: são acompanhados de preposição (mim, comigo, ti, contigo, ela, ele, si, consigo, vós, convosco, elas, eles, si).

Observação: Os pronomes oblíquos também exercem a função de sujeito na frase, isso acontece quando o sujeito exerce e recebe a ação ao mesmo tempo.

> Ela se machucou na escada.
> (Ela machucou a si mesma.)

10.1.1 Quadro dos pronomes pessoais

Pessoas no discurso	Pronomes átonos	Pronomes oblíquos
1ª pessoa do singular	eu	me, mim, comigo
2ª pessoa do singular	tu	te, ti, contigo
3ª pessoa do singular	ele, ela	se, si, consigo, lhe, o, a
1ª pessoa do plural	nós	nos, conosco,
2ª pessoa do plural	vós	vos, convosco
3ª pessoa do plural	eles, elas	se, si consigo, lhes, os, as

10.1.2 Pronomes de tratamento

Os pronomes de tratamento ou formas de tratamento, são aqueles utilizados em tratos de cortesia e/ou cerimonial.

utilizam-se na 2ª pessoa, mas existem casos em que se emprega a 3ª pessoa.

Lista de pronomes de tratamento

Para os destinatários das categorias abaixo, utiliza-se o pronome de tratamento "Vossa Excelência", cuja abreviação é "V. Ex.ª".

- do Poder Executivo: Presidente da República, Vice-Presidente da República, Ministros de Estado, Governadores e Vice-Governadores de Estado e do Distrito Federal, Oficiais-Generais das Forças Armadas, Embaixadores, Secretários-Executivos de Ministérios e demais ocupantes de cargos de natureza especial, Secretários de Estado dos Governos Estaduais, Prefeitos Municipais.

- do Poder Legislativo: Deputados Federais e Senadores, Ministros do Tribunal de Contas da União, Deputados Estaduais e Distritais, Conselheiros dos Tribunais de Contas Estaduais, Presidentes das Câmaras Legislativas Municipais.

- do Poder Judiciário: Ministros dos Tribunais Superiores, Membros de Tribunais, Juízes, Auditores da Justiça Militar.

Para outros destinatários, tem-se pronomes de tratamentos diferentes:

- Vossa Majestade (V.M.) – utiliza-se para reis e rainhas;
- Vossa Alteza (V.A.) – para príncipes e princesas;
- Vossa Santidade (V.S.) – exclusivamente para o Papa;
- Reverendo (Ver.do. ou Revdo) – para sacerdotes religiosos;
- Vossa Magnificência (V.Magª ou V. Maga) – para reitor de universidade;
- Vossa Senhoria (V. S.ª) – para presidentes e diretores de empresas e também para cônsules ou outras autoridades.

10.2 POSSESSIVOS

Apresenta as pessoas do discurso, atribuindo-lhes uma ideia de posse.

> Meu carro é azul.
> (O carro pertence à pessoa que fala, que está na primeira pessoa do singular: eu).

Observação: Os pronomes possessivos podem ser substantivados ou adjetivados.

> Esta bicicleta é a **minha**, encontrei a **minha** chave e a **tua**.

> (As palavras em destaque foram usadas no lugar do nome, ou seja, do substantivo).

> **Seu** namorado é uma pessoa muito sensata.

> Os alunos são **meus** amigos.

> (As palavras em destaque acompanham o substantivo).

10.2.1 Quadro de Pronomes Possessivos

PESSOAS NO DISCURSO	MASCULINO	FEMININO
1ª pessoa do singular	meu/meus	minha/minhas
2ª pessoa do singular	teu/teus	tua/tuas
3ª pessoa do singular	seu/seus	sua/suas
1ª pessoa do plural	nosso/nossos	nossa/nossas

| 2ª pessoa do plural | vosso/vossos | vossa/vossas |
| 3ª pessoa do plural | seu/seus | sua/suas |

10.2.2 Emprego do pronome possessivo

a) São usados para evitar ambiguidades. Nesse caso, deve-se colocar o pronome possessivo próximo ao termo que indica a coisa possuída, quando houver a terceira pessoa da oração, para que não haja confusão quanto à posse. É importante, desse modo, inserir nestes casos uma expressão esclarecedora, que indica quem possui o que.

> Marina trabalhou com uma amiga em sua casa.

Na casa de quem? De Marina, da amiga ou da pessoa que lê a frase? Para que esta dúvida não aconteça, é aconselhável esclarecer.

> Marina trabalhou com uma amiga em sua própria casa.

b) Há casos em que o pronome possessivo muda sua significação, tendo em vista a colocação do pronome em relação ao substantivo.

> Não recebi suas notícias.
> (aquilo que você enviou, comunicou)
>
> Não recebi notícias suas.
> (informações referentes à pessoa)

10.3 DEMONSTRATIVOS

Tendo como ponto de referência as pessoas do discurso, os pronomes demonstrativos indicam a posição, o lugar ou a identidade dos seres em relação às pessoas do discurso. Determinam a aproximação (maior ou menor) de quem discursa em tempo e espaço.

- Este(s), esta(s), isto: são empregados quando o objeto de que se fala está próximo da pessoa que discursa.

> Comprarei esta luva.
> (Indica que a luva está próxima do locutor).

- Esse(s), essa(s), isso: são empregados quando o objeto de que se fala está longe da pessoa que discursa.

> Pegue esse lápis.
> (Indica que o lápis está longe da pessoa que fala, mas está perto de seu interlocutor).

- Aquele(s), aquela(s), aquilo: são empregados quando o objeto de que se fala está longe tanto da pessoa que discursa quanto de seu interlocutor.

> Aquele carro é belíssimo.

10.4 INDEFINIDOS

Trata-se da 3ª pessoa do discurso, de forma indeterminada, imprecisa. Podem ocorrer na forma de substantivos e/ou adjetivos.

- Pronomes substantivos: algo, alguém, fulano, sicrano, beltrano, nada, ninguém, outrem, quem, tudo.

> Alguém está atrás da porta.

- Pronomes adjetivos: cada, certo, certos, certa, certas.

> Cada cidadão tem o direito de votar em quem quiser.
> Certa pessoa deseja falar com você.

- Pronomes que alternam entre substantivo e adjetivo: algum, alguns, alguma(s), bastante, vários, várias, todo(s), toda(s), tanto(s), tanta(s), outro(s), outra(s), pouco(s), pouca(s), qualquer, quaisquer, qual, que, quantos, nenhum, nenhuma, nenhuns, muito(s), muita(s).

> Já estavam há bastante tempo na fila quando fecharam o estabelecimento.

- Pronomes que funcionam a partir de locuções indefinidas, ou seja, expressões que funcionam como pronomes: cada qual, cada um, qualquer um, quantos quer, uma ou outra, um ou outro, seja qual for, seja quem for, quantos quer (que seja), tal e qual, tal qual.

> Seja quem for eleito, o país continuará da mesma maneira.

10.5 RELATIVOS

Representam pessoas já pronunciadas no discurso, para que

não haja repetição de um mesmo termo; substituem um substantivo ou adjetivo anteriormente usado na frase. O pronome relativo representa o termo antecedente e auxilia na construção discursiva, visto que permite a junção de duas orações.

Os pronomes relativos são: o qual, as quais, que, onde, quantas, quanta, cujo, cuja, cujos, cujas, a qual, quanto.

> A escola onde estudo fica muito longe.

10.6 INTERROGATIVOS

Empregados com a finalidade de questionar, podem ser expressos de forma direta (com a utilização do ponto de interrogação) ou indireta (expressos por meio de verbos significativos, indicando questionamento). Os pronomes interrogativos são: Quem? Qual? Que? Quando? Quantos? Quantas? Por quê?

EXERCÍCIOS

1. (PUC) Assinale a alternativa onde a palavra em destaque é pronome:

a) O homem **que** chegou é meu amigo.
b) Notei um **quê** de tristeza em seu rosto.
c) Importa **que** compareçamos.
d) Ele é **que** disse isso!
e) Vão ter **que** dizer a verdade.

2. (IBGE) Assinale a opção que apresenta o emprego correto do pronome, de acordo com a norma culta:

a) O diretor mandou eu entrar na sala.
b) Preciso falar consigo o mais rápido possível.
c) Cumprimentei-lhe assim que cheguei.
d) Ele só sabe elogiar a si mesmo.
e) Após a prova, os candidatos conversaram entre eles.

3. (IBGE) Assinale a opção em que houve erro no emprego do pronome pessoal em relação ao uso culto da língua:

a) Ele entregou um texto para mim corrigir.
b) Para mim, a leitura está fácil.
c) Isto é para eu fazer agora.
d) Não saia sem mim.
e) Entre mim e ele há uma grande diferença.

4. (UFU) Assinale o tratamento dado ao reitor de uma Universidade:
a) Vossa Senhoria
b) Vossa Santidade
c) Vossa Excelência
d) Vossa Magnificência
e) Vossa Paternidade

5. Substitua as palavras em destaque pelo pronome adequado:

a) Entreguei **o caderno**.
b) Devolvi **ao professor.**
c) Devolvei **o caderno ao professor.**
d) Solicitaram **os papéis**.
e) Eles pediram **o celular a ti**.

GABARITOS – PRONOME

1. Alternativa B.
2. Alternativa D.
3. Alternativa A.
4. Alternativa D.
5. a) Entregue-o.
b) Devolvi-lhe.
c) Devolvei-lho.
d) Solicitaram-nos.
e) Eles lho pediram.

CAPÍTULO 11

VERBO

Seria possível conjugar o verbo chover?

Verbo é toda palavra variável em número, pessoa, modo, tempo e voz, que indica um processo que aconteceu, está acontecendo ou virá a acontecer.

> Marcos assistiu ao filme. (ação)
> Maria está doente. (estado)
> A flor desabrochou-se. (mudança de estado)
> Ventou a tarde inteira. (fenômeno da natureza)

11.1 ESTRUTURA DO VERBO

Em sua estrutura os verbos são compostos por: radical, vogal temática e desinência.

Radical: é a parte do verbo que se obtém quando se retira as terminações ar, er, ir e or. O radical é a base do verbo.

Infinitivo	Radical	Terminação
SONHAR	SONH	AR
COMER	COM	ER
SAIR	SA	IR

Vogal temática: é a vogal que liga o radical à terminação e indica a que conjugação o verbo pertence.

Infinitivo	Vogal temática	Conjugação
sonhar	a	1ª conjugação
comer	e	2ª conjugação
sair	i	3ª conjugação

A junção do radical com a vogal temática recebe o nome de tema.

Desinência: é o elemento mórfico que indica o tempo, o modo, a pessoa e o número a que o verbo pertence.

> **cant-a-re-mos**
> **cant** = radical
> **a** = vogal temática
> **re** = desinência de tempo e modo
> **mos** = desinência de pessoa a número

11.2 FLEXÕES DO VERBO

11.2.1 Pessoa

São três as pessoas do discurso:

- **Primeira pessoa**: a que fala (eu e nós);
- **Segunda pessoa**: com quem se fala (tu e vós);
- **Terceira pessoa**: de quem se fala (ele/ela e eles/elas).

11.2.2 Modo

São as atitudes da pessoa quando se fala:

- **Modo indicativo**: indica um fato certo, presente, no passado, presente seja futuro.

> **Corrigimos** as provas.

- **Modo subjuntivo**: indica um fato incerto, duvidoso ou hipotético.

> Se **corrigisse** todas as provas, poderia ir à festa.

- **Modo imperativo:** indica uma ordem ou pedido.

> **Corrija** todas as provas.

11.2.3 Tempo

Indica o momento em que acontece a ação. Pode ser:

- **Presente**: indica um fato que ocorre no momento da fala.

> **Como** um bolo de chocolate.

- **Pretérito**: indica um fato que ocorreu antes do momento da fala. O pretérito do indicativo divide-se em:

Pretérito perfeito: indica um fato que acontece e finaliza no passado.

> **Comi** um bolo de chocolate.

Pretérito imperfeito: indica um fato que começou no passado, mas ainda não terminou.

> **Comia** um bolo de chocolate.

Pretérito mais-que-perfeito: indica um fato no passado que se iniciou antes de um fato, também no passado.

> Marcos já **comera** um bolo de chocolate quando cheguei à sua casa.

- **Futuro**: indica um fato que ocorrerá depois do momento da fala. O futuro divide-se em:

Futuro do presente: indica um fato que irá acontecer.

> **Comerei** um bolo de chocolate.

Futuro do pretérito: indica um fato futuro que ocorre em relação ao passado.

> **Comeria** um bolo, se houvesse um na geladeira.

11.2.4 Número

Quanto ao número, o verbo pode se apresentar no singular ou no plural:

> Eu **assisti** ao filme. (1ª pessoa do singular)
> Nós **assistimos** ao filme. (1ª pessoa do plural)

11.2.5 Voz

Indica a relação entre o verbo e o sujeito, podendo acontecer de três maneiras:

- **Voz ativa**: ocorre quando o sujeito pratica a ação, isto é, o sujeito é o agente da oração.

> O astronauta **habitou** a lua.

- **Voz passiva**: ocorre quando o sujeito recebe a ação, isto é, o sujeito é paciente. Pode ocorrer de duas maneiras:

Voz passiva analítica: formar-se com verbos auxiliares (ser, estar e ficar) seguidos de verbo no particípio.

> A lua **foi habitada** pelo homem.

Voz passiva sintética ou pronominal: formar-se com verbo acompanhado da partícula apassivadora se.

> **Vende-se** uma casa. (Uma casa é vendida.)

- **Voz reflexiva:** ocorre quando o sujeito pratica e recebe a ação.

> Mário acidentou-se gravemente.

11.3 FORMAS NOMINAIS

As formas nominais não expressam tempo ou modo verbal e podem exercer a função de substantivos, adjetivos e advérbios. As formas verbais são:

- **Infinitivo**: pode exerce a função de substantivo.

> O **jantar** está pronto.

- **Particípio**: pode exercer a função de adjetivo.

> **Terminada** a lição, iremos à festa.

- **Gerúndio**: pode exercer a função de um advérbio ou de um adjetivo.

> Dia **amanhecendo**.

11.4 FORMAÇÃO DO IMPERATIVO

O imperativo, que é o modo que indica ordem, pedido, conselho ou recomendação, pode ser classificado em afirmativo ou negativo.

- **Imperativo afirmativo**: é formado do seguinte modo: as segundas pessoas (tu e vós) derivam-se das formas do presente do indicativo, retirando-se a terminação -s; enquanto as outras pessoas são idênticas às do presente do subjuntivo.

Presente do indicativo	Imperativo afirmativo	Presente do subjuntivo
eu amo	-	que eu ame
tu amas	ama (tu)	que tu ames
ele ama	ame (ele)	que ele ame
nós amamos	amemos (nós)	que nós amemos
vós amais	amai (vós)	que vós ameis
eles amam	amem (eles)	que eles amem

- **Imperativo negativo**: é formando a partir de todas as pessoas do presente do subjuntivo, apenas acrescentando o advérbio de negação.

Presente do subjuntivo	Imperativo afirmativo
que eu ame	-
que tu ames	não ames (tu)

que ele ame	não ame (ele)
que nós amemos	amemos (nós)
que vós ameis	não ameis (vós)
que eles amem	não amem (eles)

11.5 CLASSIFICAÇÃO DOS VERBOS

Quanto à conjugação, os verbos podem receber várias classificações.

11.5.1 Verbos regulares

São os verbos que não sofrem modificações no radical ao serem conjugados.

MODO INDICATIVO		
CANTAR	VENDER	PARTIR
Presente		
CANTO	VENDO	PARTO
CANTAS	VENDES	PARTES
CANTA	VENDE	PARTE
CANTAMOS	VENDEMOS	PARTIMOS
CANTAIS	VENDEIS	PARTIS
CANTAM	VENDEM	PARTEM
Pretérito Perfeito		
CANTEI	VENDI	PARTI
CANTASTE	VENDESTE	PARTISTE
CANTOU	VENDEU	PARTIU
CANTAMOS	VENDEMOS	PARTIMOS
CANTASTES	VENDESTES	PARTISTES
CANTARAM	VENDERAM	PARTIRAM

Pretérito Imperfeito

CANTAVA	VENDIA	PARTIA
CANTAVAS	VENDIAS	PARTIAS
CANTAVA	VENDIA	PARTIA
CANTÁVAMOS	VENDÍAMOS	PARTÍAMOS
CANTÁVEIS	VENDÍEIS	PARTÍEIS
CANTAVAM	VENDIAM	PARTIAM

Pretérito mais-que-perfeito

CANTARA	VENDERA	PARTIRA
CANTARAS	VENDERAS	PARTIRAS
CANTARA	VENDERA	PARTIRA
CANTÁRAMOS	VENDÊRAMOS	PARTÍRAMOS
CANTÁREIS	VENDEREIS	PARTÍREIS
CANTARAM	VENDERAM	PARTIRAM

Futuro do presente

CANTAREI	VENDEREI	PARTIREI
CANTARÁS	VENDERÁS	PARTIRÁS
CANTARÁ	VENDERÁ	PARTIRÁ
CANTAREMOS	VENDEREMOS	PARTIREMOS
CANTAREIS	VENDEREIS	PARTIREIS
CANTARÃO	VENDERÃO	PARTIRÃO

Futuro do pretérito

CANTARIA	VENDERIA	PARTIRIA
CANTARIAS	VENDERIAS	PARTIRIAS
CANTARIA	VENDERIA	PARTIRIA
CANTARÍAMOS	VENDERÍAMOS	PARTIRÍAMOS

CANTARÍEIS	VENDERÍEIS	PARTIRÍEIS
CANTARIAM	VENDERIAM	PARTIRIAM

MODO SUBJUNTIVO

CANTAR	VENDER	PARTIR

Presente

QUE EU CANTE	QUE EU VENDA	QUE EU PARTA
QUE TU CANTES	QUE TU VENDAS	QUE TU PARTAS
QUE ELE CANTE	QUE ELE VENDA	QUE ELE PARTA
QUE NÓS CANTEMOS	QUE NÓS VENDAMOS	QUE NÓS PARTAMOS
QUE VÓS CANTEIS	QUE VÓS VENDAIS	QUE VÓS PARTAIS
QUE ELES CANTEM	QUE ELES VENDAM	QUE ELES PARTAM

Pretérito imperfeito

SE EU CANTASSE	SE EU VENDESSE	SE EU PARTISSE
SE TU CANTASSES	SE TU VENDESSES	SE TU PARTISSES
SE ELE CANTASSE	SE ELE VENDESSE	SE ELE PARTISSE
SE NÓS CANTÁSSEMOS	SE NÓS VENDÊSSEMOS	SE NÓS PARTÍSSEMOS
SE VÓS CANTÁSSEIS	SE VÓS VENDÊSSEIS	SE VÓS PARTÍSSEIS
SE ELES CANTASSEM	SE ELES VENDESSEM	SE ELES PARTISSEM

Futuro

QUANDO EU CANTAR	QUANDO EU VENDER	QUANDO EU PARTIR
QUANDO TU CANTARES	QUANDO TU VENDERES	QUANDO TU PARTIRES
QUANDO ELE CANTAR	QUANDO ELE VENDER	QUANDO ELE PARTIR
QUANDO NÓS CANTARMOS	QUANDO NÓS VENDERMOS	QUANDO NÓS PARTIRMOS

QUANDO VÓS CANTARDES	QUANDO VÓS VENDERDES	QUANDO VÓS PARTIRDES
QUANDO ELES CANTAREM	QUANDO ELES VENDEREM	QUANDO ELES PARTIREM

MODO IMPERATIVO

CANTAR	VENDER	PARTIR

IMPERATIVO AFIRMATIVO

CANTAR	VENDER	PARTIR
CANTA TU	VENDE TU	PARTE TU
CANTE ELE	VENDA ELE	PARTA ELE
CANTEMOS NÓS	VENDAMOS NÓS	PARTAMOS NÓS
CANTAI VÓS	VENDEI VÓS	PARTI VÓS
CANTEM ELES	VENDAM ELES	PARTAM ELES

IMPERATIVO NEGATIVO

NÃO CANTES TU	NÃO VENDAS TU	NÃO PARTAS TU
NÃO CANTE ELE	NÃO VENDA ELE	NÃO PARTA ELE
NÃO CANTEMOS NÓS	NÃO VENDAMOS NÓS	NÃO PARTAMOS NÓS
NÃO CANTEIS VÓS	NÃO VENDAIS VÓS	NÃO PARTAIS VÓS
NÃO CANTEM ELES	NÃO VENDAM ELES	NÃO PARTAM ELES

FORMAS MONIMAIS

INFINITIVO IMPESSOAL

CANTAR	VENDER	PARTIR

INFINITIVO PESSOAL

CANTAR EU	VENDER EU	PARTIR EU
CANTARES TU	VENDERES TU	PARTIRES TU
CANTAR ELE	VENDER ELE	PARTIR ELE
CANTARMOS NÓS	VENDERMOS NÓS	PARTIRMOS NÓS
CANTARDES VÓS	VENDERDES VÓS	PARTIRDES VÓS
CANTAREM ELES	VENDEREM ELES	PARTIREM ELES

GERÚNDIO		
CANTANDO	VENDENDO	PARTINDO

PARTICÍPIO		
CANTADO	VENDIDO	PARTIDO

11.5.2 Verbos irregulares

São os verbos que sofrem modificações no radical ou não seguem as terminações já estabelecidas pelo grupo ao serem conjugados.

Observação: Para saber se o verbo é regular ou irregular basta conjugá-lo no presente e no pretérito perfeito do indicativo.

Conjugação dos verbos irregulares da 1ª conjugação:

DAR		
MODO INDICATIVO		
PRESENTE DO INDICATIVO	**PRETÉRITO IMPERFEITO**	**PRETÉRITO PERFEITO**
DOU	DAVA	DEI
DÁS	DAVAS	DESTE
DÁ	DAVA	DEU
DAMOS	DÁVAMOS	DEMOS
DAIS	DÁVEIS	DESTES
DÃO	DAVAM	DERAM
PRETÉRITO MAIS-QUE-PERFEITO	**FUTURO DO PRESENTE**	**FUTURO DO PRETÉRITO**
DERA	DARIA	DAREI
DERAS	DARIAS	DARÁS
DERA	DARIA	DARÁ
DÉRAMOS	DARÍAMOS	DAREMOS
DÉREIS	DARÍEIS	DAREIS
DERAM	DARIAM	DARÃO

MODO SUBJUNTIVO

Presente	Pretérito imperfeito	Futuro
DÊ	DESSE	EU DER
DÊS	DESSES	DERES
DÊ	DESSE	DER
DEMOS	DÉSSEMOS	DERMOS
DEIS	DÉSSEIS	DERDES
DEEM	DESSEM	DEREM

MODO IMPERATIVO · INFINITIVO PESSOAL

Afirmativo	Negativo	DAR
DÁ TU	NÃO DÊS	DARES
DÊ	NÃO DÊ	DAR
DEMOS	NÃO DEMOS	DARMOS
DAI	NÃO DEIS	DARDES
DÊEM	NÃO DÊEM	DAREM

FORMAS NOMINAIS

Gerúndio	Particípio	Infinitivo impessoal
DANDO	DADO	DAR

Conjugação dos verbos irregulares da 2ª conjugação:

CABER

MODO INDICATIVO

Presente do indicativo	Pretérito imperfeito	Pretérito perfeito
CAIBO	CABIA	COUBE
CABES	CABIAS	COUBESTE

CABE	CABIA	COUBE
CABEMOS	CABÍAMOS	COUBEMOS
CABEIS	CABÍEIS	COUBESTES
CABEM	CABIAM	COUBERAM

Pretérito mais-que-perfeito	Futuro do presente	Futuro do pretérito
COUBERA	CABEREI	CABERIA
COUBERAS	CABERÁS	CABERIAS
COUBERA	CABERÁ	CABERIA
COUBÉRAMOS	CABEREMOS	CABERÍAMOS
COUBÉREIS	CABEREIS	CABERÍEIS
COUBERAM	CABERÃO	CABERIAM

MODO SUBJUNTIVO

Presente	Pretérito imperfeito	Futuro
CAIBA	COUBESSE	COUBER
CAIBAS	COUBESSES	COUBERES
CAIBA	COUBESSE	COUBER
CAIBAMOS	COUBÉSSEMOS	COUBERMOS
CAIBAIS	COUBÉSSEIS	COUBERDES
CAIBAM	COUBESSEM	COUBEREM

MODO IMPERATIVO

Afirmativo	Negativo	Infinitivo Pessoal — CABER
CABE TU	NÃO CAIBAS TU	CABERES
CAIBA ELE	NÃO CAIBA ELE	CABER
CAIBAMOS NÓS	NÃO CAIBAMOS NÓS	CABERMOS
CABEI VÓS	NÃO CAIBAIS VÓS	CABERDES
CAIBAM ELES	NÃO CAIBAM ELES	CABEREM

FORMAS NOMINAIS		
GERÚNDIO	**PARTICÍPIO**	**INFINITIVO IMPESSOAL**
CABENDO	CABIDO	CABER

DIZER

MODO INDICATIVO

PRESENTE DO INDICATIVO	PRETÉRITO IMPERFEITO	PRETÉRITO PERFEITO
DIGO	DIZIA	DISSE
DIZES	DIZIAS	DISSESTE
DIZ	DIZIA	DISSE
DIZEMOS	DIZÍAMOS	DISSEMOS
DIZEIS	DIZÍEIS	DISSESTES
DIZEM	DIZIAM	DISSERAM

PRETÉRITO MAIS-QUE-PERFEITO	FUTURO DO PRESENTE	FUTURO DO PRETÉRITO
DISSERA	DIREI	DIRIA
DISSERAS	DIRÁS	DIRIAS
DISSERA	DIRÁ	DIRIA
DISSÉRAMOS	DIREMOS	DIRÍAMOS
DISSÉREIS	DIREIS	DIRÍEIS
DISSERAM	DIRÃO	DIRIAM

MODO SUBJUNTIVO

PRESENTE	PRETÉRITO IMPERFEITO	FUTURO
DIGA	DISSESSE	DISSER
DIGAS	DISSESSES	DISSERES
DIGA	DISSESSE	DISSER

DIGAMOS	DISSÉSSEMOS	DISSERMOS
DIGAIS	DISSÉSSEIS	DISSERDES
DIGAM	DISSESSEM	DISSEREM

MODO IMPERATIVO

INFINITIVO PESSOAL

AFIRMATIVO	NEGATIVO	DIZER
DIZE TU	NÃO DIGAS TU	DIZERES
DIGA ELE	NÃO DIGA ELE	DIZER
DIGAMOS NÓS	NÃO DIGAMOS NÓS	DIZERMOS
DIZEI VÓS	NÃO DIGAIS VÓS	DIZERDES
DIGAM ELES	NÃO DIGAM ELES	DIZEREM

FORMAS NOMINAIS

GERÚNDIO	PARTICÍPIO	INFINITIVO IMPESSOAL
DIZENDO	DITO	DIZER

PODER

MODO INDICATIVO

PRESENTE DO INDICATIVO	PRETÉRITO IMPERFEITO	PRETÉRITO PERFEITO
POSSO	PODIA	PUDE
PODES	PODIAS	PUDESTE
PODE	PODIA	PÔDE
PODEMOS	PODÍAMOS	PUDEMOS
PODEIS	PODÍEIS	PUDESTES
PODEM	PODIAM	PUDERAM

PRETÉRITO MAIS-QUE-PERFEITO	FUTURO DO PRESENTE	FUTURO DO PRETÉRITO
PUDERA	PODEREI	PODERIA
PUDERAS	PODERÁS	PODERIAS

PUDERA	PODERÁ	PODERIA
PUDÉRAMOS	PODEREMOS	PODERÍAMOS
PUDÉREIS	PODEREIS	PODERÍEIS
PUDERAM	PODERÃO	PODERIAM

MODO SUBJUNTIVO

Presente	Pretérito Imperfeito	Futuro
POSSA	PUDESSE	PUDER
POSSAS	PUDESSES	PUDERES
POSSA	PUDESSE	PUDER
POSSAMOS	PUDÉSSEMOS	PUDERMOS
POSSAIS	PUDÉSSEIS	PUDERDES
POSSAM	PUDESSEM	PUDEREM

MODO IMPERATIVO | INFINITIVO PESSOAL

Afirmativo	Negativo	PODER
PODE TU	NÃO POSSAS TU	PODERES
POSSA VOCÊ	NÃO POSSAS VOCÊ	PODER
POSSAMOS NÓS	NÃO POSSAMOS NÓS	PODERMOS
POSSEIS VÓS	NÃO POSSAIS VÓS	PODERDES
POSSAM VOCÊS	NÃO POSSAM VOCÊS	PODEREM

FORMAS NOMINAIS

Gerúndio	Particípio	Infinitivo Impessoal
PODENDO	PODIDO	PODER

FERIR

MODO INDICATIVO

Presente do Indicativo	Pretérito Imperfeito	Pretérito Perfeito
FIRO	FERIA	FERI
FERES	FERIAS	FERISTE
FERE	FERIA	FERIU
FERIMOS	FERÍAMOS	FERIMOS
FERIS	FERÍEIS	FERISTES
FEREM	FERIAM	FERIRAM

Pretérito Mais-Que-Perfeito	Futuro do Presente	Futuro do Pretérito
FERIRA	FERIREI	FERIRIA
FERIRAS	FERIRÁS	FERIRIAS
FERIRA	FERIRÁ	FERIRIA
FERÍRAMOS	FERIREMOS	FERIRÍAMOS
FERÍREIS	FERIREIS	FERIRÍEIS
FERIRAM	FERIRÃO	FERIRIAM

MODO SUBJUNTIVO

Presente	Pretérito Imperfeito	Futuro
FIRA	FERISSE	FERIR
FIRAS	FERISSES	FERIRES
FIRA	FERISSE	FERIR
FIRAMOS	FERÍSSEMOS	FERIRMOS
FIRAIS	FERÍSSEIS	FERIRDES
FIRAM	FERISSEM	FERIREM

MODO IMPERATIVO	INFINITIVO PESSOAL

AFIRMATIVO	NEGATIVO	FERIR
FERE TU	NÃO FIRAS TU	FERIRES
FIRA ELE	NÃO FIRA ELE	FERIR
FIRAMOS NÓS	NÃO FIRAMOS NÓS	FERIRMOS
FERI VÓS	NÃO FIRAIS VÓS	FERIRDES
FIRAM ELES	NÃO FIRAM ELES	FERIREM

FORMAS NOMINAIS

GERÚNDIO	PARTICÍPIO	INFINITIVO IMPESSOAL
FERINDO	FERIDO	FERIR

CAIR

MODO INDICATIVO

PRESENTE DO INDICATIVO	PRETÉRITO IMPERFEITO	PRETÉRITO PERFEITO
CAIO	CAÍA	CAÍ
CAIS	CAÍAS	CAÍSTE
CAI	CAÍA	CAIU
CAÍMOS	CAÍAMOS	CAÍMOS
CAÍS	CAÍEIS	CAÍSTES
CAEM	CAÍAM	CAÍRAM

PRETÉRITO MAIS-QUE-PERFEITO	FUTURO DO PRESENTE	FUTURO DO PRETÉRITO
CAÍRA	CAIREI	CAIRIA
CAÍRAS	CAIRÁS	CAIRIAS
CAÍRA	CAIRÁ	CAIRIA
CAÍRAMOS	CAIREMOS	CAIRÍAMOS
CAÍREIS	CAIREIS	CAIRÍEIS
CAÍRAM	CAIRÃO	CAIRIAM

MODO SUBJUNTIVO

Presente	Pretérito Imperfeito	Futuro
CAIA	CAÍSSE	CAIR
CAIAS	CAÍSSES	CAÍRES
CAIA	CAÍSSE	CAIR
CAIAMOS	CAÍSSEMOS	CAIRMOS
CAIAIS	CAÍSSEIS	CAIRDES
CAIAM	CAÍSSEM	CAÍREM

MODO IMPERATIVO — INFINITIVO PESSOAL

Afirmativo	Negativo	CAIR
CAI TU	NÃO CAIAS TU	CAÍRES
CAIA ELE	NÃO CAIA ELE	CAIR
CAIAMOS NÓS	NÃO CAIAMOS NÓS	CAIRMOS
CAÍ VÓS	NÃO CAIAIS VÓS	CAIRDES
CAIAM ELES	NÃO CAIAM ELES	CAÍREM

FORMAS NOMINAIS

Gerúndio	Particípio	Infinitivo Impessoal
CAINDO	CAÍDO	CAIR
CAIAS	CAÍSSES	CAÍRES
CAIA	CAÍSSE	CAIR
CAIAMOS	CAÍSSEMOS	CAIRMOS
CAIAIS	CAÍSSEIS	CAIRDES
CAIAM	CAÍSSEM	CAÍREM

MODO IMPERATIVO		INFINITIVO PESSOAL
Afirmativo	**Negativo**	**CAIR**
CAI TU	NÃO CAIAS TU	CAÍRES
CAIA ELE	NÃO CAIA ELE	CAIR
CAIAMOS NÓS	NÃO CAIAMOS NÓS	CAIRMOS
CAÍ VÓS	NÃO CAIAIS VÓS	CAIRDES
CAIAM ELES	NÃO CAIAM ELES	CAÍREM

FORMAS NOMINAIS		
Gerúndio	**Particípio**	**Infinitivo Impessoal**
CAINDO	CAÍDO	CAIR

VIR

MODO INDICATIVO

Presente do indicativo	Pretérito imperfeito	Pretérito perfeito
VENHO	VINHA	VIM
VENS	VINHAS	VIESTE
VEM	VINHA	VEIO
VIMOS	VÍNHAMOS	VIEMOS
VINDES	VÍNHEIS	VIESTES
VÊM	VINHAM	VIERAM

Pretérito mais-que-perfeito	Futuro do presente	Futuro do pretérito
VIERA	VIREI	VIRIA
VIERAS	VIRÁS	VIRIAS
VIERA	VIRÁ	VIRIA
VIÉRAMOS	VIREMOS	VIRÍAMOS

VIÉREIS	VIREIS	VIRÍEIS
VIERAM	VIRÃO	VIRIAM

MODO SUBJUNTIVO

Presente	Pretérito Imperfeito	Futuro
VENHA	VIESSE	VIER
VENHAS	VIESSES	VIERES
VENHA	VIESSE	VIER
VENHAMOS	VIÉSSEMOS	VIERMOS
VENHAIS	VIÉSSEIS	VIERDES
VENHAM	VIESSEM	VIEREM

MODO IMPERATIVO		INFINITIVO PESSOAL
Afirmativo	Negativo	VIR
VEM TU	NÃO VENHAS TU	VIRES
VENHA ELE	NÃO VENHA ELE	VIR
VENHAMOS NÓS	NÃO VENHAMOS NÓS	VIRMOS
VINDE VÓS	NÃO VENHAIS VÓS	VIRDES
VENHAM ELES	NÃO VENHAM ELES	VIREM

FORMAS NOMINAIS

Gerúndio	Particípio	Infinitivo Impessoal
VINDO	VINDO	VIR

11.5.3 Verbos anômalos

São os verbos que sofrem profundas modificações ao serem conjugados. Na Língua Portuguesa são considerados anômalos ser e ir.

IR

MODO INDICATIVO

Presente do Indicativo	Pretérito Imperfeito	Pretérito Perfeito
VOU	IA	FUI
VAIS	IAS	FOSTE
VAI	IA	FOI
VAMOS	ÍAMOS	FOMOS
IDES	ÍEIS	FOSTES
VÃO	IAM	FORAM

Pretérito Mais-que-Perfeito	Futuro do Presente	Futuro do Pretérito
FORA	IREI	IRIA
FORAS	IRÁS	IRIAS
FORA	IRÁ	IRIA
FÔRAMOS	IREMOS	IRÍAMOS
FÔREIS	IREIS	IRÍEIS
FORAM	IRÃO	IRIAM

MODO SUBJUNTIVO

Presente	Pretérito Imperfeito	Futuro
VÁ	FOSSE	FOR
VÁS	FOSSES	FORES
VÁ	FOSSE	FOR
VAMOS	FÔSSEMOS	FORMOS
VADES	FÔSSEIS	FORDES
VÃO	FOSSEM	FOREM

MODO IMPERATIVO		INFINITIVO PESSOAL
Afirmativo	**Negativo**	**IR**
VAI TU	NÃO VÁS TU	IRES
VÁ ELE	NÃO VÁ ELE	IR
VAMOS NÓS	NÃO VAMOS NÓS	IRMOS
IDE VÓS	NÃO VADES VÓS	IRDES
VÃO ELES	NÃO VÃO ELES	IREM
FORMAS NOMINAIS		
Gerúndio-	**Particípio**	**Infinitivo Impessoal**
INDO	IDO	IR

11.5.3 Verbos defectivos

São os verbos que não possuem todas as formas, apresentando, assim, uma conjunção incompleta.

FALIR		
MODO INDICATIVO		
Presente do indicativo	**Pretérito imperfeito**	**Pretérito perfeito**
-	FALIA	FALI
-	FALIAS	FALISTE
-	FALIA	FALIU
NÓS FALIMOS	FALÍAMOS	FALIMOS
VÓS FALIS	FALÍEIS	FALISTES
-	FALIAM	FALIRAM

Pretérito mais-que-perfeito	**Futuro presente**	**Futuro do pretérito**
FALIRA	FALIREI	FALIRIA

FALIRAS	FALIRÁS	FALIRIAS
FALIRA	FALIRÁ	FALIRIA
FALÍRAMOS	FALIREMOS	FALIRÍAMOS
FALÍREIS	FALIREIS	FALIRÍEIS
FALIRAM	FALIRÃO	FALIRIAM

MODO SUBJUNTIVO

Presente	Pretérito Imperfeito	Futuro
-	FALISSE	FALIR
-	FALISSES	FALIRES
-	FALISSE	FALIR
-	FALÍSSEMOS	FALIRMOS
-	FALÍSSEIS	FALIRDES
-	FALISSEM	FALIREM

MODO IMPERATIVO		INFINITIVO PESSOAL
Afirmativo	Negativo	FALIR
-		FALIRES
-	O verbo falir não possui imperativo negativo	FALIR
-		FALIRMOS
FALI VÓS		FALIRDES
-		FALIREM

FORMAS NOMINAIS

Gerúndio	Particípio	Infinitivo Impessoal
FALINDO	FALIDO	FALIR

PRECAVER

MODO INDICATIVO

Presente do indicativo	Pretérito imperfeito	Pretérito perfeito
-	PRECAVIA	PRECAVI
-	PRECAVIAS	PRECAVESTE
-	PRECAVIA	PRECAVEU
PRECAVEMOS	PRECAVÍAMOS	PRECAVEMOS
PRECAVEIS	PRECAVÍEIS	PRECAVESTES
-	PRECAVIAM	PRECAVERAM

Pretérito mais-que-perfeito	Futuro do presente	Futuro do pretérito
PRECAVERA	PRECAVEREI	PRECAVERIA
PRECAVERAS	PRECAVERÁS	PRECAVERIAS
PRECAVERA	PRECAVERÁ	PRECAVERIA
PRECAVÊRAMOS	PRECAVEREMOS	PRECAVERÍAMOS
PRECAVÊREIS	PRECAVEREIS	PRECAVERÍEIS
PRECAVERAM	PRECAVERÃO	PRECAVERIAM

MODO SUBJUNTIVO

Presente	Pretérito imperfeito	Futuro
-	PRECAVESSE	EU PRECAVER
-	PRECAVESSES	PRECAVERES
-	PRECAVESSE	PRECAVER
-	PRECAVÊSSEMOS	PRECAVERMOS
-	PRECAVÊSSEIS	PRECAVERDES
-	PRECAVESSEM	PRECAVEREM

MODO IMPERATIVO		INFINITIVO PESSOAL
Afirmativo	**Negativo**	PRECAVER
-		PRECAVERES
-	O verbo preca-	PRECAVER
-	ver não possui imperativo ne-	PRECAVERMOS
PRECAVEI VÓS	gativo.	PRECAVERDES
-		PRECAVEREM

FORMAS NOMINAIS		
Gerúndio	**Particípio**	**Infinitivo Impessoal**
PRECAVENDO	PRECAVISTO	PRECAVER

11.5.3 Verbos abundantes

São os verbos que possuem duas ou mais formas de valor idêntico, geralmente no particípio. A forma regular é usada com os verbos ter e ser, e a irregular com os verbos ser e estar.

Infinitivo	**Particípio Regular**	**Particípio Irregular**
ACEITAR	ACEITADO	ACEITO
ACENDER	ACENDIDO	ACESO
BENZER	BENZIDO	BENTO
DESENVOLVER	DESENVOLVIDO	DESENVOLTO
ELEGER	ELEGIDO	ELEITO
ENTREGAR	ENTREGADO	ENTREGUE

FIXAR	FIXADO	FIXO
GANHAR	GANHADO	GANHO
GASTAR	GASTADO	GASTO
IMPRIMIR	IMPRIMIDO	IMPRESSO
LIMPAR	LIMPADO	LIMPO
MATAR	MATADO	MORTO
PAGAR	PAGADO	PAGO
SECAR	SECADO	SECO
SEGURAR	SEGURADO	SEGURO
TINGIR	TINGIDO	TINTO
VAGAR	VAGADO	VAGO

11.5.4 Verbos auxiliares

São os verbos que entram na formação dos tempos compostos e das locuções pronominais.

ESTAR	HAVER	SER	TER
MODO INDICATIVO			
PRESENTE			
ESTOU	HEI	SOU	TENHO
ESTÁS	HÁS	ÉS	TENS
ESTÁ	HÁ	É	TEM
ESTAMOS	HAVEMOS	SOMOS	TEMOS
ESTAIS	HAVEIS	SOIS	TENDES
ESTÃO	HÃO	SÃO	TÊM
PRETÉRITO PERFEITO			
ESTIVE	HOUVE	FUI	TIVE
ESTIVESTE	HOUVESTE	FOSTE	TIVESTE
ESTEVE	HOUVE	FOI	TEVE
ESTIVEMOS	HOUVEMOS	FOMOS	TIVEMOS

ESTIVESTES	HOUVESTES	FOSTES	TIVESTES
ESTIVERAM	HOUVERAM	FORAM	TIVERAM

Pretérito Imperfeito

ESTAVA	HAVIA	ERA	TINHA
ESTAVAS	HAVIAS	ERAS	TINHAS
ESTAVA	HAVIA	ERA	TINHA
ESTÁVAMOS	HAVÍAMOS	ÉRAMOS	TÍNHAMOS
ESTÁVEIS	HAVÍEIS	ÉREIS	TÍNHEIS
ESTAVAM	HAVIAM	ERAM	TINHAM

Pretérito Imperfeito

ESTAVA	HAVIA	ERA	TINHA
ESTAVAS	HAVIAS	ERAS	TINHAS
ESTAVA	HAVIA	ERA	TINHA
ESTÁVAMOS	HAVÍAMOS	ÉRAMOS	TÍNHAMOS
ESTÁVEIS	HAVÍEIS	ÉREIS	TÍNHEIS
ESTAVAM	HAVIAM	ERAM	TINHAM

Futuro do presente

ESTAREI	HAVEREI	SEREI	TEREI
ESTARÁS	HAVERÁS	SERÁS	TERÁ
ESTARÁ	HAVERÁ	SERÁ	TERÁ
ESTAREMOS	HAVEREMOS	SEREMOS	TEREMOS
ESTAREIS	HAVEREIS	SEREIS	TEREIS
ESTARÃO	HAVERÃO	SERÃO	TERÃO

Futuro do pretérito

ESTARIA	HAVERIA	SERIA	TERIA
ESTARIAS	HAVERIAS	SERIAS	TERIA
ESTARIA	HAVERIA	SERIA	TERIA
ESTARÍAMOS	HAVERÍAMOS	SERÍAMOS	TERÍAMOS

| ESTARÍEIS | HAVERÍEIS | SERÍEIS | TERÍEIS |
| ESTARIAM | HAVERIAM | SERIAM | TERIAM |

| **Estar** | **Haver** | **Ser** | **Ter** |

MODO SUBJUNTIVO

Presente

QUE EU ESTEJA	HAJA	SEJA	TENHA
QUE TU ESTEJAS	HAJAS	SEJAS	TENHAS
QUE ELE ESTEJA	HAJA	SEJA	TENHA
QUE NÓS ESTEJAMOS	HAJAMOS	SEJAMOS	TENHAMOS
ESTEJAIS QUE VÓS	HAJAIS	SEJAIS	TENHAIS
QUE ELES ESTEJAM	HAJAM	SEJAM	TENHAM

Pretérito imperfeito

SE EU ESTIVESSE	HOUVESSE	FOSSE	TIVESSE
SE TU ESTIVESSES	HOUVESSES	FOSSES	TIVESSES
SE ELE ESTIVESSE	HOUVESSE	FOSSE	TIVESSE
SE NÓS ESTIVÉSSEMOS	HOUVÉSSEMOS	FÔSSEMOS	TIVÉSSEMOS
SE VÓS ESTIVÉSSEIS	HOUVÉSSEIS	FÔSSEIS	TIVÉSSEIS
SE ELES ESTIVESSEM	HOUVESSEM	FOSSEM	TIVESSEM

Futuro

QUANDO EU ESTIVER	HOUVER	FOR	TIVER
QUANDO TU ESTIVERES	HOUVERES	FORES	TIVERES
QUANDO ELE ESTIVER	HOUVER	FOR	TIVER
QUANDO NÓS ESTIVERMOS	HOUVERMOS	FORMOS	TIVERMOS
QUANDO VÓS ESTIVERDES	HOUVERDES	FORDES	TIVERDES
QUANDO ELES ESTIVEREM	HOUVEREM	FOREM	TIVEREM

Estar	Haver	Ser	Ter
\multicolumn{4}{c}{**MODO SUBJUNTIVO**}
\multicolumn{4}{c}{**Presente**}
QUE EU ESTEJA	HAJA	SEJA	TENHA
QUE TU ESTEJAS	HAJAS	SEJAS	TENHAS
QUE ELE ESTEJA	HAJA	SEJA	TENHA
QUE NÓS ESTEJAMOS	HAJAMOS	SEJAMOS	TENHAMOS
QUE VÓS ESTEJAIS	HAJAIS	SEJAIS	TENHAIS
QUE ELES ESTEJAM	HAJAM	SEJAM	TENHAM
\multicolumn{4}{c}{**Pretérito imperfeito**}
SE EU ESTIVESSE	HOUVESSE	FOSSE	TIVESSE
SE TU ESTIVESSES	HOUVESSES	FOSSES	TIVESSES
SE ELE ESTIVESSE	HOUVESSE	FOSSE	TIVESSE
SE NÓS ESTIVÉSSEMOS	HOUVÉSSEMOS	FÔSSEMOS	TIVÉSSEMOS
SE VÓS ESTIVÉSSEIS	HOUVÉSSEIS	FÔSSEIS	TIVÉSSEIS
SE ELES ESTIVESSEM	HOUVESSEM	FOSSEM	TIVESSEM
\multicolumn{4}{c}{**Futuro**}
QUANDO EU ESTIVER	HOUVER	FOR	TIVER
QUANDO TU ESTIVERES	HOUVERES	FORES	TIVERES
QUANDO ELE ESTIVER	HOUVER	FOR	TIVER
QUANDO NÓS ESTIVERMOS	HOUVERMOS	FORMOS	TIVERMOS

QUANDO VÓS ESTIVERDES	HOUVERDES	FORDES	TIVERDES
QUANDO ELES ESTIVEREM	HOUVEREM	FOREM	TIVEREM

ESTAR	**HAVER**	**SER**	**TER**
			**MODO IMPERATIVO**

IMPERATIVO AFIRMATIVO

ESTAR	HAVER	SER	TER
ESTÁ TU	HÁ TU	SÊ TU	TEM TU
ESTEJA VOCÊ	HAJA VOCÊ	SEJA VOCÊ	TENHA VOCÊ
ESTEJAMOS NÓS	HAJAMOS NÓS	SEJAMOS NÓS	TENHAMOS NÓS
ESTAI VÓS	HAVEI VÓS	SEDE VÓS	TENDE VÓS
ESTEJAM VOCÊS	HAJAM VOCÊS	SEJAM VOCÊS	TENHAM VOCÊS

IMPERATIVO NEGATIVO

NÃO ESTEJAS TU	NÃO HAJAS TU	NÃO SEJAS TU	NÃO TENHAS TU
NÃO ESTEJA VOCÊ	NÃO HAJA VOCÊ	NÃO SEJA VOCÊ	NÃO TENHA VOCÊ
NÃO ESTEJAMOS NÓS	NÃO HAJAMOS NÓS	NÃO SEJAMOS NÓS	NÃO TENHAMOS NÓS
NÃO ESTEJAIS VÓS	NÃO HAJAIS VÓS	NÃO SEJAIS VÓS	NÃO TENHAIS VÓS
NÃO ESTEJAM VOCÊS	NÃO HAJAM VOCÊS	NÃO SEJAM VOCÊS	NÃO TENHAM VOCÊS

ESTAR	**HAVER**	**SER**	**TER**

FORMAS MONIMAIS

INFINITIVO IMPESSOAL

ESTAR	HAVER	SER	TER

INFINITIVO PESSOAL

ESTAR (EU)	HAVER (EU)	SER (EU)	TER (EU)
ESTARES (TU)	HAVERES (TU)	SERES (TU)	TERES (TU)
ESTAR (ELE)	HAVER (ELE)	SER (ELE)	TER (ELE)

ESTARMOS (NÓS)	HAVERMOS (NÓS)	SERMOS (NÓS)	TERMOS (NÓS)
ESTARDES (VÓS)	HAVERDES (VÓS)	SERDES (VÓS)	TERDES (VÓS)
ESTAREM (ELES)	HAVEREM (ELES)	SEREM (ELES)	TEREM (ELES)
GERÚNDIO			
ESTANDO	HAVENDO	SENDO	TENDO
PARTICÍPIO			
ESTADO	HAVIDO	SIDO	TIDO

11.5.4 Verbos pronominais

São os verbos que ao serem conjugados necessitam do acompanhamento dos pronomes oblíquos átonos. Na Língua Portuguesa, há apenas dois verbos essencialmente pronominais: arrepender-se e queixar-se.

QUEIXAR-SE		
MODO INDICATIVO		
PRESENTE DO INDICATIVO	**PRETÉRITO IMPERFEITO**	**PRETÉRITO PERFEITO**
QUEIXO-ME	QUEIXAVA-ME	QUEIXEI-ME
QUEIXAS-TE	QUEIXAVAS-TE	QUEIXASTE-TE
QUEIXA-SE	QUEIXAVA-SE	QUEIXOU-SE
QUEIXAMO-NOS	QUEIXÁVAMO-NOS	QUEIXAMO-NOS
QUEIXAI-VOS	QUEIXÁVEIS-VOS	QUEIXÁREIS-VOS
QUEIXAM-SE	QUEIXAVAM-SE	QUEIXARAM-SE
PRETÉRITO MAIS-QUE-PERFEITO	**FUTURO DO PRESENTE**	**FUTURO DO PRETÉRITO**
QUEIXARA-ME	QUEIXAR-ME-EI	QUEIXAR-ME-IA
QUEIXARAS-TE	QUEIXAR-TE-ÁS	QUEIXAR-TE-IAS
QUEIXARA-SE	QUEIXAR-SE-Á	QUEIXAR-SE-IA
QUEIXÁRAMO-NOS	QUEIXAR-NOS-EMOS	QUEIXAR-NOS-ÍAMOS

QUEIXÁREIS-VOS	QUEIXAR-VOS-EIS	QUEIXAR-VOS-ÍEIS
QUEIXARAM-SE	QUEIXAR-SE-ÃO	QUEIXAR-SE-IAM

MODO SUBJUNTIVO

Presente	Pretérito Imperfeito	Futuro
QUE ME QUEIXE	SE ME QUEIXASSE	QUANDO ME QUEIXAR
QUE TE QUEIXES	SE TE QUEIXASSES	QUANDO TE QUEIXARES
QUE SE QUEIXE	SE SE QUEIXASSE	QUANDO SE QUEIXAR
QUE NOS QUEIXEMOS	SE NOS QUEIXÁSSEMOS	QUANDO NOS QUEIXARMOS
QUE VOS QUEIXEIS	SE VOS QUEIXÁSSEIS	QUANDO VOS QUEIXARDES
QUE SE QUEIXEM	SE SE QUEIXASSEM	QUANDO SE QUEIXAREM

MODO IMPERATIVO

Afirmativo	Negativo
QUEIXA-TE	NÃO TE QUEIXES
QUEIXE-SE	NÃO SE QUEIXE
QUEIXEMO-NOS	NÃO NOS QUEIXEMOS
QUEIXAI-VOS	NÃO VOS QUEIXEIS
QUEIXEM-SE	NÃO SE QUEIXEM

INFINITIVO PESSOAL

QUEIXAR-ME
QUEIXARES-TE
QUEIXAR-SE
QUEIXARMO-NOS
QUEIXARDES-VOS
QUEIXAREM-SE

FORMAS MONIMAIS

Gerúndio	Particípio	Infinitivo Impessoal
QUEIXANDO-SE	NÃO ADMITE A FORMA PRONOMINAL.	QUEIXAR-SE

EXERCÍCIOS

1. Indique o tempo e o modo das formas verbais:

a) ajudaria
b) cantará
c) diga
d) era
e) aprenderam
f) ajudou
g) precisasse
h) prejudicarás
i) tentasse
j) penso
k) fizer
l) havia
m) requereste
n) importava

2. Indique os elementos mórficos das formas verbais:

a) amássemos
b) cantávamos
c) partirás

3. Passe as frases para a voz passiva:
a) A mãe salvou o bebê do ataque de cães.
b) Os alunos fizeram a prova.
c) Levaram-no para a festa surpresa.
d) O sol ia tocando o mar.
e) O povo elegeu o novo presidente
f) Ela imprimiu o trabalho.

4. (EEAR) Se ao menos _____ a confusão que aquilo ia dar! Mas não pensou, não _____, e _____ na briga que não era sua.

a) prevesse - conteu – interviu
b) previsse - conteve – interviu
c) previsse - conteve – interveio
d) prevesse - conteve – interveio
e) prevesse - conteu – interveio

5. (EPCAR) Há uma forma verbal errada na alternativa:

a) queixai-vos
b) queixamos-nos
c) queixávamo-nos
d) queixáveis-vos
e) queixásseis-vos

GABARITOS - VERBO

1.
a) Futuro do pretérito/indicativo
b) Futuro de presente/indicativo
c) Presente/subjuntivo
d) Pretérito imperfeito/indicativo
e) Pretérito mais-que-perfeito/indicativo

f) Pretérito perfeito/indicativo
g) Pretérito imperfeito/subjuntivo
h) Futuro do presente/ indicativo
i) Pretérito imperfeito/subjuntivo
j) Presente/subjuntivo
k) Futuro/subjuntivo
l) Pretérito imperfeito/indicativo
m) Pretérito perfeito/indicativo
n) Pretérito imperfeito/indicativo

2.

a) amássemos: am: radical; a: vogal temática; ama: tema; sse: tempo e modo (pretérito imperfeito do subjuntivo); mos: número e pessoa (1ª pessoa do plural).
b) cantávamos: cant: radical; a: vogal temática; canta: tema; áva: tempo e modo (pretérito imperfeito do indicativo), mos: número e pessoa (1ª pessoa do plural).
c) partirás: part: radical; i: vogal temática; parti: tema, r: tempo e modo (futuro do presente do indicativo) ás: número e pessoa (2ª pessoa do singular).

3.

a) O bebê foi salvo pela mãe do ataque de cães.
b) A prova foi feita pelos alunos.
c) Ele foi levado para a festa surpresa.
d) O mar ia sendo tocado pelo sol.
e) O novo presidente foi eleito pelo povo.
f) O trabalho foi impresso por ela.

4. Alternativa C.
5. Alternativa B.

CAPÍTULO 12
ADVÉRBIO

Exerce a função de modificar o verbo, o adjetivo e o próprio advérbio, atua no campo da significação dessas alterações. Sintaticamente, é reconhecido como adjunto adverbial. Em geral acrescenta um circunstância ao verbo, no campo da intensidade que modificar adjetivos e advérbios. São, portanto, divididos conforme as circunstâncias em que serão manifestados.

- **De afirmação:** certamente, sim, deveras, incontestavelmente, realmente, efetivamente, etc.

> Minha mãe *certamente* sabe o que fazer.

- **De dúvida:** talvez, quiçá, porventura, acaso, provavelmente, certamente, decerto, certo, etc.

> *Possivelmente* não iremos à praia hoje, *pois* talvez chova.

- **De intensidade:** muito, pouco, assaz, bastante, mais, menos, meio, completamente, profundamente, demasiadamente, excessivamente, profundamente, levemente, bem, mal, quase, apenas, como, nada, quão, quanto, etc.

> A atividade era *muito* difícil para fazer em tão pouco tempo.

- **De lugar:** acima, abaixo, acolá, onde, lá, aqui, além, fora, afora, dentro, perto, longe, diante, adiante, através, avante, defronte, aonde, donde, etc.

> A igreja fica logo *abaixo* dessa rua.

- **De tempo:** hoje, agora, já, depois, amanhã, cedo, tarde, sempre, nunca, jamais, logo, ainda, antes, finalmente, raramente, diariamente, ora, afinal, outrora, então, breve.

> *Amanhã* será um bom dia para nos encontrarmos.

- **De modo:** mal, bem, assim, pior, como, alerta, melhor, aliás, calmamente, e a maioria dos advérbios que tem a terminação em *MENTE*.

> Aqui *mal* se pode olhar para os lados.

- **De negação:** não, nunca, tampouco.

> *Não* fui aprovado na disciplina por indisciplina.

- **Locuções adverbiais:** Ocorrem quando expressões compostas por mais de uma palavra indicam a finalidade de advérbio, geralmente estão acompanhadas de preposição: a pé, de fome, sobre música, com as mãos, à noite, de dia, de propósito, em cima, por baixo, passo a passo, lado a lado, vez por outra, etc.

> O cachorro estava *em cima* do sofá.

- **Advérbios interrogativos:** São empregado indicando lugar, modo, tempo e causa, quanto a sua forma de aplicação, podem ser divididos em:

Interrogação direta: como? onde? por que? aonde? donde? quando?

> *Por que* você não volta para mim?

Interrogação indireta: como, onde, por que, aonde, donde, quando.

> Não entendo *por que* você não volta para mim.

- **Graus dos advérbios:** Há casos em que os advérbios de tempo, modo, intensidade e lugar permitem a utilização, o emprego de graus. Também se dividem em:

Comparativo: Permite a comparação diretamente ligada a dois elementos da oração, para isso, ele se ramifica em:

Igualdade: O advérbio é empregado entre as palavras *tão* e *quanto* (como).

> Ele é *tão* bonito *quanto* ela, por isso forma um casal perfeito.

Inferioridade: O advérbio é empregado entre as palavras *menos* e (do) *que*.

> Ele não é *menos* importante *que* ela.

Superioridade: Se ramifica em duas formas para ser bem empregado.

a) Analítico: O advérbio é empregado entre as palavras *mais* e (do) *que*.

> Física é *mais* interessante *que* geografia.

b) Sintético: O advérbio é empregado com as palavras *melhor que* ou *pior que*.

> Um amigo verdadeiro é *melhor que* dois duvidosos.

Superlativo absoluto: A comparação acontece de modo geral, globalizando o termo. Para isso, divide-se em:

a) Sintético: O advérbio é acrescido de um sufixo que indica a sua intensidade.

> Apesar de tudo ele ficou *calmíssimo*.

b) Analítico: a intensidade se dá com a utilização de outro advérbio.

> Não posso acreditar, mas diante da situação cheguei *extremamente cedo*.

EXERCÍCIOS

1. (UM-SP) Na frase "As negociações estariam **meio** abertas só depois de **meio** período de trabalho", as palavras destacadas são, respectivamente:

a) adjetivo, adjetivo
b) advérbio, advérbio
c) advérbio, adjetivo
d) numeral, adjetivo
e) numeral, advérbio

2. (CESGRANRIO) Nas frases: "faz-lhes mal a escuridão" e "... que mal se adivinhará..." a palavra "mal" é, respectivamente, substantivo e advérbio. Pode ela ainda ter outra classificação, como numa das frases seguintes. Assinale-a:

a) Que mal há em ser idealista?
b) Tudo, tudo vai mal, meu bom amigo.
c) A chuva começou a cair, mal saímos.
d) Os namorados agora estão de mal.
e) Provou os frutos da árvore do mal.

3. (ITA) Nos trechos: "A menina conduz-me **diante do leão**..."; "... **sobre o focinho** contei nove ou dez moscas..."; "... a juba emaranhada e **sem brilho**."
Sob o ponto de vista gramatical, os termos destacados são, respectivamente:

a) locução adverbial, locução adverbial, locução adverbial
b) locução conjuntiva, locução adjetiva, locução adverbial
c) locução adjetiva, locução adverbial, locução verbal
d) locução prepositiva, locução adverbial, locução adjetiva
e) locução adverbial, locução prepositiva, locução adjetiva

4. Encontre e classifique o tipo de advérbio das palavras em destaque nas frases seguintes:

a) Meu namorado é tão ciumento que mal posso olhar para o lado.

b) Minha escola fica logo em cima.

c) Hoje comemoramos dez anos de casados.

d) Ela realmente domina a língua francesa.

e) Minha prova de direção será amanhã.

f) Nunca vou admitir que fume nesta sala.

g) A matemática é uma disciplina bastante difícil.

h) Ele não acredita em vida após a morte.

GABARITO

1. Alternativa   B
2. Alternativa   D
3. Alternativa   B
4.
a)   Modo
b)   Lugar
c)   Tempo
d)   Afirmação
e)   Tempo
f)   Negação
g)   Intensidade
h)   negação

CAPÍTULO 13
PREPOSIÇÃO

Palavra invariável que funciona como conectivo subordinativo que estabelece relação entre orações ou expressões. Essa subordinação acontece ligando um termo dependente, principal ou subordinante a outro independente, permitindo, desse modo, uma relação de lugar, posse, modo, causa, fim, etc.

- *Preposições essenciais:* de, contra, a, ante, após, até, com, outra, desde, em, entre, perante, para, por, sem, sob, sobre, trás.

> Somos estudantes *do* Brasil, mas chegamos aqui *por* orientação *de* professores franceses.

Observação: Caso o termo *até* tenha significação de inclusive, não funcionará como preposição e sim palavra de inclusão.

> Os professores ministram aulas *até* para alunos insuportáveis. (até = inclusive)

- *Preposições acidentais:* São termos de outras classes gramaticais que passam a exercer a função de preposição. Que, conforme, consoante, durante, segundo, mediante, visto, como, salvo, fora, etc.

> *Conforme* meus amigos, eu tenho uma voz incrível.

- **Locuções prepositivas**: Acontece quando expressões indicam uma funcionalidade de preposição, ou seja, quando determinadas expressões ligam orações e estabelecem uma relação entre elas. De modo geral, são formadas por advérbios ou as próprias locuções adverbiais e preposições: abaixo de, acerca de, à frente de, através de, à procura de, graças a, de acordo com, a despeito de, devido a, por trás de, em virtude de, para com, sob pena de, etc.

> Ela estava *à procura de* um amigo

Formação de algumas preposições

a +	a = à as = às aquele = àquele aquela = àquela aquilo = aquilo	de +	o = do ele = dele este = deste isto = disto aqui = daqui

em +	esse = nesse o = no um = num aquele = naquela
per +	o = pelo

EXERCÍCIOS

1. (U-BRASÍLIA) Assinale o item que só contenha preposições:

a) durante, entre, sobre
b) com, sob, depois
c) para, atrás, por
d) em, caso, após
e) após, sobre, acima

2. (UNIFOR-CE) Na frase: "Passaram dois homens **a** discutir, um **a** gesticular e o outro com **a** cara vermelha", o termo **a** está empregado, sucessivamente, como:

a) artigo, preposição preposição
b) pronome, preposição, artigo
c) preposição, preposição, artigo
d) preposição, pronome, preposição
e) preposição, artigo, preposição

3. Assinale a alternativa em que a preposição destacada estabeleça o mesmo tipo de relação que na frase matriz: Conseguiu se formar, mas viveu **a** pão e água.

a) Almejo tudo de bom **a** você.
b) A analisar por estas anotações, ele não se matou.
c) Feriram-me **a** pedradas
d) passou **a** colher uvas na Europa.
e) **A**o entardecer, estarei aí.

GABARITO

1. Alternativa   B
2. Alternativa   D
3. Alternativa   A

CAPÍTULO 14
CONJUNÇÃO E INTERJEIÇÃO

CONJUNÇÃO

Palavra invariável que tem a função de ligar orações ou elementos de uma mesma oração.

- **Conjunções coordenativas**: não há dependência entre as orações unidas pela conjunção, ou seja, a segunda não completa o sentido da primeira.

Aditivas: São conjunções que expressam a ideia de acréscimo, soma, adição. Podem ser indicadas pelos termos: *e, nem, mas também, mas ainda, como também, bem como, senão também.*

> Os verdadeiros amigos estão presentes em tempos de alegria *e* tristeza.

Adversativas: São conjunções que expressam a ideia de oposição, contraste. Podem ser indicadas pelos termos: *mas, porém, contudo, no entanto, entretanto, todavia, senão, ao passo que, apesar disso, não obstante, em todo caso.*

> Eu gosto muito de você, *mas* não podemos ser namorados.

Alternativas: São conjunções que expressam a ideia de alternância. Podem ser indicadas pelos termos: *ou... ou, ora...ora, já... já, quer...quer.*

> *Ou* você come chocolate todos os dias *ou* começa a fazer uma dieta hoje.

Conclusivas: São conjunções que expressam a ideia de conclusão, que geralmente desfecham o pensamento. Podem ser indicadas pelos termos: *portanto, logo, por conseguinte, pois (posposto ao verbo), por isso.*

> Ele não estudou, *logo* não foi aprovado.

Explicativas: São conjunções que expressam a ideia de explicação, de motivo. Podem ser indicadas pelos termos: *porque, que, porquanto, pois (anteposto ao verbo).*

> Ele não chegou no horário *porque* o trânsito estava congestionado.

- **Conjunções subordinativas:** A conjunção une duas orações ou termos de uma oração que passam a exercer uma ligação significativa na medida em que elas se completam e passam a depender uma da outra.

Causais: São conjunções que expressam a ideia de causa. Podem ser indicadas pelos termos: *porque, que, pois, como, porquanto, visto que, visto como, já que, desde que, uma vez que.*

> *Desde que* seja possível, estarei sempre insistindo.

Comparativas: São conjunções que comparam ações entre as orações. Podem ser indicadas pelos termos: *como, tal qual, assim como, mais (do) que, quanto.*

> Ela se deixava levar *como* as ondas do mar.

Concessivas: São conjunções que apresentam um consenso entre as ideias. Podem ser indicadas pelos termos: *embora, enquanto, ainda que, mesmo que, mesmo quando, posto que, se bem que, nem que, dado que, sem que.*

> Leonardo era muito inteligente, *embora* não fosse estudioso.

Condicionais: São conjunções que apresentam condições para a completude da oração. Podem ser indicadas pelos termos: *se, caso, desde que, salvo que, sem que, a menos que, a não ser que, dado que.*

> *Se* não chover iremos à praia.

Conformativas: São conjunções que indicam conformidade entre as ações expressas nas orações. Podem ser indicadas pelos termos: *conforme, como, segundo, consoante.*

> *Conforme* Beatriz, a polícia não chegou a tempo de salvar seus familiares.

Consecutivas: São conjunções que indicam sequência das ações. Podem ser indicadas pelos termos: *que + tal, tão, tanto, tamanho, (às vezes – subentendidos), de modo que, de forma que, de maneira que, de sorte que, sem que, que.*

> Estava tão nervosa *de modo que* as mãos suavam.

Finais: São conjunções que expressam uma finalidade. Podem ser indicadas pelos termos: *para que, a fim de que, que.*

> Apresentaram todos os candidatos *para que* fossem justos.

Proporcionais: São conjunções que indicam proporção. Podem ser indicadas pelos termos: *à medida que, à proporção que, ao passo que, quanto mais, quanto menos, tanto mais, tanto menos*

> *À medida que* se estuda descobre que menos se sabe.

Temporais: São conjunções que indicam relação de tempo entre as orações. Podem ser expressas pelos termos: *quando, enquanto, mal (logo que), sempre que, assim que, desde que, depois que, agora que,* etc.

> *Mal* cheguei, eles saíram.

Integrantes: São conjunções que integram as orações. Podem ser expressas pelos termos: que, se.

> Não sabemos *se* a morte é fácil.

- **Locuções conjuntivas:** Expressões compostas por duas palavras ou mais que indicam uma ligação entre as orações. Podem ser indicadas pelos termos: no entanto, visto que, desde que, se bem que, por mais que, logo que, à medida que, a fim de que, ainda quando.

> *À medida* que o tempo passa gosto mais de você.

INTERJEIÇÃO

São palavras ou locuções que indicam manifestação das emoções ou dos sentimentos, geralmente vêm acompanhadas pelo ponto exclamativo. Não exercem função sintática, em função de serem consideradas palavras-frases.

> Atenção! , Psiu!, Ah!, Viva!, Cuidado!

- *Locuções interjetivas:* Expressões ou grupos de palavras que exercem a função de interjeição, pois indicam estado emotivo.

> Meu Deus!, Cruz credo!, Ora bolas!,
> Se Deus quiser!, Ai de mim!.

EXERCÍCIOS

1. (FUVEST) "Podem acusar-me: estou com a consciência tranquila." Os dois pontos do período acima poderiam ser substituídos por vírgula, explicando-se o nexo entre as duas orações pela conjunção:

a) portanto
b) e
c) como
d) pois
e) embora

2. (FECAP) Classifique as palavras **como** nas construções seguintes, numerando, convenientemente, os parênteses:

1) preposição
2) conj. subord. causal
3) conj. subord. conformativa
4) conj. coord. aditiva
5) adv. interrogativo de modo

( ) Perguntamos como chegaste aqui.
( ) Percorrera as salas como eu mandara.
( ) Tinha-o como amigo.
( ) Como estivesse frio, fiquei em casa.
( ) Tanto ele como o irmão são meus amigos.

a) 2 - 4 - 5 - 3 - 1
b) 4 - 5 - 3 - 1 - 2
c) 5 - 3 - 1 - 2 - 4
d) 3 - 1 - 2 - 4 - 5
e) 1 - 2 - 4 - 5 – 3

3. (PUC) Assinale a alternativa em que aparece a conjunção final que:

a) Não sei que digo a você.
b) Cinco dias são passados que dali saímos.
c) Peço a Deus que te faça venturoso.
d) Crio estas crianças, que vês, que refrigério sejam da minha velhice.
e) n.d.a

4. No período "encontrou a mãe, que caminhava para a cozinha, levando as verduras fresquinhas da horta ", a palavra "que" classifica-se morfologicamente como:

a) conjunção subordinativa integrante.
b) conjunção subordinativa final.
c) pronome relativo.
d) partícula expletiva.
e) conjunção subordinativa causal

GABARITO:

1. Alternativa   E
2. Alternativa   C
3. Alternativa   A
4. Alternativa   C
5. Alternativa   A

CAPÍTULO 15
FRASE, ORAÇÃO, PERÍODO

SINTAXE

A Análise sintática é a parte da gramática da Língua Portuguesa que se dedica aos estudos dos termos que compõem uma frase.

- *Frase:* é todo enunciado provido de sentido completo, que provoque comunicação.

Fogo!
Silêncio!
Show gratuito.
Vire à direita.
Os estudantes tiraram boas notas.

> Na linguagem escrita classificam-se as frases de acordo com a pontuação.

As frases de acordo com a entonação são classificadas em:

- Declarativa

Afirmativa: afirmação de um fato.

> Maria estuda francês todos os dias.

Negativa: negação de um fato.

> Maria não estuda francês todos os dias.

- *Interrogativa:* quando há uma indagação de um fato.

> Maria, você estuda francês todos os dias?

- *Exclamativa:* quanto há uma exaltação de um fato.

> Maria estuda francês todos os dias!

- *Imperativa:* quanto há um pedido.

> Maria estude francês!

De acordo com a construção, as frases são classificadas em:

- *Nominal:* Quando não há verbo na frase.

> Fogo!
> Cuidado!
> Belo serviço o seu!

- *Verbal:* Quando há verbo na frase.

> O céu estava tão tenebroso que parecia que o mundo iria acabar.

Oração: é todo enunciado que se estrutura em torno de um verbo, com dois termos essenciais: o sujeito e o predicado, ressaltando que a presença do predicado é obrigatória, já que não existe oração sem verbo.

> "Ih, com é difícil entender essa gente".
> *(Lygia Fagundes Telles)*
> As crianças brincavam no jardim.

Período: é a frase organizada em torno de um ou vários verbos, toda frase verbal é um período.

> Amanhã **ganharei** a carta de alforria, **estarei** livre desse amor.
> O sol **anunciava** o despertar de um novo dia.
> As estrelas **bailavam** no céu

O período pode ser classificado em:

- *Período simples:* quando há apenas um verbo, ou seja, uma oração.

> A seleção brasileira **desembarcou** no aeroporto de Guarulhos.
> A vitória **foi** suada.

- *Período composto:* quando há mais de um verbo, ou seja, mais de uma oração.

> **Era** madrugada e eu **perambulava** pelas ruas desertas da cidade que não **conhecia.**
> O equilibrista **fez** uma manobra radical, **andou** com os olhos vendados em uma estreita corda.

EXERCÍCIOS

1. Coloque FN para frases nominais e FV para as frases verbais

a) Maria comprou leite e ovos.
b) Choveu todo o dia.
c) Silêncio!
d) Fogo!
e) Cantei uma bela canção.

2. Transforme as frases nominais em frases verbais.

a) Dia chuvoso.
b) Rua movimentada.
c) Crianças pelas calçadas.
d) Vizinho barulhento.
e) Marcos e Marina.

3. Classifique os predicados.

a) O bebê nasceu forte.
b) Daniel comeu e bebeu do bom e do melhor.
c) A gente nasce, cresce, reproduz e morre.
d) O campeonato brasileiro de 2010 possui 20 times.
e) A música mais popular no Brasil é o sertanejo.

4. (IBMEC) Assinale o período composto por três orações somente.

a) Os homens se esquecem de que a verdadeira amizade é fundamental.
b) Nunca fiz questão de que você viesse no horário.
c) Vou ao cinema agora, ele ao teatro, mas nos encontraremos à noite.
d) Tua chegada causa espanto e admiração, faz com que eu sonhe e delire.
e) Nunca mais ouviram falar daquele caso. O pouco que soubemos veio pelos jornais.

e) Marcos ama Marina.

3.
a) Predicado simples
b) Predicado composto
c) Predicado composto
d) Predicado simples
e) Predicado simples

4 Alternativa   C

GABARITO

1.
a) FV
b) FV
c) FN
d) FN
e) FV

2.
a) O dia está chuvoso.
b) A rua está movimentada.
c) As crianças andam pelas calçadas.
d) O vizinho é barulhento.

CAPÍTULO 16

TERMOS DA ORAÇÃO

Termo é cada elemento de uma oração. Eles podem ser termos essenciais (sujeito e predicado), termos integrantes (complemento verbal, complemento nominal e agente da passiva) e termos acessórios da oração (adjunto adnominal, adjunto verbal e aposto).

TERMOS ESSENCIAIS DA ORAÇÃO

- *Sujeito:* é o termo da oração que pratica algo e o termo a que se refere o predicado.
- *Predicado:* é o termo da oração que contém o verbo e traz informação sobre o sujeito.

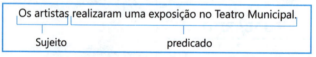

Núcleo do sujeito: é o vocábulo de maior importância na frase.

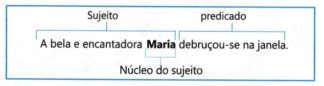

ESTUDO DO SUJEITO

Classificação do sujeito

- *Sujeito simples:* é quando a oração tem apenas um núcleo.

O primeiro beijo é inesquecível.

- *Sujeito composto:* é quando a oração tem mais de um núcleo.

> A <u>laranja</u> e a <u>maçã</u> estão a preço de ouro.

- *Sujeito oculto:* é quando o sujeito não está explícito na oração, mas pela desinência ou a presença do sujeito em outra oração é possível identificá-lo.

> Cantamos a madrugada inteira ao redor a fogueira
> ↳ **(Nós)**
> **João** acompanhou-me até esquina, depois seguiu outra direção.
> ↳ (João)

- *Sujeito indeterminado:* é quando não é possível identificar o sujeito. Pode-se construir o sujeito indeterminado colocando o verbo na 3ª pessoa do singular (Ex. 1) ou colocando o verbo na terceira pessoa do singular juntamente com o pronome se (Ex. 2).

> Ex. 1: Mandaram cartas misteriosas para a garota de 701. (Quem mandou?)
> Ex. 2: Precisa-se de operários. (Quem precisa?)

Observação: se a frase estiver na voz passiva pronominal, a oração terá sujeito, pois a palavra será uma partícula apassivadora:

> Consertam-se roupas.
> (Roupas são consertadas)

- *Oração sem sujeito:* é quando a oração apresenta em sua construção verbos impessoais.

O verbo *haver* com significado de existir, acontecer, realizar-se e fazer.

> Há algumas caixas de papelão no depósito.
> (haver com significado de existir)

O verbo *fazer* e *ser* quando indicam tempo transcorrido.

> Faz dez anos que não a vejo.
> (fazer indicando tempo)

Os verbos que designam fenômenos da natureza.

> Chovia e relampeava intensamente.

O verbo *estar* indicando temperatura ou clima.

> Está tão frio!

O sujeito pode aparecer em:

- *Ordem direta*

Antes do predicado

> **A triste menina** descansava no jardim.

- Ordem inversa:

Depois do predicado

> - No jardim, descansava **a triste menina**.

No meio do predicado

> No jardim, **a triste menina** descansava.

ESTUDO DO PREDICADO

A *predicação* consiste na relação entre o sujeito e o predicado. Quanto a essa conexão, os versos são classificados em verbos intransitivos e transitivos.

- *Verbos Intransitivos:* são aqueles verbos que não precisam de complemento para dar sentido à frase, podendo sozinhos formar o predicado.

> A lua surgiu.
> A luz apagou.
> Olivier bebeu.

- *Verbos Transitivos:* são aqueles verbos que precisam de um complemento para que a frase tenha sentido. Os verbos transitivos subdividem-se em:

Verbos transitivos diretos: verbos que necessitam de um complemento sem o uso de preposição, seu complemento é o objeto direto.

> O inquilino **pagou** o último aluguel atrasado.

Verbos transitivos indireto: verbos que se ligam ao complemento (objeto indiretos) por meio de uma preposição.

> César **acredita** em seres do outro planeta.

Verbos transitivos diretos e indiretos: são aqueles verbos que apresentam dois complementos: um objeto direto e um objeto indireto.

> Maria **recebeu** flores de Lucas.

Observação: para saber se o verbo é transitivo direto ou transitivo indireto, faça pergunta para o verbo. Verbos transitivos diretos respondem a pergunta (O quê. Quem?), verbos transitivos indiretos respondem a (De quê?, A quem?, De quem? e Em quê?) e verbos transitivos diretos e indiretos respondem a todas as perguntas.

- *Verbos de ligação:* são verbos que estabelecem uma ligação entre o sujeito e as suas características (predicado). Os verbos de ligação mais comuns são: *ser, estar, parecer, permanecer, ficar, continuar, aparecer e viver.*

> A piscina de tão grande **parecia** um lago.
> Os jogadores **ficaram** inconformados com a derrota.

- *Predicativo:* é o termo essencial que funciona como núcleo do predicado.

Predicativo do sujeito: é o termo da oração que expressa características (qualidade ou estado) do sujeito, é o núcleo do predicado nominal e geralmente constituído por verbos de ligação.

> A árvore de natal está **enfeitada.**

Predicativo do objeto: é o termo da oração que expressa características do objeto, é núcleo do predicado verbo-nominal.

> Os espectadores acharam a peça **encantadora.**

TIPOS DE PREDICADOS

- *Predicado nominal:* quando o predicado é formado por um nome. É composto por um verbo de ligação + um predicativo do sujeito. O núcleo do predicado é o predicativo.

> O clube **está lotado**.
> Marcelo **é esbelto e educado**.

- *Predicado verbal:* quando o predicado tem como núcleo o verbo, sendo o predicado que informa uma ação. É composto por verbos intransitivos ou transitivos.

> A mamãe **cozinhava o prato predileto da família**.
> O avião **decolou às 9h da manhã**.

- *Predicado verbo-nominal:* quando o predicado é formado por um verbo que informa uma ação e também funciona como predicativo, ressaltando que o núcleo trata-se do predicado e do verbo.

> Os alunos **chegaram da escola eufóricos**.
> As pessoas **ouviam o resultado final apreensivas**.

Observação: Na voz passiva, quem pratica a ação recebe o nome de agente da passiva, que geralmente aparece na frase acompanhado da proposição por ou de.

> A mala foi aberta **por policiais.**
> O acidentado ficou rodeado **de curiosos.**

A voz passiva realiza-se de dois modos:

Voz passiva analítica: quando composta pelo verbo auxiliar ser seguido de um particípio:

> O rio **foi poluído** pelos mineradores.

Voz passiva sindética: quando não há o verbo ser, sendo, assim, construída com um verbo transitivo direto acompanhado do pronome se:

> Vende-se casa.
> Divulgou-se a lista de aprovados.

Dica: A forma passiva sindética pode ser transformada em voz passiva analítica:

> Casas são vendidas.
> A lista de aprovados foi divulgada.

(Caso a transformação não seja possível, o verbo não estará na voz passiva analítica).

Em relação à ação expressa pelo verbo, o sujeito pode aparecer na oração como:

- *Sujeito agente:* quando o próprio sujeito pratica a ação expressa pelo verbo, com isso, o verbo encontra-se na voz ativa.

> **Os meninos** quebraram o vidro da janela.

- *Sujeito paciente:* quando o sujeito recebe a ação expressa pelo verbo, com isso, o verbo está na voz passiva.

> **O vidro da janela** foi quebrado pelos meninos.

- *Sujeito agente e paciente:* quando o sujeito pratica e recebe a ação expressa pelo verbo, com isso, o verbo encontra-se na voz reflexiva.

> **Capitu** penteou-se demoradamente.

TERMOS INTEGRANTES DA ORAÇÃO

Os termos integrantes de uma oração são aqueles que completam o sentido de um verbo transitivo (como foi apresentado verbos intransitivos por si só não apresentam sentido completo) ou de um nome. Esses termos integrantes são indispensáveis é classificam-se em:

- **Complementos verbais:** são os termos que completam o sentido dos verbos transitivos diretos e indiretos, dividindo-se em:

Objeto direto: é o termo que completa o sentido de um verbo transitivo direto, liga-se ao verbo sem necessitar de uma proposição.

> O presidente decretou **a lei**.
> Daniel arrumou **um novo emprego**.

Objeto indireto: é o termo que completa o sentido de um verbo transitivo indireto, necessita-se de uma preposição.

> O menino não gostava **de** frutas e verduras.

> **Observação:** O núcleo do objeto direto ou indireto é sempre a palavra principal.
>
> Eu fiz um saboroso **bolo de** chocolate.
> Eu preciso de pequenos e brilhantes **botões**.

Pronomes oblíquos na função de objeto: são os pronomes oblíquos (o, a, os, as, e as variante lo, la, los, las, no, na, nos, nas) que funcionam como objeto direto e os pronomes lhe e lhes que funcionam como objeto indireto.

> Vi-**o** ontem noite.
> O resultado chocou-**a**
> Disseram-**lhe** palavras de conforto.

Objeto direto preposicionado: é quando o objeto direto se liga ao verbo com o auxílio de uma preposição por questões estilísticas. O objeto direto preposicionado acontece quando:

> - o objeto é formado por um pronome pessoal oblíquo tônico.
>   Não responderam nem **a mim** nem **a ti**.
>
> - o objeto é formado por nomes referentes a pessoas.
>   Luciana ama **a Jorge.**
>
> - o objeto é formado por pronome indefinido.
>   A morte de Getúlio Vargas comoveu **a todos**.
>
> - o objeto é formado pelo pronome quem (relativo ou definido).
>   Não sei **a quem** me dirigir.
>
> - o objeto estiver ambíguo na frase.
>   Traiu a mulher o esposo. *(quem traiu?)*
>   Traiu à mulher o esposo. *(sujeito: o esposo e objeto direto: a esposa)*
>
> - o objeto der ideia de proporção (parte de, porção).
>   Ele queria **a parte** que lhe cabia.

Objeto pleonástico: é quando há a repetição do objeto (direto ou indireto) na frase.

> **Maria**, eu **a** amo tanto. *(objeto direto/ objeto direto pleonástico)*
> **Ao ateu**, nada **lhe** convence da existência de Deus.
> *(objeto indireto/ objeto indireto pleonástico)*

Agente da passiva: é o complemento verbal que indica quem realizou a ação, enquanto o verbo está na voz passiva.

> O assalto foi registrado **pela câmera de segurança do prédio.**

- **Complementos nominais**: é o termo integrante de uma oração que completo o sentido de um nome (substantivo, adjetivos e advérbios), sendo obrigatória a presença de uma preposição.

> A saudade **da infância** doía no peito.
> Carlos defende a proteção **dos animais**.

> **Observação:** Distinção entre complemento nominal e objeto indireto.
> Ambos necessitam de uma preposição, mas o complemento nominal completa o sentido de um nome, já o objeto indireto completa o sentido de um verbo. Veja:
>
> Confio **em meus pais.** *(objeto direto, pois completa o verbo confiar)*
> A confiança **em meus pais** é o meu porto seguro.
> *(complemento nominal, pois completa o sentido de um nome).*

TERMOS ACESSÓRIOS DA ORAÇÃO

Os termos acessórios de uma oração são aqueles que acrescentam novas informações ao enunciado. São termos dispensáveis, porém importantes por enriquecerem a compreensão da oração. Os termos acessórios da oração classificam-se em:

- **Adjunto adnominal:** são os termos que se referem ao substantivo, podem vim acompanhados ou não de uma preposição, geralmente são representados por:

  Artigos: As flores vermelhas são **as** minhas preferidas
  Numerais: Três carros envolverem em um terrível acidente.
  Pronomes adjetivos: Meu óculos quebrou a armação.
  Adjetivos: As **velhas** casas do centro foram destruídas.
  Locuções adjetivas: Amor **de mãe** é incomparável.

> **Observação:** O adjunto adnominal de locução adjetiva pode ser confundido com o complemento nominal, já que ambos referem-se a nomes e são preposicionados. Então como saber qual a função do termo? Simples, se o termo estiver referido a um adjetivo ou advérbio não tenha dúvida, será um complemento nominal, pois adjunto adnominal refere-se apenas a substantivos. Agora se o termo refere-se a um substantivo será adjunto adnominal quanto tiver sentido ativo (pratica) e complemento nominal quando estiver sentido passivo (recebe), veja:
>
> O elogio **do diretor** causou espanto ao elenco.
> *(ajunto adnominal, pois foi o diretor que fez a ação)*
> O elogio **ao diretor** causou-lhe comoção.
> *(complemento nominal, pois o diretor recebeu a ação)*

- **Adjunto adverbial:** é o termo da oração que se refere a verbos, adjetivos e outros advérbios indicando uma circunstância.

> Agradeceu **emocionadamente** o prêmio.

CLASSIFICAÇÃO DO ADJUNTO ADVERBIAL

Advérbio Adverbial	Exemplo	Advérbio Adverbial	Exemplo
de tempo	Chegaram **ontem** as cartas.	de lugar	Comeram **na lanchonete da escola**
de modo	Os cantores cantaram **bem.**	de intensidade	Amo **tanto** você, que nem sei com dizer.
de finalidade	Treinaram **para o jogo.**	de assunto	Falamos **de pedofilia** no congresso.
de causa	O príncipe morreu **envenenado.**	de instrumento	A jovem cantora suicidou-se **com uma corda.**
de companhia	O governador estava **com o presidente.**	de meio	Andamos **de barco** pela orla carioca.
de negação	**Não** gostaram de minha ideia.	de afirmação	Minha ideia será aprovada, **sim**
de matéria	A panela **de barro** era magnífica.	de preço	O sapato saiu **por duzentos dólares**.

- **Aposto:** é o termo da oração que explica ou define um termo anterior, geralmente apresenta-se entre vírgulas ou depois de outro sinal de pontuação.

> Paris, **cidade luz**, foi a escolhida para a lua de mel.
> São Paulo, **terra da garoa**, é a cidade que nunca dorme.

- **Vocativo**: é um termo que não possui uma relação sintática com outros termos, geralmente está no início da oração e vem separado por vírgula e usado para chamar a atenção de alguma pessoa.

> **Meu filho**, não faça isso.
> Já falei que não tem perdão, **Josefa**.

EXERCÍCIOS

1. Classifique o sujeito.

a) Abre-se uma clareia no escuro céu do inverno.
b) Ninguém falou mal de você.
c) Fala-se em construir uma nova indústria.
d) Tive um mau pressentimento.
e) Choveu a noite toda.

2. Dê a função sintática dos termos destacados.

a) Tenho grande amor à humanidade.
b) Ele é rico em virtudes.
c) A confiança nos amigos me ajudou.
d) A confiança dos amigos me ajudou.
e) Às vezes, acreditava no seu amor.
f) Machado de Assis, escritor brasileiro, escreveu Dom Casmurro.

3. Grife os verbos e os complementos e, em seguida, classifique-os.

a) Os noivos dançaram alegremente.
b) A cidade estava toda enfeitada.
c) Deixe os cadernos e pegue o lanche.
d) Confiei em sua capacidade de organização.
e) Eu não a vi no colégio.

4. (UFAM) Assinale a opção em que é indeterminado o sujeito da oração:

a) Trata-se definitivamente de versões infundadas.
b) Ouviram do Ipiranga as margens plácidas.
c) Não se dê atenção aos maledicentes.
d) Muito se discute atualmente a redução da maioridade penal.
e) Aqui outrora retumbaram hinos.

5. (IBMEC) Assinale a alternativa que apresenta a correta classificação sintática do termo sublinhado.
a) Quando inquirido pelos investigadores, viu que não tinha mais como sustentar a farsa. (objeto indireto)
b) As crianças não acreditavam no que viam: havia balas, bombons, frutas e mais guloseimas para comemorarem o evento. (objeto direto do verbo impessoal)
c) A cidade foi atingida por uma tempestade horrível. (objeto direto)
d) Os nativos tinham respeito aos costumes. (agente da passiva)
e) Nenhuma pessoa era capaz de admitir que errara. (sujeito indeterminado)

6. (UFSM) Para entender nossa crise cultural, é preciso analisar o passado e ver a situação atual no contexto da evolução humana. Os verbos em destaque classificam-se, respectivamente, como:
a) transitivo direto - transitivo direto e indireto
b) transitivo direto - transitivo direto
c) transitivo direto e indireto - transitivo direto
d) intransitivo - transitivo direto e indireto
e) intransitivo – auxiliar

GABARITO:

1.
a) sujeito simples-uma clareira
b) sujeito simples-ninguém
c) sujeito indeterminado
d) sujeito oculto (eu)
e) sujeito inexistente

2.
a) complemento nominal
b) predicativo do sujeito/complemento nominal
c) complemento nominal/ objeto direto
d) adjunto adnominal
e) objeto indireto
f) sujeito/aposto/objeto direto

3.
a) dançaram- verbo intransitivo
b) estava-verbo de ligação/ enfeitada-predicativo do sujeito.
c) Deixe- verbo transitivo direto/ os cadernos-objeto direto/ pegue-verbo transitivo direto/ lanche-objeto direto
d) Confiei- verbo transitivo indireto/em sua capacidade de organização-objeto indireto
e) a-objeto direto, vi- verbo transitivo direto

4. Alternativa A

5. Alternativa B

6. Alternativa B

CAPÍTULO 17

ORAÇÕES COORDENADAS

Com se sabe, as frases verbais podem constituir período simples ou composto. O período simples caracteriza-se pela presença de apenas uma oração, que recebe o nome de oração absoluta. Os períodos compostos compõem-se de orações coordenadas ou orações subordinadas.

Orações coordenadas são aquelas em que as orações do período composto não possuem relação de dependência. As orações coordenadas são classificadas em *oração coordenada assindética* (não possuem conjunção entre as orações do período composto) e *oração coordenada sindética* (as orações são ligadas entre si por conjunções).

> Escolheu, jogou, rezou, ganhou. *(oração coordenada assindética)*
> Os alunos desenharam e cantaram a tarde toda.
> *(oração coordenada sindética)*

As orações coordenadas sindéticas são classificadas segundo as conjunções nelas presentes, observe:

Tipo	Função	Exemplo	Principais conjunções
Aditivas	Ideia de soma, adição	Comemos **e** bebemos muito	e nem (e não) mas também mais ainda com também

Adversativas	Ideia de oposição, de adversidade	Casei, **mas** não sou feliz.	mas porém todavia contudo entretanto no entanto
Alternativa	Ideia de alternância, de escolha	A mãe disse ao menino, **ou** sorvete **ou** chocolate.	ou ou...ou ora...ora quer...quer já...já seja...seja
Conclusiva	Ideia de conclusão	Não foi ao trabalho, **logo** perdeu um dia de serviço.	logo portanto por conseguinte pois (depois do verbo)
Explicativa	Ideia de uma explicação de um acontecimento.	Resolveu pedi-la em casamento, **porque** estava apaixonado.	porque que pois (antes do verbo)

EXERCÍCIOS

1. Classifique as orações coordenadas.

a) Entrou na sala, mas não falou com ninguém.

b) Ele pouco se esforçou no ano, por isso não ficará surpreso em ser reprovado.

c) Trabalhe seriamente ou desista do emprego.

d) Não se demore, pois estou com fome.

e) Maria come, mas não engorda.

2. A frase "Encontrei a casa fechada, logo não pude entrar.", pode ser classificada como:

a) Oração coordenada sindética conclusiva.
b) Oração coordenada sindética alternativa.
c) Oração coordenada sindética aditiva.
d) Oração coordenada sindética explicativa.
e) N.d.a.

3. (Unicamp) As alternativas abaixo são classificadas como:

I- Mário estudou e foi reprovado.
II- Mário estudou muito e foi reprovado.

a) Aditiva e conclusiva.
b) Adversativa e aditiva.
c) Aditiva e aditiva.
d) Adversativa e conclusiva.
e) Concessiva e causal.

4. (UFMS) Observe o emprego das conjunções nos períodos abaixo.

I. Ora Maria estuda História, ora ela ouve música.
II. Ou você estuda História, ou você ouve música.
III. Se você for estudar História, não ouvirá música.
IV. Se você for ouvir música, não estudará História.

Levando em consideração que a conjunção é um dos elementos linguísticos responsáveis pela orientação argumentativa do discurso, é correto afirmar:

001) O sentido de alternância só ocorre no caso de I, pois é possível que a pessoa, no caso Maria, faça as duas coisas: estudar e ouvir música.
002) Em II, III e IV não existe a possibilidade de as duas coisas se realizarem, porque há a ideia de uma exclusão explícita, marcada tanto pela conjunção "ou" como pela conjunção "se".
004) A ideia de alternância está presente em todos os períodos, uma vez que se trata de períodos compostos por orações subordinadas alternativas.
008) A alternância é nítida em II, III e IV, que são períodos cujas orações classificam-se como "condicionais".
016) A conjunção "ou" nem

sempre expressa exclusão.

5. (UNIFAL-MG) "Compro, logo existo." O vocábulo "logo", na sentença acima, tem valor de:

a) exclusão.
b) adição.
c) restrição.
d) conclusão.

GABARITO

1.
a) Oração coordenada sindética aditiva.
b) Oração coordenada sindética conclusiva.
c) Oração coordenada sindética alternativa.
d) Oração coordenada sindética explicativa.
e) Oração coordenada sindética adversativa.
2. Alternativa   A
3. Alternativa   D
4. Alternativas   002+016= 018
5. Alternativa   D

CAPÍTULO 18
ORAÇÕES SUBORDINADAS

Orações subordinadas são aquelas orações que no período composto mantêm uma relação de dependência com a oração principal.

> Eu não esperava **que ele voltasse tão rápido**.
>
> *Oração subordinada à principal "Eu não esperava"*

As orações subordinadas são classificadas em substantivas, adjetivas e adverbiais, levando-se em consideração a função sintática que exercem em relação à oração principal.

- **Orações subordinadas substantivas:** são as orações com valor de substantivos, na grande maioria são introduzidas pelos pronomes *se* ou *que*. Exercem a função sintática de sujeito, objeto direto, objeto indireto, predicativo do sujeito, complemento nominal ou aposto. Levando-se em consideração essas funções, as orações subordinadas substantivas classificam-se em:

Subjetiva: quando a oração subordinada funciona como sujeito. Para ser uma oração subordinada subjetiva o verbo da oração principal precisa estar na 3ª pessoa do singular (é bom, é preciso) ou conter verbos na voz passiva sintética (espera-se, compreende-se) ou analítica (é esperado, foi compreendido) e que a oração principal não tenha sujeito.

> É necessário que <u>os passageiros</u> coloquem as bagagens nos locais adequados.
> É prudente que <u>os amantes</u> façam encontros às escondidas.

Objetiva direta: quando a oração subordinada funciona como objeto direto da oração principal.

> Creio **que o próximo ano seja melhor.**
> Espero **que ele compreenda os meus receios.**

Objetiva indireta: quando a oração subordinada funciona como objeto indireto da oração principal.

> Os governantes falaram **de todos os problemas que afetam a sociedade mineira.**
> Os professores gostaram **de todos os trabalhos que tiveram como foco a desigualdade social.**

Predicativa: quando a oração subordinada funciona como predicativo da oração principal. Essas orações completam o verbo de ligação ser.

> O mais importante é **que sejamos felizes.**
> Nossa esperança é **que o mundo se transforme em um lugar melhor.**

Completiva nominal: quando a oração subordinada funciona como complemento nominal da oração principal.

> Estou certo **de que ela não me ama mais.**
> Os alunos estavam esperançosos **de que o castigo fosse esquecido.**

Apositiva: quando a oração subordinada funciona como aposto da oração principal.

> Espero uma coisa: **que sejamos felizes eternamente.**
> Acreditamos em uma coisa: **que a vida passa em segundos.**

- **Orações subordinadas adjetivas:** são as orações com valor de adjetivo em relação a um termo da oração principal, são introduzidas pelos pronomes relativos *que* (e flexões o qual, a qual, os quais, as quais), *quem, onde* (no qual, em que) e *cujo* (de que). As orações subordinadas adjetivas classificam-se em:

Restritivas: são as orações que restringem o termo da oração principal a qual se referem.

> As mulheres **que são batalhadoras** merecem um lugar ao sol.
> Os alunos **que são dedicados** precisam de uma segunda chance.

Explicativas: são as orações que explicam o sentido do termo anterior, semelhante a um aposto, porém são introduzidas pelo pronome relativo e vêm separadas por vírgulas.

> As flores, **que produzimos**, percorrem o mundo todo.
> O sol, **que é um astro**, tem bilhões de anos.

- **Orações subordinadas adverbiais:** são as orações que funcionam com um adjunto adverbial do verbo da oração principal. Essas orações são introduzidas por conjunções subordinativas não integrantes e de acordo com as circunstâncias das conjunções são classificadas em:

Causais: são as orações subordinadas que exprimem uma causa de um fato.

> Chegou ofegante, **porque tinha corrido quarteirões.**

Comparativa: são as orações subordinadas que exprimem uma comparação, seja de superioridade, seja de inferioridade.

> Os atletas correram tanto **que pareciam jaguares à busca de alimento**.

Concessivas: são as orações subordinadas que exprimem uma contrariedade ao fato principal.

> **Embora tenha chegado cedo**, não conseguiu comprar ingressos para o clássico carioca.

Condicionais: são as orações subordinadas que exprimem uma condição para que um fato se realize.

> **Caso consiga terminar o trabalho**, poderemos ir ao cinema.

Conformativas: são as orações subordinadas que exprimem ideia de conformidade em relação à oração principal.

> O teatro estava lotado **conforme prevíamos**.

Consecutivas: são as orações subordinadas que exprimem ideia de consequência em relação à oração principal.

> Saímos tão cansados, **que não percebemos a hora**.

Finais: são as orações subordinadas que exprimem uma finalidade em relação à oração principal.

> Bebeu tanto **para que pudesse esquecer as mágoas de um amor não correspondido**.

Proporcionais: são as orações subordinadas que exprimem a ideia de proporção em relação ao expresso na oração principal.

> **À medida que crescia**, a menina ficava mais parecida com a falecida mãe.

Temporais: são as orações subordinadas que expressam ideia de tempo em que ocorre o fato expresso na oração principal.

> **Desde que chegou à cidade**, o misterioso homem arrancava suspiros das moças.

CONJUNÇÕES SUBORDINATIVAS

Tipo	Principais conjunções	Tipo	Principais conjunções
Causais	porque porquanto visto que visto como	Consecutivas	tão tal tanto tamanho
Comparativas	que do que qual como assim bem como que nem	Finais	para que a fim de porque (que) que
Concessivas:	embora ainda que posto que por muito que	Proporcionais	tanto mais quanto mais...mais quanto menos menos quanto menos... menos à medida que à proporção que quanto mais... menos quanto menos... mais

Condicionais	se salvo se caso contanto que uma vez que dado que a menos que	**Temporais**	quando enquanto depois que logo que sempre que senão quando
Conformidade	como conforme consoante segundo		

ORAÇÕES REDUZIDAS

As orações reduzidas acontecem quando as orações subordinadas (substantivas, adjetivas ou adverbiais) são reduzidas. Essas orações são formadas com o verbo em um de seus estados nominais (infinitivo, gerúndio ou particípio) e não possuem conectivos (conjunções ou pronomes relativos) que as introduzam.

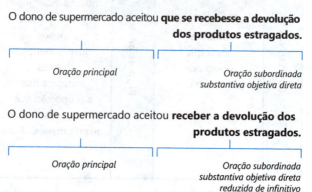

As orações reduzidas são classificadas de acordo com a forma nominal que apresentam e exercem a mesma função que teriam se o período fosse desenvolvido:

- *Oração subordinada reduzida de infinitivo:* são aquelas que apresentam a forma nominal de infinitivo, geralmente são substantivas ou adverbiais e raramente adjetivas.

Oração subordinada reduzida:	Exemplo	Forma desenvolvida
Substantiva subjetiva	É necessário **amar o próximo**.	É necessário que se ame o próximo.
Substantiva objetiva direta	Espero **chegar antes do aniversariante**.	Espero que eu chegue antes do aniversariante.
Substantiva objetiva indireta	Tenho esperança **de ser amada**.	Tenho esperança que eu seja amada.
Substantiva completiva nominal	Estou certo **de ele voltar para o emprego**.	Estou certo de que ele voltará para o emprego.
Substantiva predicativa	Minha alegria de estudante **é ser um aluno nota 10**.	Minha alegria de estudante é que sou um aluno nota 10.
Substantiva apositiva	Dou-lhe apenas um conselho: **acreditar no impossível**.	Dou-lhe apenas um conselho: que acredite no impossível.
Adverbial temporal	**Ao chegar à escola**, encontrei Marcelo.	Quando cheguei na escola, encontrei Marcelo.

Adverbial condicional	**Sem confiar em você**, não passará no exame.	Caso não confie em você, não passará no exame.
Adverbial concessiva	**Apesar de sair cedo**, pegou congestionamento.	Embora saiu cedo, pegou congestionamento.
Adverbial causal	Deixei a festa, **por estar cansado**.	Deixei a festa, porque estava cansado.
Adverbial consecutiva	Pegou um taxi, **para não chegar atrasado ao aeroporto**.	Pegou um taxi, tanto que não chegou atrasado.
Adverbial final	Partiram, **para não haver votação**.	Partiram, para que não tivesse votação.
Adjetiva	Este é o material **de se fazer cadeiras**.	Esta é o material do qual se fazem as cadeiras.

- *Oração subordinada reduzida de gerúndio:* são aquelas que apresentam a forma nominal de gerúndio, geralmente são adverbiais e raramente adjetivas.

Oração subordinada reduzida:	Exemplo	Forma desenvolvida
Adverbial temporal	**Descobrindo o responsável**, modificarei as normas da escola.	Quando descobrir o responsável, modificarei as normas da escola.

Adverbial condicional	**Conhecendo a verdade**, você mudará de opinião.	Uma vez que conheça a verdade, mudará de opinião.
Adverbial concessiva	**Mesmo sabendo dos perigos**, os jovens entraram na mata.	Os jovens entraram na mata, embora soubessem dos perigos.
Adverbial causal	**Notando nuvens carregadas**, peguei o guarda-chuva.	Peguei o guarda-chuva, pois notei nuvens carregadas.

- *Oração subordinada reduzida de particípio:* são aquelas que apresentam a forma nominal de particípio, geralmente são adverbiais ou adjetivas.

Oração subordinada reduzida:	Exemplo	Forma desenvolvida
Adverbial temporal	**Terminada a virose**, voltei para o trabalho.	Quando terminou a virose, voltei para o trabalho.
Adverbial condicional	**Finalizado o serviço**, poderão ir ao cinema.	Se finalizar o serviço, poderão ir ao cinema.
Adverbial concessiva	**Mesmo machucado**, conseguiu pedir ajuda.	Mesmo estando machucado, conseguiu pedir ajuda.
Adverbial causal	**Extraído um dente**, ficou com a boca inchada.	Ficou com a boca inchada, porque extraiu um dente.

| Adjetiva | Recebi uma carta amorosa **enviada por um admirador.** | Recebi uma carta amorosa que foi enviada por um admirador. |

EXERCÍCIOS

1. Classifique as orações adverbiais.

a) As fofocas terminaram, assim que o casal assumiu o romance.
b) Como estava de lua de mel, não foi ao trabalho.
c) Mesmo que ganhassem o jogo, não haveria motivos para a comemoração.
d) Se pagar a mensalidade, poderá voltar a frequentar o clube.
e) Saiu da reunião, como um cachorro sem dono.
f) Execute o plano, como lhe expliquei.

2. Classifique as orações subordinativas substantivas.

a) Ninguém perguntou se eu estava de acordo com isso.
b) Não se sabe se eles estarão presentes.
c) Precisa que acabem as injustiças na escola.
d) Tenho receio de que não consiga terminar o serviço a tempo.
e) Seu desejo, de que todos fossem aprovados, se realizou.
f) O esperado era que ele ficasse com o emprego.

3. (UFMA) Assinale a opção em que está incorreta a classificação da oração grifada:

a) A estrela brilhava no eterno azul como uma vela. (subordinada adverbial comparativa)
b) A Lua dizia que a claridade do Sol resumia toda a luz. (subordinada substantiva objetiva direta)
c) Como estava enfarado de sua enorme e desmedida umbela, o Sol invejava o vaga-lume. (subordinada adverbial causal)
d) A Lua admirava a auréola de nume que o sol ostentava. (subordinada adjetiva restritiva)
e) Enquanto bailava no ar, o inquieto vaga-lume fitava com ciúme da estrela. (subordinada adverbial proporcional)

4. (UFAM) Assinale a opção em que a oração coordenada, embora introduzida por conjunção aditiva, exprime contraste, oposição ou compensação em relação à anterior:

a) Além de produzir frutos, as mangueiras, como as demais árvores, enfeitam a natureza e

oferecem sombra.
b) Os livros são verdadeiros amigos que instruem e divertem.
c) As operosas abelhas produzem mel e polinizam as flores.
d) Ao contrário do ferro, que apenas mata, o ouro corrompe, avilta e desonra.
e) Eu enchi a cara na juventude e não me tornei alcoólatra.

5. (UFRGS) Para responder à questão, considere o seguinte trecho:

"a pessoa que a disse sabe que está mentindo e o faz deliberadamente"

Assinale a representação gráfica em que os colchetes marcam adequadamente a separação entre as orações subordinadas e a principal.

a) a pessoa que a disse sabe [que está mentindo] e o faz deliberadamente.
b) a pessoa que a disse sabe [que está mentindo e o faz deliberadamente.]
c) a pessoa [que a disse] sabe [que está mentindo] e o faz deliberadamente.
d) a pessoa [que a disse] sabe [que está mentindo e o faz] deliberadamente.
e) a pessoa [que a disse] sabe [que está mentindo] e [o faz deliberadamente.]

GABARITO

1.
a) Oração subordinativa adverbial temporal.
b) Oração subordinativa adverbial causal.
c) Oração subordinativa adverbial concessiva.
d) Oração subordinativa adverbial condicional.
e) Oração subordinativa adverbial comparativa.
f) Oração subordinativa adverbial conformativa.

2.
a) Oração subordinativa substantiva objetiva direta.
b) Oração subordinativa substantiva subjetiva.
c) Oração subordinativa substantiva objetiva indireta.
d) Oração subordinativa substantiva completiva nominal.
e) Oração subordinativa substantiva apositiva.
f) Oração subordinativa substantiva predicativa.

3. Alternativa   E

4. Alternativa   E

5. Alternativa   C

CAPÍTULO 19

CONCORDÂNCIA NOMINAL

A concordância nominal é quando artigos, adjetivos, pronomes adjetivos e numerais alteram suas terminações em função do substantivo que acompanham na frase.

A menina vestia um vestido florido.

Casos gerais de concordância entre:

ADJETIVO E SUBSTANTIVO

- O adjetivo concorda em gênero e número com o substantivo a que se refere:

> **As calças amarelas** compunham o guarda-roupa de Sofia.
> **O short amarelo** compunha o guarda-roupa de Sofia.

- Um único adjetivo que se refere a vários substantivos de gêneros ou números diferentes:

Se o adjetivo vier *antes* dos substantivos, concordará com o substantivo mais próximo.

> **As antigas** mesas e sofás sumiram da igreja.

Se o adjetivo vier *depois* dos substantivos, poderá ir para o masculino plural ou concordará com substantivo mais próximo.

> A revista e o jornal **americano** trouxeram
> a notícia da morte do Rei do Pop.
> A revista e o jornal **americanos** trouxeram
> a notícia da morte do Rei do Pop.

- Quando mais de um adjetivo se refere a um único substantivo.

O substantivo vai para o plural e omite-se o artigo do segundo adjetivo.

> **As culinárias francesa e italiana** são apreciadas nos quatro cantos mundiais.

O substantivo fica no singular com a obrigatoriedade de se repetir o artigo antes de cada adjetivo.

> **A culinária francesa e a italiana** são apreciadas nos quatro cantos mundiais.

PREDICATIVO E SUJEITO

- Predicativo de sujeito simples: o predicativo sempre concordará em gênero e número com o sujeito simples.

> Os meus lábios permaneciam **calados.**

- Predicativo de sujeito composto: Quando o predicativo anteceder (antes) o sujeito formado por substantivos de gêneros diferentes, poderão acontecer as seguintes concordâncias:

> **Ir para o plural: São calados** a menina e o rapaz.
> **Concordar com o substantivo mais próximo: É calada** a menina e o rapaz.

Quando o predicativo suceder (depois) o sujeito, poderão acontecer as seguintes concordâncias:

Caso o sujeito seja formando por substantivos do mesmo gênero, o predicativo vai para o plural respeitando o gênero dos substantivos.

> A blusa e a calça eram **estampadas**.

Caso o sujeito seja formando por substantivos de gênero diferente, o predicativo ficará na forma masculina plural.

> A blusa e o vestido eram <u>estampados</u>.

- Predicativos de sujeito representados por pronomes de tratamento.

Pronomes de tratamento sempre se conjugam na terceira pessoa.

> **Sua** Alteza viajará pela Europa.

E o adjetivo sempre concorda com o sexo da pessoa a quem o pronome de tratamento faz referência.

> Sua Majestade está **furiosa** com o desenrolar da guerra. (rainha)
> Sua Majestade está **furioso** com o desenrolar da guerra. (rei)

NÚMEROS E SUBSTANTIVOS

- Os numerais cardinais concordam com o substantivo a que se referem.

> **Duzentas pessoas** assistiram à peça "Dona flor e seus dois maridos".

- Quando o numeral estiver acompanhado de artigo, o substantivo poderá ficar no singular ou ir para o plural.

> **A quarta e a quinta festa** da faculdade foram as melhores.
> **A quarta e a quinta festas** da faculdade foram as melhores.

- Não tendo repetição de artigo, o substantivo vai para o plural.

> **A quarta e quinta festas** da faculdade foram as melhores.

PRONOMES E SUBSTANTIVOS

- Os pronomes concordam em gênero e número com os substantivos a que se referem.

> Naquela rua do bairro mais antigo da cidade, **poucas casas** ainda permaneciam conservadas.

- Caso o pronome se refira a mais de um substantivo de gênero diferente, a concordância será no masculino plural.

> Flores e bombons, recebera-**os** sem saber o remetente.

PARTICÍPIO E SUBSTANTIVOS

- O particípio sempre concordará em gênero e número com o substantivo a que se refere.

> **Terminada a reunião**, fomos embora.
> **Terminado o congresso**, partiremos para a França.

Outros casos especiais de concordância nominal

- As expressões: **É NECESSÁRIO, É PRECISO, É BOM, É PROIBIDO** poderão ter as seguintes concordâncias:

Ficam invariáveis quando usadas em frases com sujeito sem determinantes.

> **É necessário** punição aos criminosos.
> **É preciso** liberdade de expressão e ética no jornalismo.
> **É bom** água com açúcar para acalmar.
> **É proibido** permanência no recinto.

Concordam com os substantivos quando usadas em frases com sujeito acompanhado de determinante.

> **É necessária** a punição aos criminosos.
> **É boa a água** com açúcar para acalmar.
> **É proibida** a permanência no recinto.

- As palavras: **ANEXO, PRÓPRIO, INCLUSO, MESMO, OBRIGADO,** devem concordar com o substantivo a que se referem.

> No relatório, estão **anexas** as provas da fraude.
> **Os próprios** moradores apagaram o fogo.
> As passagens de avião estão **inclusas** no pacote.
> **A mesma** boca que beijei, hoje me nega um sorriso.
> **Obrigada**, disse a moça a sorrir.
> As revistas eram **baratas.**

- As palavras **BASTANTE** e **MEIO** poderão ter as seguintes concordâncias:

> **Observação:** As palavras caro, muito, longe e pouco seguem as mesmas regras de bastante.

Ficam invariáveis se forem usadas como advérbio.

> Maria estava **meio** cansada.
> Os indicados ao prêmio de melhor ator estavam **bastante** apreensivos.

Concordam com o substantivo se forem usados com adjetivos ou numeral fracionado.

> Comprei **meia** melancia.
> O jogador respondeu **bastantes** perguntas à imprensa sobre a derrota na Copa.

- A palavra **Só** quando exerce a:

Função de advérbio equivale a somente, tornando-se invariável.

> **Só** elas, são as grandes vencedoras.
> **Só** ele, sofria com o desprezo.

Função de adjetivo equivale a sozinho, tornando-se variável.

> As crianças brincavam **sós.**

> **Observação:** a expressão **a sós** é invariável. Veja:
> Estiveram **a sós** por um único instante.
> Estive **a sós** por um único instante.

- A expressão **MENOS** é sempre invariável.

> Os cursos destinados à licenciatura são os **menos** concorridos.
> A cada dia que passa **menos** mulheres querem se dedicar apenas a cuidar da casa.

- A palavra **POSSÍVEL** poder ser invariável ou variável.

Quando usada em expressões superlativas com o artigo no singular, torna-se invariável.

> Tentei escrever o maior número de páginas **possível**.

Quando houver um artigo flexionado precedendo a palavra possível, essa será variável.

> Os livros que escolhemos são os melhores **possíveis**.

EXERCÍCIOS

1. Faça a concordância nominal.
a) Pai e filhas educad____.
b) Pêra e melão delicios____.
c) Estavam medros____ as garotas e rapazes.
d) Foi ela mesm____ que me falou a verdade.
e) Visitei bastant____ lugares do Brasil, alguns bastant____ desenvolvid____.
f) Já estão inclus____ as taxas de embarque.
g) No supermercado alimentos são car____, enquanto bebidas são barat____.
h) ____ Alteza, a rainha, está furios____.
i) Maria, Melissa e eu _____ (ir) ao cinema.
j) Men____ crianças, a cada dia que passa, ficam sem frequentar a escola.
k) Compreis sapatos e bolsas pret____.
l) Foram salv____ as mulheres e o padre.
m) Pernas e braços fraturad____.

2. (FURG) Na frase "Os moços percebem novas realidades que os velhos não conhecem", se substituíssemos a palavra "realidades" por "realidade", quantas outras precisariam OBRIGATORIAMENTE de ajuste na concordância?

a) Três
b) Duas
c) Quatro
d) Uma
e) Nenhuma

3. (ACAFE-SC) Em relação à concordância nominal da expressão destacada, todas as frases estão corretas, exceto:

a) Na minha rua há **menos** casas que na sua.
b) **Os surdos-mudos** sentiam-se atordoados no meio da multidão.
c) É terminantemente **proibido** entrar pela porta da frente.
d) Ficaram **meio** surpresas com a minha decisão de viajar.
e) Dois meninos de **olhos castanhos-claros** me olhavam assustados.

4. (IBMEC) Assinale a alternativa que preenche corretamente as lacunas do texto abaixo:

É terminantemente _____ entrada de pessoas alcoolizadas neste ambiente de trabalho. Ainda que _____ _____ pessoas insatisfeitas com o andamento da empresa, não há motivos para afrontas. Liberdade é _____, respeito também. _____ nos comprovantes de pagamento deste mês estão as cópias dos documentos requeridos para o cadastramento no programa de demissão voluntária.

a) Proibido, haja, bastantes, necessária, inclusos.
b) Proibida, haja, bastante, necessário, inclusas.
c) Proibida, hajam, bastantes, necessário, inclusas.
d) Proibido, haja, bastantes, necessário, inclusas.
e) Proibida, haja, bastante, necessária, inclusas.

5. (UM-SP) Na frase "As negociações estariam **meio** abertas só depois de **meio** período de trabalho", as palavras destacadas são, respectivamente:

a) Adjetivo, adjetivo
b) Advérbio, advérbio
c) Advérbio, adjetivo
d) Numeral, adjetivo
e) Numeral, advérbio

GABARITO

1.
a) Educadas ou educados
b) deliciosos
c) medrosas
d) mesma
e) Bastantes, bastante, desenvolvidos
f) inclusas
g) caros, baratas
h) Sua, furiosa
i) fomos
j) menos
k) pretas ou pretos.
l) salvas
m) fraturados

2. Alternativa D
3. Alternativa E
4. Alternativa D
5. Alternativa C

CAPÍTULO 20

CONCORDÂNCIA VERBAL

A concordância verbal é quando o verbo concorda em número e pessoa com o sujeito da oração.

A lua bailava no céu e as estrelas a iluminavam.

Casos gerais de concordância entre:

- **Verbo e sujeito simples:** o verbo sempre concordará em número e pessoa com o sujeito a que se refere.

> As musas inspiradoras **cantam** em meu ouvido belíssimas canções.

- **Verbo e sujeito composto**: nessa formação admitem-se duas concordâncias:

O verbo vai para o plural.

> A mesa e a cadeira **são** de madeira.

Admite-se o verbo no singular ou plural quando:

> O sujeito é formado por palavras sinônimas ou representam um conjunto significativo.
>
> A felicidade e o amor **permeia** o meu coração.
> A felicidade e o amor **permeiam** o meu coração.

> O sujeito é formando por elementos gradativos.
>
> O vento, a brisa, o ar **tocou** o meu rosto.
> O vento, a brisa, o ar **tocaram** o meu rosto.

O verbo fica no singular quando:

> O sujeito refere-se à mesma pessoa ou objeto.
>
> A casa, a moradia, o lar **é** sonho de muitos e realidade de poucos.

> O sujeito composto é resumido por tudo, nada e ninguém.
>
> Pai, mãe, irmãos, ninguém **impedirá** os meus sonhos.

- **Verbo anteposto (antes) ao sujeito composto.**

O verbo vai para o plural.

> **Abriram-se** a janela e porta da misteriosa mansão.

Admite-se a possibilidade da concordância com o núcleo mais perto.

> No congresso, **estava** o presidente e os governadores.

- **Verbo e sujeito composto por pessoas diferentes.**

O verbo vai para o plural da pessoa que prevalecer:

A 1ª pessoa prevalece em relação a 2ª e 3ª pessoas.

> Maria, você e eu **fomos** ao Parque Ibirapuera.

2ª pessoa prevalece em relação a 3ª pessoa.

> Tu e José **sereis** felizes.

- **Verbo e sujeito representado por um coletivo.**

Se o sujeito é formado por um coletivo, o verbo concordará em número e pessoa com ele.

> A quadrilha **fugiu** da polícia.
> As quadrilhas **fugiram** da polícia.

Se o sujeito é formado por um coletivo seguido de um adjunto adnominal admitem-se duas concordâncias:

O verbo concorda com o núcleo do sujeito (o coletivo).

> O enxame de abelhas **atacou** o menino.

O verbo concorda com o adjunto adnominal quando se quer dar ênfase para tal elemento.

> O enxame de abelhas **atacaram** o menino.

Observação: As mesmas regras do coletivo aplicam-se em sujeito formados por número percentual:

> Um por cento das arrecadações foi doada.
> Um por cento das arrecadações foram doadas.
> Cem por cento das doses foi aplicada.
> Cem por cento das doses foram aplicadas.

Quando o numeral estiver acompanhado de determinantes, o verbo concordará com o numeral.
> Os cem por cento dos estudantes fizeram a prova.

- **Verbo e sujeito constituído de pronomes de tratamento**: nessa construção o verbo sempre irá conjugar-se na 3ª pessoa.

> Vossa Magnificência **realizou** a abertura do congresso.

Outros casos especiais de concordância verbal

- **Verbo e sujeito constituídos por nomes próprios só usados no plural.**

Quando o nome próprio não estiver acompanhado de artigo, o verbo fica no singular.

> Estados Unidos **atacou** o Japão com bombas nucleares, em 1945.

Quando o nome próprio estiver acompanhado de artigo, o verbo vai para o plural.

> Os Estados Unidos **atacaram** o Japão com bombas nucleares, em 1945.

- **Verbo e sujeito constituídos pelo pronome relativo QUE.**

Quando o sujeito for composto pelo pronome relativo que, o verbo concordará em número e pessoa com a palavra antecessora desse pronome.

> Era eu que **mandava** as cartas secretas.
> São eles que **merecem** ganhar o prêmio.

- **Verbo e sujeito constituídos pelo pronome relativo QUEM.**

Quando o sujeito for composto pelo pronome relativo quem, o verbo irá para a 3ª pessoa do singular.

> Fui eu quem **contou** toda a verdade.
> Éramos nós quem **comprou** os últimos ingressos.

- **Verbo e sujeito composto formado por infinitivos.**

Sujeito no infinitivo acompanhado de determinantes (artigo, pronome, etc), o verbo vai para no plural.

> O compreender e o refletir **são** necessários para o pensamento do ser humano.

Sujeito do infinitivo sem a presença de determinantes, o verbo fica no singular.

> Compreender e refletir **é** necessário para o pensamento do homem.

- **Verbo e núcleos do sujeito ligados pela conjunção ou**.

Quando a conjunção ou expressar ideia de exclusão, o verbo fica no singular.

> José Serra ou Dilma Rousseff **ganhará** as eleições de 2010.

Quando a conjunção ou não expressar ideia de exclusão o verbo vai para o plural.

> Palmas ou Manaus **são** lindas capitais de ser visitadas.

- **Verbo e núcleos do sujeito ligados pela preposição com. nesse caso, o verbo irá para plural.**

> O técnico com os seus jogadores **desembarcaram** na cidade maravilhosa.

Observação: nessa construção admite-se que o verbo fique no singular, caso queira dar ênfase ao núcleo do sujeito que está no singular.

- **Verbo acompanhado da partícula se.**

Quando o verbo estiver acompanhado pela partícula apassivadora se, ele concordará com o sujeito da oração.

> **Vendem**-se roupas.

Quando a partícula se indicar índice de indeterminação do sujeito, o verbo ficará no singular.

> **Precisa-se** de costureiras.

- **Verbo e sujeito formado pelas expressões:**

Expressão	Regra de concordância	Exemplo
Um ou outro	O verbo fica no singular	Um ou outro contará a verdade.
Um e outro Nem um nem outro Nem...nem	O verbo vai para o plural	Nem meu pai nem minha mãe saberão com estou.
Um dos que Uma das que	O verbo vai para o plural	O presidente foi um dos que defenderam a prova da lei contra a poluição ambiental.
Mais de Menos de	O verbo concordará com o numeral que acompanha a expressão.	Mais de um candidato teve o mandato cassado. Mais de vinte candidatos tiveram o mandato cassado.
Quais de nós Quantos de nós Alguns de nós Muitos de nós	O verbo poderá ficar na 3ª pessoa do plural se concordar com o pronome indefinido ou interrogativo. Ou o verbo concorda com o pronome pessoal.	Quantos de nós viajarão para o nordeste. Quantos de nós viajaremos para o nordeste?

• **Verbo e sujeito formado por números percentuais**

O verbo poderá concordar com o numeral ou com a palavra a qual se refere.

> Um por cento dos candidatos **promoveu** boca de urna.
> Um por cento dos candidatos **promoveram** boca de urna.

O verbo obrigatoriamente concordará com o numeral se este estiver acompanhado de um determinante.

> <u>Os</u> vinte e cinco por cento do artista **foram depositados** em uma conta bancária.

Concordância de alguns verbos

Verbo	Regra de concordância	Exemplo
Dar **Soar** **Bater**	Quando esses verbos indicam horas, a concordância acontece com o número das horas.	**Deram** seis horas, ele não tinha chegado. **Deu** uma hora no relógio mais famoso do mundo: o Big-bang.
Faltar **Sobrar** **Bastar**	Esses verbos concordam com o sujeito em número e pessoa.	**Faltam** dois meses para o nascimento do bebê. **Sobrou-me** apenas a lembrança do passado. **Bastam** dois dias de repouso e estará recuperado.

Haver **Fazer**	Com são verbos impessoais ficam na 3ª pessoa do singular.	**Faz** três anos que namoramos. **Há** várias oportunidades de empregos o que falta é profissionais qualificados.
Parecer	Quando o verbo vier antes do infinitivo admitem-se duas concordâncias: Flexiona-se apenas o infinitivo. Flexiona-se apenas o verbo parecer. Quando o verbo aparecer em uma oração desenvolvida, o verbo ficará no singular.	As estrelas **parecia** bailarem no céu. As estrelas **pareciam** bailar no céu. Os seus **parecia** que queriam revelar alguma coisa.
Ser	Quando sujeito e predicativo possuírem flexões diferentes o verbo vai para o plural. Quando o sujeito e o predicado referirem-se à pessoa, o verbo concordará com ela.	A vida **são** momentos de altos e baixos. Marcos **era** as angústias da família.

Ser	Quando o sujeito ou predicativo for pronome pessoal, o verbo concordará com o pronome.	A vencedora do concurso **sou** eu.
	Quando o sujeito for tudo, aquilo, isso, isto, o verbo concordará com o predicativo	Tudo **eram** mentiras no nosso casamento.
	Quando o verbo estiver indicando hora, dias ou distância, ele concordará com o numeral.	**São** duas léguas de distância. **Eram** quatorze de janeiro quando ela partiu. **É** primeiro de janeiro.
	Quando acompanhado dos pronomes interrogativos que ou quem, o verbo concordará com o predicativo.	Que **são** figuras de linguagem? Quem **é** você?
	Quando o sujeito indicar peso, medida, quantidade e vier acompanhado das palavras ou expressões pouco, muito, menos de, o verbo ficará no singular.	Dois quilos de açúcar **é** muito. Dez toneladas de cana **é** menos do que necessitamos.

EXERCÍCIOS

1. Os verbos impessoais, exceto o verbo ser, não têm sujeito e por isso são conjugados na terceira pessoa do singular. Com base nessa afirmação, corrija as frase abaixo:

a) Vão fazer 4 anos que estou casada.
b) Fazem duas semanas que não como direito.
c) Podem haver mais de dez pessoas soterradas nos escombros.
d) Haviam pelo menos vinte pessoas desaparecidas.
e) Devem haver muitos alunos na sala.

2. Explique a diferença que existe entre o emprego do Haver nas orações abaixo:

Havia muitos lápis no estojo.
Haviam visto muitos lápis no estojo.

3. (USPI) Considerando as normas da concordância verbal – uma exigência da língua portuguesa, em situações formais, – o enunciado correto está na alternativa:

a) A pesquisa sobre os internautas brasileiros mostraram que existem 14 milhões de internautas.
b) Até pouco tempo, haviam internautas brasileiros que não acessavam a rede por computadores domésticos.
c) Qual dos analfabetos serão mais excluídos: o "e-analfabeto" ou o analfabeto convencional.
d) Nenhum dos analfabetos convencionais será mais excluído que o "e-analfabeto".
e) Se existisse mais "escolas plugadas", o fosso entre "informados" e "desinformados" seria menor.

4. (UFPE) Do ponto de vista gramatical, mais especificamente no âmbito da concordância verbal, analise os dois trechos abaixo.

I- A aquisição da linguagem oral, sua organização e seus códigos exigiram expedientes requintados de associações.
II- Então, apareceram os alfabetos, e vários idiomas, pouco a pouco, começaram a ter uma representação gráfica.

Considerando a concordância

verbal efetuada, podemos fazer as seguintes observações.

1) No primeiro trecho, o sujeito é composto: verbo no plural, portanto.

2) Ainda no primeiro trecho, o plural é o recomendado, como forma de concordar com o complemento "expedientes requintados de associações".

3) No segundo trecho, também ocorre um sujeito composto; por isso o verbo está no plural.

4) A formulação 'apareceu os alfabetos' estaria também correta, uma vez que o sujeito está posposto ao verbo.

5) Em geral, se o sujeito está no plural, o verbo fica no plural: como acontece em 'vários idiomas começaram'.

Estão corretas:
a) 1 e 4 apenas
b) 1 e 5 apenas
c) 2, 3 e 5 apenas
d) 3 e 4 apenas
e) 1, 2, 3, 4 e 5

5. (Unimotes) Qual das frases abaixo admite a outra concordância verbal indicada à direita?
a) "Por isso, meus alunos e eu só podemos compartilhar o tempo atual." (linha 17)- **podem**.
b) "Os fatos de 30 anos atrás não são passado na minha vida." (linha 19) **é**.
c) "Não podemos compartilhar um tempo que, para eles, é passado..." (linhas 17-18)- **compartilharmos**.
d) "Faladas ou escritas, são as palavras que salvam o já vivido..." (linha 25)- **é**.

GABARITO

1.
a) Vai fazer
b) Faz duas
c) Pode haver
d) Havia
e) Deve haver

2.
Na primeira oração o verbo haver é impessoal, por isso é conjugado na terceira pessoa do singular. Na segunda oração o verbo haver é pessoal, por isso possui sujeito indeterminado.

3. Alternativa   D
4. Alternativa   B
5. Alternativa   B

CAPÍTULO 21

REGÊNCIA

A regência é a parte da gramática que estuda as relações entre os termos que compõem uma oração. A regência pode ser *verbal*, quando o termo regente é um verbo, e *nominal*, quando o termo regido é um nome (substantivo, adjetivo ou advérbio).

Regência verbal

Acreditamos em Deus.
⇩   ⇩
termo regente   *termo regido*
(verbo)   *(objeto direto)*

Regência nominal

Os alunos estavam esperançosos de que o castigo fosse esquecido.
⇩   ⇩
termo regente   *termo regido*
(adjetivo)   *(oração subordinada*
                             substantiva completiva nominal)

REGÊNCIA VERBAL

Na Língua Portuguesa encontram-se as seguintes estruturas verbais:

Tipo de verbo	Complemento	Pronomes oblíquos	Exemplo
Verbo intransitivo	São verbos que não necessitam de complementos	-	Maria nadou.

Verbo transitivo direto	Necessita de um objeto direto	o (os) e a(as) e variações	Maria colheu as flores do jardim.
Verbo transitivo indireto	Necessita de um objeto indireto	lhe(s)	Maria precisa de ajuda.
Verbo transitivo Direto e indireto	Necessita de um objeto direto e objeto indireto	o(s) e a (as) e variações e lhe (s)	Maria ofereceu flores ao seu ajudante.
Verbo de ligação	Predicativo	-	Maria é amável.

Entretanto alguns verbos podem ser transitivos diretos ou indiretos. Isso só é possível por causa da regência empregada. Observe alguns casos:

- **Aspirar**

Transitivo direto quando significar "inspirar, sugar, sorver".

> Aspiramos o ar puro do campo.

Transitivo indireto quando significar "ambicionar, desejar, almejar". (necessita da preposição a)

> Os candidatos aspiram ao cargo de presidente.

- **Assistir**

Transitivo indireto quando estiver acompanhado da preposição a e significar "presenciar, ver".

> Assistiu ao jogo de futebol no maior estádio do mundo.

Transitivo indireto quando estiver acompanhado da preposição a e significar "caber, pertencer".

> Assiste à família educar os filhos.

Transitivo direto quando o verbo significar "ajudar, prestar assistência".

> Os bombeiros assistiram os moradores afetados pelo deslizamento no Morro do Bumba.

Intransitivo quando estiver no sentido de "morar, residir", nesse caso vem acompanhado da preposição **em**.

> O presidente da República assiste no Palácio do Planalto.

- **Atender**

Transitivo direto quando significar "conceder, deferir um pedido".

> O pai atendeu as súplicas da filha.

Transitivo direto quando significar "acolher ou receber com atenção".

> A telefonista atendeu as reclamações.

Transitivo indireto quando significar "satisfazer, atentar, observar", vem acompanhado da preposição **a**.

> Aquele vestido atendia à vontade da noiva.

Transitivo indireto quando significar "levar em consideração", vem acompanhado da preposição **a**.

> Eram indisciplinados, mas atendiam aos professores.

- **Chamar**

Transitivo direto quando significar "convidar, convocar".

> O prefeito chamou os parlamentares para uma reunião.

Quando significa "denominar, cognominar, apelidar, tachar" o verbo admite duas construções: transitivo direto ou transitivo indireto.

Transitivo direto (objeto direto + predicativo sem preposição)

> A esposa chamou-o amoroso.

Transitivo indireto (objeto direto + predicativo com preposição)

> A esposa chamou o marido de amoroso.

Transitivo indireto (objeto indireto + predicativo sem preposição)

> O árbitro chamou-lhe de simulador.

Transitivo indireto (objeto indireto + predicativo sem preposição)

> O árbitro chamou o jogador de simulador.

- **Custar**

Transitivo indireto quando significar "ser difícil, ser custoso" é acompanhado da preposição **a**.

> A bola custou a sair do buraco.

Transitivo direto e indireto quando significar "acarretar".

> O ciúme custou-lhe o verdadeiro amor.

- **Esquecer e lembrar**

Transitivos diretos quando não forem pronominais.

> Esqueceram o aniversário da mãe.
> Lembram a infância saudosamente.

Transitivo indireto quando forem pronominais, vêm acompanhados da preposição **a**.

> Esqueci-me do aniversário da minha mãe.
> Lembrei-me da infância saudosamente.

Transitivo indireto quando o verbo esquecer significar "cair no esquecimento" e o verbo lembrar "vir à lembrança".

> Esqueceram-me todas as promessas de amor.
> Esqueceram-me todas as promessas de amor.

Transitivo direto quando o verbo lembrar significar "recordar".

> Alex lembra o meu antigo namorado.

Transitivo direto e indireto quando significar "advertir".

> Lembramos aos vestibulandos o horário de sigilo.

- **Informar**

O verbo informar é um verbo transitivo direto e indireto, entretanto admitem-se duas construções.

> **Tem-se a pessoa com objeto direto e a coisa com objeto indireto.**
> Informamos os alunos do cancelamento da festa.

> **Tem-se a pessoa com objeto indireto e a cosia como objeto direto.**
> Informamos aos alunos o cancelamento da festa.

- **Pagar e Perdoar**

Transitivo direto quando o objeto refere-se à coisa.

> Pagamos a conta da padaria.
> Quem ama perdoa os defeitos da pessoa amada.

Transitivo direto quando o objeto refere-se à pessoa, vem acompanhado da preposição.

> Pagamos ao padeiro.
> A professora não perdoou aos alunos.

Transitivo direto e indireto quando os verbos possuem os dois objetos.

> O patrão pagou os salários aos empregados.
> O banco perdoou as dívidas dos inadimplentes.

- **Precisar**

Transitivo direto ou indireto quando significar "necessitar".

> Preciso mais tempo livre em minha rotina.
> Preciso de mais tempo livre em minha rotina.

Transitivo direto quando significar "marcar". Nesse caso, não é acompanhado da preoposição **de**.

> O relógio da sala precisou dozes badaladas.

- **Proceder**

Intransitivo quando significar "Ter precedência, ter fundamento".

> As críticas aos professores não procedem.

Transitivo indireto quando significar "originar-se, provir de" e estiver acompanhado da preposição **de**.

> As trufas procederam da Itália.

Transitivo indireto quando significar "dar início" e estiver acompanhado da preposição **a**.

> O julgamento procedeu à porta fechada.

- **Querer**

Transitivo direto quando significar "desejar".

> A consultora queria 50 por cento de entrada.

Intransitivo direto quando significar "estimar, gostar" e estiver acompanhado da preposição **a**.

> Quero a meus pais.

- **Visar**

Transitivo direto quando significar "apontar, mirar".

> O arqueiro visou o alvo e disparou a flecha.

Transitivo direto quando significar "passar visto".

> A professora visou o caderno dos alunos.

Transitivo indireto quando significar "pretender, ter em vista", vem acompanhado da proposição **a**.

> O estudante visou ao prêmio de melhor aluno.

Relação de alguns substantivos e adjetivos com as respectivas regências

acessível a	cúmplice em	favorável a	necessário a
aceito a	curioso de	fiel a	negligente em
acostumando a, com	descontente com	generoso com	passível de

afável com, afável para com	doente de	gordo de	perito em
aflito com, aflito por	doutor em	hábil em	piedade de
alheio a, de	devoção a, por, com	impossível de	propenso a
amor a, por	imune a, de	próximo a, de	
apaixonado de, por	dúvida em, sobre, acerca de.	indiferente a	rebelde a
apto a	erudito em	inexorável a	respeito para com, a, com, de, por, para com
bacharel em	essencial para	leal a	rico de, em
conforme a	estéril de	lento a	seguro de
contemporâneo a, de	estranho a	maior de, entre	situado a, em, entre
cuidadoso com	fácil de	menor de	útil a, para

EXERCÍCIOS

1. Aponte o significado dos verbos em destaque de acordo com sua regência.

a) **Assistimos** ao jogo entre Vasco e Flamengo no Maracanã.

b) **Assiste** à professora reprovar o aluno.

c) **Preciso** de mais paciente durante prova.

d) O relógio **precisou** duas horas.

e) O instrutor queria **ajudar** o aluno.
f) O artilheiro **visou** as redes e fez um belo gol.
g) O professor **visou** os livros dos alunos.
h) Márcia **custou** passar na prova de direção.
i) A máquina de minha mãe **custou** a funcionar.
j) **Aspiro** ao cargo de editora chefe.
k) **Aspirei** o ar pura manhã.
l) **Quero** comprar um carro novo.
m) **Quero** a meu namorado.

2. Observando a regência dos verbos, complete as lacunas se necessário.
a) Aspiramos __ o aroma das frutas.
b) Ela aspirou ____ cargo de chefia.
c) Maria assistiu ____ jogo de vôlei.
d) O ministro atende ____ solicitação.
e) Precisa-se ____ operários.

3. Complete as lacunas com a preposição adequada.
a) Seu comportamento não é compatível ____ seu discurso abolicionista.
b) Este jogo é acessível ____ todos os torcedores.
c) O pai é leal ____ mulher.
d) João tornou-se doutor ____ educação.
e) Ele é seguro ____ suas ações.
f) Maria é cuidadosa ____ seus pais.

4. (UNCISAL) A frase inteiramente correta quanto à regência verbal e nominal é:

a) Após ao filme, fui convidado a sentar na mesa de debates promovida pela imprensa.
b) A luz esbranquiçada que banha ao filme foi alvo para diferentes debates acadêmicos.
c) Ao longo do filme, alguns personagens descobrem sobre o que realmente os aflige.
d) Perguntaram ao diretor se o filme realmente respeitava o livro de Saramago.
e) O filme cativou a todos aqueles que o assistiram.

Leia o fragmento do poema "Canção do vento e da minha vida", de Manuel Bandeira, e responda à questão a seguir.

O vento varria as folhas,
O vento varria os frutos,
O vento varria as flores...

E a minha vida ficava
Cada vez mais cheia
De frutos, de flores, de folhas.

5. (UFMS) Tanto o verbo varrer quanto o adjetivo cheia regem complementos. Observe a presença ou a ausência de preposição nesses dois casos e responda.

001) Varrer é um verbo transitivo indireto, o que pressupõe uma ação indireta do eu lírico sobre as coisas que o circundam.
002) O termo vento é sujeito do verbo varrer que se liga diretamente aos seus complementos.
004) O valor semântico da preposição de em "cheia de..." é o de qualidade, caráter.
008) Os complementos do adjetivo cheia – frutos, flores, folhas – ligados a ele com o auxílio da preposição de, exercem a função sintática de complemento nominal.
016) A função sintática dos complementos do verbo varrer é a de objeto indireto.

b) Pertencer, caber
c) Ter necessidade
d) Marcar
e) desejar
f) Apontar, mirar
g) Dar visto
h) Ter dificuldade
i) Custar a funcionar.
j) almejar
k) Respirar
l) Desejar
m) Estimar, gostar

2.
a) -
b) ao
c) ao
d) -
e) de

3.
a) com
b) a
c) a
d) em
e) de
f) com

4. Alternativa   D

5. Alternativas   002+008= 010

GABARITO

1.
a) Ver o jogo

CAPÍTULO 22

CRASE

Na Língua Portuguesa, a crase, indicada pelo acento grave (`), representa a fusão de duas vogais idênticas: a +a = à. Para que ocorra essa fusão é necessário que a preposição a venha seguida de:

- o artigo feminino a ou as

> Fui a + a praia.
> Fui à praia.

- a letra a dos pronomes aquele (s), aquela(s) e aquilo(s)

> Fui a+ aquele bar.
> Fui àquele bar.

- o artigo a do pronome relativo a qual e flexão (as quais)

> A escola a + a qual iremos fica longe.
> A escola à qual iremos fica muito longe.

- o pronome demonstrativo a ou as (=aquela, aquelas)

> Esta revista é semelhante a+ a que me mostraste.
> Esta revista é semelhante à que me mostraste.

Como descobrir o uso da crase?

Haverá crase quando o termo anterior exigir a preposição **a** e o termo posterior admitir o artigo **a** ou **as**. Para saber se o uso da crase faz-se necessário, basta trocar o termo posterior a crase por uma palavra masculina correspondente, se nessa modificação aparecer a preposição ao, significa que o uso da crase é necessário.

REGRAS PARA USO DA CRASE		
Emprego	**Casos**	**Exemplos**
Crase obrigatória	Em locuções adverbiais (femininas) de tempo, modo e lugar. (à vista, à direita, às escondidas, às escondidas, às vezes, à parte, às claras, à disposição de, à toa)	Cheguei às duas da tarde. Casou às escondidas. Vire à esquerda. *Observação:* Para saber se a crase é necessária em expressões que indicam números, basta trocar o número por meio-dia e se obtiver ao meio dia usa-se crase.
	Em locuções prepositivas: à+ palavra feminina + de. (à procura de, em frente à, à beira de, à espera de, à roda de)	Ela saiu à procura de emprego. Em frente à farmácia há um ponto de ônibus.

Crase obrigatória	Em locuções conjuntivas: à+palavra feminina+que. (à medida que, à proporção que)	À medida que pensava, percebia o erro.
	Diante das expressões: à moda de e à maneira de, mesmo que essas palavras estejam subentendidas e diante de palavras masculinos.	Fez o gol à Romário.(à moda de Romário). Saiu à francesa. (à maneira dos franceses)
Crase opcional	Diante de pronomes possessivos femininos: minha, sua, nossa	Dirigiu-se à minha mãe. Dirigiu-se a minha mãe.
	Com nomes próprios de pessoas do sexo feminino.	Eu me referi à Marli. Eu me referi a Marli.
	Depois da preposição até.	A rua vai até à rodovia. A rua vai até a rodovia.
Crase proibida	Diante de palavras masculinas	Eu andava a cavalo.
	Diante de verbos	Graciele começou a estudar.
	Diante das palavras esta, essa, cuja	De valor a essa conquista.

223

Crase proibida	Com pronomes pessoais, inclusive de tratamento.	Obedeço a ela, com muito orgulho.
	Diante de palavras que estejam no plural enquanto o artigo/preposição estiver no singular.	Refiro-me a crianças de 5 anos de idade.
	Entre palavras repetidas.	Eles ficaram frente a frente pela última vez.
	Diante da palavra casa no sentido de lar, moradia.	Voltamos cedo a casa.
	Diante da palavra terra no sentido oposto a água.	Os sobreviventes chegaram a terra.

Observação: Diante de nome de lugares verifica-se ou não o uso da crase. Para saber se o uso faz-se necessário, formular-se uma frase com o nome do lugar mais o verbo *vir*, caso obtenha a combinação da o uso da crase é permitido:

Vou à França. (Venho da França)
Vou a São Paulo. (Venho de São Paulo)

Mas caso o nome de lugar vier determinado, o uso da crase será obrigatório.

Vou à antiga São Paulo. (Venho da antiga São Paulo)
Vou à velha Paris. (Venho da velha Paris)

EXERCÍCIOS

1. Coloque adequadamente o acento indicativo da crase.

a) Fui a cidade a fim de comprar um vestido.
b) Para ir a festa, comprei um vestido novo.
c) Tome o remédio gota a gota.
d) Estou a seu dispor a qualquer hora a menos que surja algum imprevisto.
e) Fizeram referência a alunas dedicadas.
f) Não se obedece a lei.
g) Sua posição é semelhante a que defendi ontem.
h) Entregue o bilhete aquele homem.
i) Iremos a bela praia.
j) Preciso cortar a Chanel.
k) Andamos a cavalo durante toda a manhã.
l) Não pude dar a minha mãe os parabéns.

2. Explique a diferença de sentido entre as orações abaixo:

a) Chegou a noite.
Chegou à noite.
b) Saiu a francesa.
Saiu à francesa.
c) Alfredinho cheirava a gasolina.
Alfredinho cheirava à gasolina.

3. (UFAL) A utilização do sinal indicativo de crase tem relação, também, com a regência dos verbos. Sabendo disso, assinale a alternativa na qual esse sinal foi corretamente utilizado.

a) Quando fala em 'infinitude da língua', o autor se refere à incalculáveis usos possíveis da língua.
b) Algumas 'proibições' na língua atrelam-se mais à preconceito do que à reflexões sobre os usos.
c) Há regras gramaticais absurdas, que chegam à proibir certos usos que já são correntes.
d) A atitude de 'autoritarismo linguístico', à qual o autor alude no texto, está longe de ser superada.
e) No texto, o autor dirige sua crítica à todos que adotam uma visão normativa da gramática.

4. (UNCISAL) Considere as frases:

I. Um dos cientistas perguntou àquele jovem pesquisador como havia conseguido aquilo.
II. Dirigiu-se à todos os presentes e apresentou, com entusiasmo,

os resultados do projeto.
III. Uma rede de pesquisadores de várias partes do mundo garantiu à realização do projeto.

O uso da crase está correto, de acordo com a norma culta, apenas em:

a) I.
b) II.
c) III.
d) I e II.
e) II e III.

5. (Fuvest-SP) _____ noite, todos os operários voltaram _____ fábrica e só deixaram o serviço_____ uma hora da manhã.

a) Há, à, à
b) A, a, a
c) À, à, à
d) À, a, há
e) A, à, a

e) Fizeram referência a alunas dedicadas.
f) Não se obedece à lei
g) Sua posição é semelhante à que defendi ontem.
h) Entregue o bilhete àquele homem.
i) Iremos à bela praia.
j) Preciso cortar à Chanel.
k) Andamos a cavalo durante toda a manhã.
l) Não pude dar à minha mãe os parabéns.

GABARITO

1.
a) Fui à cidade a fim de comprar um vestido.
b) Para ir à festa, comprei um vestido novo.
c) Tome o remédio gota a gota.
d) Estou a seu dispor a qualquer hora a menos que surja algum imprevisto.

2.
a) A primeira oração significa que o dia anoiteceu. A segunda oração significa que uma pessoa chegou no período noturno em determinado local.
b) A primeira oração significa que uma pessoa de origem francesa saiu. A segunda oração significa que uma pessoa saiu à maneira dos franceses.
c) A primeira oração significa que Alfredinho estava com cheiro de gasolina. A segunda oração significa que Alfredinho estava aspirando o cheiro da gasolina.

3. Alternativa D
4. Alternativa A
5. Alternativa A

CAPÍTULO 23

AS FUNÇÕES DAS PALAVRAS QUE E SE

A PALAVRA QUE

Funções Morfológicas do QUE		
Função	**Contexto**	**Exemplo**
Substantivo	Quando vier acompanhado de artigo ou determinante, for acentuada e equivaler a alguma coisa.	Ela tem um quê de sedução.
Preposição	Quando ligar dois verbos e equivaler a de.	Tenho que estudar para a prova de português.
Interjeição	Quando exprimir um espanto e estiver acentuado.	Quê! Você passou!
Advérbio	Quando modificar um adjetivo ou outro advérbio e equivaler a quão ou quanto.	Que linda é a sua casa.
Partícula expletiva ou de realce	Quando exprimir ênfase e puder ser retirado sem comprometer o sentido da frase.	Elas é que decidiram voltar ainda hoje.

Pronome relativo	Quando referir-se ao termo antecedente, pode ser substituído por o qual, a qual, os quais e as quais.	Esta é a mala que perdemos.
Pronome indefinido substantivo	Quando equivaler a que coisa.	Você gosta de quê?
Pronome indefinido adjetivo	Quando vier junto e modificar o substantivo.	Que comida é essa? Que roupa é essa?
Conjunção	Quando ligar duas orações, podem ser classificado como: Conjunção coordenativa ou Conjunção subordinativa	Venha logo, que estou esperando. Espero que conte toda a verdade.

Além das funções morfológicas, a palavra que poderá assumir as seguintes funções sintáticas:

- **Sujeito:** A lua, que é luz dos amantes, está encoberta pelas nuvens.
- **Objeto direto:** Os livros que escrevo são a minha liberdade.
- **Objeto indireto:** Os jogos a que assistimos foram espetaculares.
- **Predicativo do sujeito:** A flor que era belíssima morreu.
- **Complemento nominal:** Os objetos de que precisamos, acabaram de chegar.
- **Adjunto nominal:** O vestido com que fui a festa rasgou.
- **Agente da passiva:** Veja todas as razões por que não caso.

A PALAVRA SE

Funções Morfológicas do SE		
Função	**Contexto**	**Exemplo**
Pronome — Pronome apassivador ou partícula apassivadora	Quando empregado com verbos transitivos diretos na voz passiva pronominal ou sindética.	Vendem-se casas.
Pronome — Índice de indeterminação do sujeito	Quando empregado com verbos intransitivos ou transitivos indiretos, com função de indeterminar o sujeito.	Precisa-se de professores de língua inglesa.
Pronome — Pronome reflexivo	Quando equivaler a sim mesmo, podendo desempenhar as seguintes funções sintáticas: • Objeto direto: com verbos transitivos diretos.	Capitu penteou-se lentamente. Maria acha-se muito importante.

229

Pronome	Pronome reflexivo	• Objeto indireto: com verbos transitivos indiretos.	
		• Partícula integrante do verbo: quando se associa a verbos pronominais sem função sintática.	A mãe orgulha-se de todos os filhos.
		• Sujeito de um infinitivo.	Maria deixou-se envolver pelas doces palavras de Miguel.
Conjunção	Subordinativa integrante	Quando utilizado em orações subordinados substantivas.	José não sabe se vai passar na prova de direção.
	Subordinativa condicional	Quando utilizado em orações subordinadas adverbiais condicionais	Se não casar, vai ficara para titia.
	Partícula expletiva ou de realce	Quando é usada apenas para realçar, sem função sintática.	Os estudantes saíram-se cabisbaixos.

EXERCÍCIOS

1. Dê o significado da palavra quê.

a) Não consegui o quê da questão.
b) Que saudade é essa que me machuca.
c) Espero que ninguém falte à reunião.
d) O objeto tinha forma de quê?
e) Que desagradável essa mulher?
f) Quê! Ainda não terminou.
g) Eu que sei dos meus problemas.
h) Tenho que estudar para a prova.
i) Devolvi o dinheiro que me deram por engano.
j) Que linda foi a sua atitude!
k) Quase que eu falo um palavrão.

2. Dê a função da palavra se.

a) Esta classe formou-se de bons alunos.
b) Irá à festa se fizer toda a lição de casa.
c) Precisa-se de motoristas.
d) Ajoelhou-se, tem que rezar.
e) Compram-se livros.
f) Ele se foi para sempre.
g) Come-se bem aqui.
h) Olhava-se no reflexo do rio.
i) Perguntei se todos estavam presentes.
j) Ela se queixou de dores.

3. Na frase "Não sei o que ele me trouxe", da função sintática a palavra **que** é:

a) Objeto indireto
b) Sujeito
c) Complemento nominal
d) Predicativo do sujeito
e) Objeto direto

4. A palavra se na frase "Não sei se o problema está resolvido", tem a função de:

a) Conjunção subordinativa integrante
b) Conjunção subordinativa condicional
c) Partícula integrante do verbo
d) Índice de determinação do sujeito
e) Pronome reflexivo

5. (Enem) Observando as falas das personagens, analise o emprego do pronome SE e o sentido que adquire no contexto. No contexto da narrativa, é correto afirmar que o pronome SE,

(QUINO. *Mafalda inédita*. São Paulo: Martins Fontes, 1993)

a) em I, indica reflexividade e equivale a "a si mesmas".
b) em II, indica reciprocidade e equivale a "a si mesma".
c) em III, indica reciprocidade e equivale a "umas às outras".
d) em I e III, indica reciprocidade e equivale a "umas às outras".
e) em II e III, indica reflexividade e equivale a "a si mesma" e "a si mesmas", respectivamente.

GABARITO

1.
a) substantivo
b) pronome adjetivo indefinido/ pronome relativo
c) conjunção
d) pronome substantivo indefinido
e) adjetivo
f) interjeição
g) partícula de realce
h) preposição
i) conjunção
j) adjetivo
k) partícula de realce.

2.
a) partícula apassivadora
b) conjunção subordinativa condicional
c) índice de indeterminação do sujeito
d) partícula integrante do verbo
e) partícula apassivadora
f) partícula de realce
g) índice de indeterminação do sujeito
h) pronome reflexivo objeto direto
i) conjunção integrante
j) parte integrante do verbo

3. Alternativa E
4. Alternativa A
5. Alternativa E

CAPÍTULO 24

PONTUAÇÃO

A pontuação é expressa por elementos (sinais) que exercem a função de marcar as pausas e entonações na leitura; separar palavras, expressões ou orações; distanciar o duplo sentido, esclarecendo as extensões da frase. A inversão da pontuação pode, em muitos casos, inverter a significação.

> **Observações**: É essencial saber que nunca se separa termos essências de uma oração (sujeito, verbo, objetos e predicativos).
>
> Eu disse a verdade. (eu- sujeito, disse –verbo, a verdade – objeto direto)

VÍRGULA (,):

- Empregada para separar orações justapostas.

> A rua, a avenida, os prédios, as calçadas são características da cidade.

- Empregada para separar vocativos.

> Caro Eduardo, espero que esteja tudo bem.

- Empregada para separar aposto ou certos predicativos.

> Afonso Henrique, nosso diretor, chegou mais cedo do que todos.

- Empregada para exprimir explicações.

> A pátria, isto é, o país de nascimento, de origem não precisa ser exaltado.

- Empregada para isolar orações intercaladas:

> Dessa maneira, disse ele, não quero mais trabalhar com vocês.

PONTO-E-VÍRGULA (;):

- Indica uma pausa mais leve que a vírgula.

Empregado para separar orações coordenadas.

> Leandro já tentou fazer gols de diversas maneiras; de escanteio, do gol, de bicicleta, algumas vezes teve êxito outras não.

DOIS-PONTOS (:):

- Empregado para anunciar fala de personagens.

> A mãe chegou em casa, dizendo: - não quero que saiam hoje de casa, está muito frio lá fora.

- Empregado antes de citação.

> Como diz o ditado: água mole em pedra dura, tanto bate até que fura.

- Empregado antes de certo apostos, geralmente quando indicam enumeração.

> Tudo contribui para o êxito das férias: o sol, o mar, os amigos, as bebidas.

- Empregado com a finalidade de esclarecer.

> Resultado: todos serão punidos pelas suas ações.

PONTO DE EXCLAMAÇÃO (!):

- Empregado depois de interjeições ou frases exclamativas.

> Meu Deus!

- Depois de aposto pode substituir a vírgula se houve a intenção de enfatizar.

> Menino! Saia daí agora.

PONTO DE INTERROGAÇÃO (?):

- Empregado em perguntas diretas.

> Você não vai viajar conosco por quê?

PONTO FINAL (.):

- Empregado para encerrar o período.

> Eu sei que devo me dedicar para alcançar meus objetivos profissionais.

- Empregado em abreviaturas.

> Prof. Alexandre Magno não estava presente na abertura dos jogos escolares.

RETICÊNCIAS (...):

- Usadas para indicar interrupção ou prolongamento do pensamento.

> Aquele professor... melhor não comentar.

- Empregadas para sugerir continuação.

> Se você me ajudar... prometo... seguir seus conselhos daqui para frente.

- Empregadas com a finalidade de interpelar alguém.

> Mário... você deve participar dessa seleção.

- Empregadas para indicar a supressão de palavras, indicando o corte de determinadas palavras que constituíam um período.

> A arte da guerra explica o autor... faz parte da vida de todos.

PARÊNTESES ( ):

- Indicados para isolar orações, palavras ou termos.

> No inverno agasalhar-se bem (dependendo da intensidade), usando luvas, cachecol, botas, meia calça, chapéu, etc.

TRAVESSÃO (–):

Em algumas situações, ou conforme o estilo que o autor escolhe, pode vir a substituir, vírgulas, parênteses ou dois pontos.

- Usado nos diálogos para marcar mudança de interlocutor.

> – Mãe me ajude com estas compras. Pediu a menina.
> – Já estou a caminho. Retrucou a mãe.

- Usado para separar frases ou expressões explicativas.

> Vou votar nesta candidata – acredito, eu – porque é a mais preparada.

- Usado para ligar os destinos de um itinerário.

> Excursão marcada Goiânia – Rio de Janeiro.

ASPAS (""):

- São usadas para isolar citações.

> "Há momentos em que a maior sabedoria é parecer não saber nada". (A arte da guerra – Sun Tzu)

- Indicadas para marcar as palavras estrangeiras do texto.

> "Liberté, igualité e fraternité" são ideiais franceses que sugiram no período conhecido como iluminismo.

COLCHETES ([ ]):

- Indicados para isolar orações, palavras ou termos, de escritos filosóficos, científicos ou didáticos.

> Literatura [do latim littera] é a capacidade de criar a partir da imaginação.

ASTERISCO (*):

- Usado para indicar nota de rodapé.

- Usado para indicar um verbete, em enciclopédia ou dicionários.
- Usado para substituir um nome que não pretende revelar.

> A revista *

EXERCÍCIOS

1. (IBGE) Assinale a sequência **correta** dos sinais de pontuação que devem ser usados nas lacunas da frase abaixo. Não cabendo qualquer sinal, **O** indicará essa inexistência: Aos poucos .... a necessidade de mão-de-obra foi aumentando .... tornando-se necessária a abertura dos portos .... para uma outra população de trabalhadores ..... os imigrantes.

a) **O** - ponto e vírgula - vírgula - vírgula
b) **O** - **O** - dois pontos - vírgula
c) vírgula, vírgula - **O** - dois pontos
d) vírgula - ponto e vírgula - **O** - dois pontos
e) vírgula - dois pontos - vírgula - vírgula

2. (IBGE) Assinale a sequência **correta** dos sinais de pontuação que devem preencher as lacunas da frase abaixo. Não havendo sinal, **O** indicará essa inexistência. Na época da colonização ..... os negros e os indígenas escravizados pelos brancos ..... reagiram ..... indiscutivelmente ..... de forma diferente.

a) **O** - **O** - vírgula - vírgula
b) **O** - dois pontos - **O** - vírgula
c) **O** - dois pontos - vírgula - vírgula
d) vírgula - vírgula - **O** - **O**
e) vírgula - **O** - vírgula - vírgula

3. (ABC-SP) Assinale a alternativa cuja frase está corretamente pontuada:

a) O sol que é uma estrela, é o centro do nosso sistema planetário.
b) Ele, modestamente se retirou.
c) Você pretende cursar Medicina; ela, Odontologia.
d) Confessou-lhe tudo; ciúme, ódio, inveja.
e) Estas cidades se constituem, na maior parte de imigrantes alemães.

4. (BB) "Os textos são bons e entre outras coisas demonstram que há criatividade". Cabem **no máximo**:

a) 3 vírgulas
b) 4 vírgulas
c) 2 vírgulas
d) 1 vírgula
e) 5 vírgulas

5. Pontue corretamente a crônica seguinte:

Um rapaz procurou Sócrates e disse-lhe que precisava contar-lhe algo sobre alguém
Sócrates ergueu os olhos do livro que estava lendo e perguntou
O que você vai me contar já passou pelas três peneiras
Três peneiras Indagou o rapaz
Sim A primeira peneira é a VERDADE
O que você quer me contar dos outros é um fato
Caso tenha ouvido falar a coisa deve morrer aqui mesmo
Suponhamos que seja verdade
Deve então passar pela segunda peneira a BONDADE
O que você vai contar é uma coisa boa
Ajuda a construir ou destruir o caminho a fama do próximo
Se o que você quer contar é verdade a NECESSIDADE
Convém contar Resolve alguma coisa
Ajuda a comunidade Pode melhorar o planeta
Arremata Sócrates Se passou pelas três peneiras conte
Tanto eu como você e seu irmão iremos nos beneficiar
Caso contrário esqueça e enterre tudo
Será uma fofoca a menos para envenenar o ambiente e fomentar a discórdia entre irmãos

Autor desconhecido

GABARITO

1. Alternativa   C
2. Alternativa   E
3. Alternativa   C
4. Alternativa   C

5.
Sócrates ergueu os olhos do livro que estava lendo e perguntou:

- O que você vai me contar já passou pelas três peneiras?

- Três peneiras? Indagou o rapaz.
- Sim! A primeira peneira é a VERDADE.

O que você quer me contar dos outros é um fato?

Caso tenha ouvido falar, a coisa deve morrer aqui mesmo.

Suponhamos que seja verdade. Deve, então, passar pela segunda peneira a BONDADE.

O que você vai contar é uma coisa boa?

Ajuda a construir ou destruir o caminho a fama do próximo?

Se o que você quer contar é verdade a NECESSIDADE.

Convém contar? Resolve alguma coisa?

Ajuda a comunidade? Pode melhorar o planeta?

Arremata Sócrates: Se passou pelas três peneiras, conte !!!

Tanto eu, como você e seu irmão iremos nos beneficiar.

Caso contrário, esqueça e enterre tudo.

Será uma fofoca a menos para envenenar o ambiente e fomentar a discórdia entre irmãos.

Autor desconhecido

CAPÍTULO 25

FIGURAS DE LINGUAGEM

- **Metáfora:** Acontece com a mudança de significado de um termo, generalizando as particularidades. Na metáfora é possível comparar elementos de forma direta. É valido que nela não há união por elementos extras, porque nestes casos o que acontece é uma comparação.

> São Paulo é uma selva de pedra. (São Paulo é tão grande como uma selva, e o termo pedra faz alusão a ideia de cidade, desvinculando da natureza típica da selva)

Observação: São Paulo é *como* uma selva de pedra. (não é metáfora e sim comparação, pois utilizou o elemento *como*).

- **Metonímia:** substitui uma palavra por outra, que se relaciona com o assunto. As trocas geralmente acontecem:

Efeito para causa

> A gripe espalhou a *morte*. (no lugar de vírus)

Autor pela obra

> Nada melhor do que ler *Drummond*. (no lugar de obras, poesias produzidas por Drummond)

Objeto por pessoa

> Ele ainda é só uma foca. (jornalista inexperiente)

Continente por conteúdo

> A África clama por ajuda. (ao invés de habitantes Africanos)

Lugar por habitantes ou produtos

> Prefiro o madeira. (ao invés do vinho fabricado na ilha da madeira)

Abstrato por concreto

> Levaram a *santidade* para a favela sob proteção do batalhão de operações especiais do Rio de Janeiro. (no lugar do Papa João Paulo II)

Parte pelo todo

> Todos os moradores daquela cidade possuem teto. (ao invés de casa)

Singular pelo plural

> A praia é o lugar predileto do carioca. (ao invés de cariocas, pois se trata da maioria da população do Rio de Janeiro)

Espécie pelo indivíduo

> Siga os mandamentos do bom pastor. (ao invés de Jesus Cristo)

O indivíduo pela espécie

> Aquele menino é o Judas da família. (no lugar de traidor)

A qualidade da espécie

> Esses imortais preferem sangue e fogem do sol. (ao invés de vampiros)

A matéria pelo objeto

> No casamento o tinir dos cristais deixa todos atentos ao discurso.

- **Perífrase:** Os seres são reconhecidos por alguns de seus atributos particulares, ou algum acontecimento histórico que os marcou como tal.

> A *cidade das luzes* é meu sonho de consumo. (referente a Paris, em função do iluminismo)

- **Sinestesia:** Amplia e mistura os sentidos humanos para significações simbólicas.

> Encontrei-me no *calor* dos seus olhos. (calor- sentido tátil, significando expressão forte do olhar, impulsionada pela emoção)

- **Elipse:** Quando há uma supressão de algum termo da frase, conhecido como economia linguística.

> Mariana estava chateada. Preferiu não comentar o assunto para não correr o risco de brigar. (supressão de *ela*, início da segunda oração)

- **Polissíndeto:** Funciona a partir de repetições intencional de conjunções com a finalidade de apresenta uma sequência de ações, apresenta a movimentação das ações.

> Chegaram os alunos, *e* os professores, *e* os pais, *e* os técnicos, *e* os conselheiros, tudo ao mesmo tempo na formatura.

- **Inversão:** Modifica a ordem comum das frases (sujeito-verbo- predicado) com a finalidade de marcar destaque.

> *Aquário*, já não quero mais ter.

- **Anacoluto:** Há uma interrupção da ligação da frase, nos elementos entre si, ficando um elemento completamente perdido na frase, desligado desta, este não exerce nenhum tipo de função e caracteriza o anacoluto.

> Essas crianças de *hoje* são muito avançadas.

- **Silepse:** A concordância acontece com a ideia que se tem dos termos e não com a natureza dos elementos. Também chamada de concordância ideológica, pode acontecer em três casos:

De gênero:

> *Vossa Excelência* será alertada de tudo.
> (vossa excelência = presidente)

De número:

> "*Corria* gente de todos os lados, e *gritavam*". (Mário Barreto)

De pessoas:

> Ela e eu nunca concordamos com nada. (ela e eu = nós)

- **Onomatopeia:** Imitação das vozes ou dos sons dos seres.

> O *zum! zum!* vinha do quarto ao lado, e o incomodava grandemente.

- **Repetição:** Retoma o mesmo termo mais de uma vez com a finalidade de enfatizar uma ideia ou se referir a uma progressão.

> Eu te amo muito, muito, muito.

- **Antítese:** Recurso estilístico em que se aproximam termos, palavras ou expressões com sentido oposto.

> A vida é feita de alegrias e tristezas.

- **Apóstrofe:** O locutor interrompe propositalmente o seu discurso para interpelar as pessoas sobre coisas fictícias ou reais, existentes ou inexistentes.

> "Deus te leve a salvo, brioso e altivo barco,
> por entre as vagas revoltas." (José de Alencar)

- **Eufemismo:** Palavras que suavizam um termo e substituem os termos reais com a finalidade de amenizar uma situação.

> Fulano *bateu as botas*. (morreu)

- **Gradação:** Refere-se a uma colocação em sequência de ideias, sendo distribuídas de forma ascendente ou descendente.

> Estou triste, magoada, depressiva.

- **Hipérbole:** consiste no exagero de expressões com a finalidade de esclarecer as intenções, aumentar a ideia, intensificar o significado.

> Tenho uma *montanha* de trabalho para finalizar.

- **Ironia:** Quando o discurso é dito de maneira inversa, se diz aquilo que não se pensa, com um tom sarcástico.

> Fiquei *muito feliz* com o bolo que levei.
> (quando na verdade ficou triste)

- **Personificação:** Dá voz ou sentimento a seres inanimados ou irracionais, essa figura também é conhecida como animização.

> "Os sinos chamam para o amor." (Mário Quintana)

- **Reticência:** É suspensão do pensamento no meio ou no final da frase, deixando o final ou meio sem colocação.

> "De todas, porém, a que me cativou logo foi uma ... uma ... não sei se digo" (Machado de Assis)

- **Retificação:** Consiste em confirmar uma sentença anterior.

> A jogadora, aliás uma excelente jogadora, não conseguiu fazer nenhum gol na copa do mundo.

CAPÍTULO 26
VÍCIOS DE LINGUAGEM

- **Cacofonia ou cacófato:** A ligação entre duas palavras promove um som ridículo ou estranho, a partir de certos vocábulos das palavras.

> Eu amo ela. (durante a leitura constrói-se a palavra moela, que não tem nada a ver com o contexto)

- **Estrangeirismo:** consiste no emprego de palavras ou expressões estrangeiras em frases portuguesas.

> Estou muito triste, mas fazer o que? c´est la vie! (expressão francesa que significa, é a vida!)

- **Ambiguidade:** Frases que indicam duplo sentido, em função do não esclarecimento de todos os termos da frase.

> Ela e sua amiguinha brincavam em sua casa. (casa de quem?)

- **Barbarismo:** Palavras que possuem algum tipo de erro, seja na forma, seja na significação, seja na pronuncia.

> Vou contratar um bom *adivogado* e vencer essa disputa.

- **Colisão:** Quando consoantes iguais ou semelhantes são postas próximas uma a outra, causando um som desagradável.

  > O *r*ato *r*oeu a *r*oupa do *r*ei de *R*oma.

- **Eco:** Competição das palavras com a mesma terminação, por exemplo, rimas em prosas.

  > Ele me trata com *amor* e *calor*.

- **Obscuridade:** a má colocação dos termos na frase ocasiona a falha na interpretação do assunto.

  > Um fazendeiro tinha um bezerro e a mãe do fazendeiro era também o pai do fazendeiro.

- **Pleonasmo:** Colocação desnecessária dos termos em uma frase, causando a redundância da oração.

  > *Entrei para dentro* e lá estavam eles.

- **Solecismo:** Quando há erro na sintaxe da frase ou oração.

  > *Faziam* anos que não nos víamos. (enquanto o correto é fazia)

- **Preciosismo, rebuscamento**: também conhecido como maneirismo, são orações cheias de palavras bonitas, o famoso "falar bonito", mas sem ideias.

  > O fulvo e voluptuoso Rajá celeste derramará além os fugitivos esplendores da sua magnificência astral e rendilhará d'alto e de leve as nuvens da delicadeza, arquitetural, decorativa, dos estilos manuelinos.

EXERCÍCIOS

1. (UFPE)

DESCOBERTA DA LITERATURA

No dia-a-dia do engenho/ toda a semana, durante/
cochichavam-me em segredo: /
saiu um novo romance./
E da feira do domingo/ me traziam conspirantes/
para que os lesse e explicasse/
um romance de barbante./
Sentados na roda morta/ de um carro de boi, sem jante,/
ouviam o folheto guenzo, / o seu leitor semelhante,/
com as peripécias de espanto/ preditas pelos feirantes./
Embora as coisas contadas/ e todo o mirabolante,/
em nada ou pouco variassem/ nos crimes, no amor, nos lances,/
e soassem como sabidas/ de outros folhetos migrantes,/
a tensão era tão densa,/ subia tão alarmante,/
que o leitor que lia aquilo/ como puro alto-falante,/
e, sem querer, imantara/ todos ali, circunstantes,/
receava que confundissem/ o de perto com o distante,/
o ali com o espaço mágico,/ seu franzino com gigante,/
e que o acabasse tomando/ pelo autor imaginante/
ou tivesse que afrontar/ as brabezas do brigante./
(...)
João Cabral de Melo Neto

Sobre as figuras de linguagem usadas no texto, relacione as duas colunas abaixo:

1ª COLUNA
(1) Romance de barbante
(2) Roda morta; folheto guenzo
(3) Como puro alto-falante
(4) Perto/distante
Ali/espaço mágico
Franzino/gigante
(5) Cochichavam-me em segredo

2ª COLUNA
( ) Pleonasmo
( ) Metáfora
( ) Comparação
( ) Metonímia
( ) Antítese

A ordem correta é:
a) 1, 2, 3, 4, 5
b) 5, 2, 3, 1, 4
c) 3, 1, 4, 5, 2
d) 2, 1, 3, 4, 5
e) 2, 4, 5, 3, 1

2. (UFPA) Tecendo a manhã
Um galo sozinho não tece uma manhã:
ele precisará sempre de outros galos.
De um que apanhe o grito que um galo antes
e o lance a outro; e de outros galos
que com muitos outros galos se cruzem
os fios de sol de seus gritos de galo,
para que a manhã, desde uma teia tênue,
se vá tecendo, entre todos os galos.
E se encorpando em tela, entre todos,
se erguendo tenda, onde entrem todos,
se entretendendo para todos, no toldo
(a manhã) que plana livre de armação.
A manhã, toldo de um tecido tão aéreo
que, tecido, se eleva por si: luz balão.

(MELO, João Cabral de. In: Poesias Completas. Rio de Janeiro, José Olympio, 1979)

Nos versos
"E se encorpando em tela, entre todos,
se erguendo tenda, onde entrem todos,
se entretendendo para todos, no toldo..."

tem-se exemplo de
a) eufemismo
b) antítese
c) aliteração
d) silepse
e) sinestesia

3. (ANHEMBI)
"A novidade veio dar à praia
na qualidade rara de sereia
metade um busto de uma deusa maia
metade um grande rabo de baleia
a novidade era o máximo
do paradoxo estendido na areia
alguns a desejar seus beijos de deusa
outros a desejar seu rabo pra ceia
oh, mundo tão desigual
tudo tão desigual
de um lado este carnaval
do outro a fome total
e a novidade que seria um sonho
milagre risonho da sereia
virava um pesadelo tão medonho
ali naquela praia, ali na areia
a novidade era a guerra
entre o feliz poeta e o esfomeado

estraçalhando uma sereia bonita
despedaçando o sonho pra cada lado"

(Gilberto Gil – A Novidade)

Assinale a alternativa que ilustre a Figura de Linguagem descrita na questão anterior:

a) "A novidade veio dar à praia/ na qualidade rara de sereia"
b) "A novidade que seria um sonho/o milagre risonho da sereia/virava um pesadelo tão medonho"
c) "A novidade era a guerra/entre o feliz poeta e o esfomeado"
d) "Metade o busto de uma deusa maia/metade um grande rabo de baleia"
e) "A novidade era o máximo/do paradoxo estendido na areia"

4. (ANHEMBI) Tenho fases
Fases de andar escondida,
fases de vir para a rua...
Perdição da minha vida!
Perdição da vida minha!
Tenho fases de ser tua,
tenho outras de ser sozinha.
Fases que vão e que vêm,
no secreto calendário
que um astrólogo arbitrário
inventou para meu uso.
E roda a melancolia
seu interminável fuso!

Não encontro com ninguém
(tenho fases, como a lua...)
No dia de alguém ser meu
não é dia de eu ser sua...
E, quando chega esse dia,
outro desapareceu...
(Lua Adversa – Cecília Meireles)

Indique a alternativa que não contenha a mesma figura de linguagem presente nesse verso do poema:

a) "O meu olhar é nítido como um girassol" (Alberto Caeiro)
b) "Meu amor me ensinou a ser simples como um largo de igreja" (Oswald de Andrade)
c) A casa dela é escura como a noite.
d) Ele é lerdo como uma lesma.
e) A tristeza é um barco imenso, perdido no oceano.

5. (UFPB)
Um dia, o Simão me chamou: – "Vem ver. Olha ali". Era uma mulher, atarracada, descalçada, que subia o caminho do morro. (Diante do Sanatorinho havia um morro. Os doentes em bom estado podiam ir até lá em cima, pela manhã e à tarde.) Lembro-me de que, de repente, a mulher parou e acenou para o Sanatorinho. Não sei quantas janelas re-

tribuíram. E o curioso é que, desde o primeiro momento, Simão saltou: – "É minha! Vi primeiro!". Uns oitenta doentes tinham visto, ao mesmo tempo. Mas o Simão era um assassino. Como ele próprio dizia, sem ódio, quase com ternura, "matei um". E o crime pretérito intimidava os demais. Constava que trouxera, na mala, com a escova de dentes, as chinelas, um revólver. Naquela mesma tarde, foi para a cerca, esperar a volta da fulana. E conversaram na porteira. Simão voltou, desatinado. Conversara a fulana. Queria um encontro, na manhã seguinte, no alto do morro.

A outra não prometera nada. Ia ver, ia ver. Simão estava possesso: – "Dez anos!", e repetia, quase chorando: – "Dez anos não são dez dias!". Campos do Jordão estava cheio de casos parecidos. Nada mais cruel do que a cronicidade de certas formas de tuberculose. Eu conheci vários que haviam completado, lá na montanha, um quarto de século. E o próprio Simão falava dos dez anos como se fosse esta a idade do seu desejo.

Na manhã seguinte, foi o primeiro a acordar. (...) Havia uma tosse da madrugada e uma tosse da manhã. Eu me lembro daquele dia. Nunca se tossiu tanto. Sujeitos se torciam e retorciam asfixiados. E, súbito, a tosse parou. Todo o Sanatorinho sabia que, no alto do morro, o Simão ia ver a tal mulher do riso desdentado. E justamente ela estava subindo a ladeira. Como na véspera, deu adeus; e todas as janelas e varandas retribuíram. Uma hora depois, volta o Simão. Foi cercado, envolvido: – "Que tal?". Tinha uma luz forte no olhar: – "Tem amanhã outra vez". Durante todo o dia, ele quase não saiu da cama: – sonhava. Às seis, seis e pouco, um médico entra na enfermaria. Falou pra todos: – "Vocês não se metam com essa mulher que anda por aí, uma baixa. Passou, hoje de manhã, subiu a ladeira. É leprosa". Ninguém disse nada. O próprio Simão ficou, no seu canto, uns dez minutos, quieto. Depois, levantou-se. No meio da enfermaria, como se desafiasse os outros, disse duas vezes: – "Eu não me arrependo, eu não me arrependo".

(RODRIGUES, Nelson. *A menina sem estrela*. São Paulo: Companhia das Letras, 1993, p. 132-3.)

A partir da convenção seguinte:
I.Animização

II. Metáfora
III. Metonímia
IV. Silepse

Preencha os parênteses com a adequada classificação das figuras de linguagem:

( )"... e todas as janelas e varandas retribuíram."
( )"Campos do Jordão estava cheio de casos parecidos."
( )"... Simão ia ver a tal mulher do riso desdentado."

A sequência correta encontra-se em

a) I, III, II.
b) I, IV, II.
c) II, III, II.
d) III, IV, II.
e) III, IV, III.

6. Marque a frase em que há ironia:

a) "A excelente dona Inácia era mestra na arte de judiar crianças". *(Monteiro Lobato)*
b) Neste sábado quase morri de medo.
c) Ele terá a chance de encontrar um novo emprego, por que este já não lhe será útil.
d) Eu quero uma rede para me deitar, uma água de coco para beber e uma música gostosa para relaxar.
e) Toda vida tem sete mil mortes.

7. Assinale conforme a figura de linguagem adequada:
1 Metáfora
2 Metonímia
3 Antítese
4 Paradoxo
5 N.D.A

( ) Quero um Coco Chanel de Paris
( ) AH! Socorro!
( ) Elas eram amigas e rivais.
( ) Começou o semestre logo, logo, acaba!

GABARITO

1. Alternativa B
2. Alternativa C
3. Alternativa C
4. Alternativa E
5. Alternativa E
6. Alternativa A
7.
a) Metonímia
b) N.d.a
c) Paradoxo
d) N.d.a

SIMULADÃO

1. FONÉTICA E FONOLOGIA

1. (ITA) Dadas as palavras: 1. tung-stê-nio 2. bis-a-vô 3. du-e-lo

Constatamos que a separação silábica está correta:

a) apenas na palavra nº 1
b) apenas na palavra nº 2
c) apenas na palavra nº 3
d) em todas as palavras
e) n.d.a

2. (ITA) Dadas as palavras: 1. des-a-len-to 2. sub-es-ti-mar 3. trans-tor-no, constatamos que a separação silábica está correta:

a) apenas na número 1
b) apenas na número 2
c) apenas na número 3
d) em todas as palavras
e) n.d.a

3. (UNIRIO) "O bom tempo passou e vieram as chuvas. Os animais todos, arrepiados, passavam os dias cochilando." No trecho ao lado, temos:

a) dois ditongos e três hiatos
b) cinco ditongos e dois hiatos
c) quatro ditongos e três hiatos
d) três ditongos e três hiatos
e) quatro ditongos e dois hiatos

4. (UNIRIO) Assinale a melhor resposta. Em papagaio, temos:

a) um ditongo
b) um trissílabo
c) um dígrafo

d) um proparoxítono
e) um tritongo

5. (FURG-RS) A sequência de palavras cujas sílabas estão separadas corretamente é:

a) a-dje-ti-va-ção / im-per-do-á-vel / bo-ia-dei-ro
b) in-ter-ve-io / tec-no-lo-gi-a / su-bli-nhar
c) in-tu-i-to / co-ro-i-nha / pers-pec-ti-va
d) co-ro-lá-rio / subs-tan-ti-vo / bis-a-vó
e) flui-do / at-mos-fe-ra / in-ter-vei-o

6. (UFV-MG) As sílabas das palavras psicossocial e traído estão corretamente separadas em:

a) psi-cos-so-ci-al / tra-í-do
b) p-si-cos-so-cial / tra-í-do
c) psi-co-sso-ci-al / traí-do
d) p-si-co-sso-cial / tra-í-do
e) psi-co-sso-cial / tra-í-do

7. (ACAFE-SC) Na frase "No restaurante, onde entrei arrastando os cascos como um dromedário, resolvi-me ver livre das galochas", existem:

a) dois ditongos, sendo um crescente e um decrescente
b) três ditongos, sendo dois crescentes e um decrescente
c) três ditongos, sendo um crescente e dois decrescentes
d) quatro ditongos, sendo dois crescentes e dois decrescentes
e) quatro ditongos, sendo três crescentes e um decrescente

8. (PUC-RS) Aponte o único conjunto onde há erro na divisão silábica:

a) flui-do, sa-guão, dig-no
b) cir-cuns-cre-ver, trans-cen-den-tal, tran-sal-pi-no
c) con-vic-ção, tung-stê-nio, rit-mo
d) ins-tru-ir, an-te-pas-sa-do, se-cre-ta-ri-a
e) co-o-pe-rar, dis-tân-cia, bi-sa-vô

9. (UNIRIO) Assinale a opção em que o vocábulo apresenta ao mesmo tempo um encontro consonantal, um dígrafo consonantal e um ditongo fonético:

a) ninguém
b) coalhou
c) iam
d) nenhum
e) murcham

10. (UNIMEP-SP) Assinale o vocábulo que contém cinco letras e quatro fonemas:

1. estou
2. adeus
3. livro
4. volto
5. daqui

11. (IMES) Assinale a alternativa em que a palavra não tem as suas sílabas corretamente separadas:

a) in-te-lec-ção
b) cons-ci-ên-cia
c) oc-ci-pi-tal
d) psi-co-lo-gia
e) ca-a-tin-ga

12. (FGV-RJ) Assinale a alternativa em que todas as palavras estão corretamente grafadas:

a) raiz, raízes, sai, apóio, Grajau
b) carretéis, funis, índio, hifens, atrás
c) buriti, ápto, âmbar, dificil, almoço
d) órfão, afável, cândido, caráter, Cristóvão
e) chapéu, rainha, tatu, fossil, conteúdo

13. (FURG-RS) A sequência de palavras cujas sílabas estão separadas corretamente é:
a) a-dje-ti-va-ção / im-per-do-á-vel / bo-ia-dei-ro

b) in-ter-ve-io / tec-no-lo-gi-a / su-bli-nhar
c) in-tu-i-to / co-ro-i-nha / pers-pec-ti-va
d) co-ro-lá-rio / subs-tan-ti-vo / bis-a-vó
e) flui-do / at-mos-fe-ra / in-ter-vei-o

14. (UNIRIO) Assinale a melhor resposta. Em papagaio, temos:

a) um ditongo
b) um trissílabo
c) um dígrafo
d) um proparoxítono
e) um tritongo

15. (UNIRIO) "O bom tempo passou e vieram as chuvas. Os animais todos, arrepiados, passavam os dias cochilando." No trecho ao lado, temos:

a) dois ditongos e três hiatos
b) cinco ditongos e dois hiatos
c) quatro ditongos e três hiatos
d) três ditongos e três hiatos
e) quatro ditongos e dois hiatos

16. (PUC-RS) Aponte o único conjunto onde há erro na divisão silábica:

a) flui-do, sa-guão, dig-no
b) cir-cuns-cre-ver, trans-cen-den-tal, tran-sal-pi-no
c) con-vic-ção, tung-stê-nio, rit-mo
d) ins-tru-ir, an-te-pas-sa-do, se-cre-ta-ri-a
e) co-o-pe-rar, dis-tân-cia, bi-sa-vô

17. (UFF) Apenas num dos seguintes casos a divisão silábica não está feita de acordo com as normas vigentes. Assinale-o:

a) tran-sa-tlân-ti-co
b) ab-di-ca-ção
c) subs-ta-be-le-cer
d) fri-ís-si-mo
e) cis-an-di-no

2. ACENTUAÇÃO

1. (CARLOS CHAGAS) - Por favor, ... com esse .... pois precisamos de ....

a) para, ruído, tranquilidade
b) para, ruido, tranquilidade
c) para, ruído, tranquilidade
d) pára, ruido, tranquilidade
e) pára, ruído, tranquilidade

2. (PUC-RJ) Aponte a opção em que as duas palavras são acentuadas devido à mesma regra:

a) saí - dói
b) relógio - própria
c) só - sóis
d) dá – custará
e) até – pé

3. (PUCC) Assinale a alternativa em que nenhuma palavra deve receber acento gráfico:

a) o governo, o juri, a garoa
b) preto, fossil, seres
c) itens, polens, erros
d) item, polen, cedo
e) n.d.a

4. (ETF-SP) Assinalar a alternativa correta quanto à acentuação:

a) Para por o sotão em ordem foram necessárias duas pessoas.
b) Aqueles índios se alimentam de raizes e andam nús pela floresta.
c) Já faz três mêses que saí da presidência da emprêsa.
d) O elevador só para se o botão for acionado.
e) O remedio que combate esse virus já foi descoberto?

5. (ESAF) Em todas as alternativas as palavras foram acentuadas corretamente, exceto em:

a) Eles têm muita coisa a dizer.
b) Estude os dois primeiros ítens do programa.

c) Afinal, o que contém este embrulho?
d) Foi agradável ouvir aquele orador.
e) Por favor, dêem-lhe uma nova chance.

6. (MACK) Assinale a alternativa em que todas as palavras estão corretas quanto à acentuação gráfica:

a) Grajaú, balaustre, urubús
b) árduo, língua, raíz
c) raízes, fúteis, água
d) heróico, assembléia, coroa
e) túneis, apôio, equilíbrio

7. (UM-SP) Assinale a alternativa em que pelo menos um vocábulo não seja acentuado:

a) orfão, taxi, balaustre
b) itens, parabens, alguem, tambem
c) textil, amago, cortex, roi
d) papeis, onix, bau, ambar
e) hifen, cipos, pe

8. (MACK) Indique a alternativa em que nenhuma palavra é acentuada graficamente:

a) lapis, canoa, abacaxi, jovens
b) ruim, sozinho, aquele, traiu
c) saudade, onix, grau, orquidea
d) voo, legua, assim, tenis
e) flores, açucar, album, virus

9. (UFRGS) Todas as palavras abaixo têm um equivalente em língua portuguesa sem acento gráfico, exceto:

a) agência
b) é
c) ás
d) acúmulo
e) hábitos

10. (CESGRANRIO) Assinale a opção em que os vocábulos obedecem à mesma regra de acentuação gráfica:

a) pés, hóspedes
b) sulfúrea, distância
c) fosforescência, provém
d) últimos, terrível
e) satânico, porém

11. (PUC) Assinale a alternativa de vocábulo corretamente acentuado:

a) hífen
b) ítem
c) ítens
d) ritmo
e) n.d.a.

12. (EPCAR) Assinale a série em que todos os vocábulos devem receber acento gráfico:

a) Troia, item, Venus
b) hifen, estrategia, albuns
c) apoio (subst.), reune, faisca
d) nivel, orgão, tupi
e) pode (pret. perf.), obte-las, tabu

13. (CESCEM) Sob um ..... de nuvens, atracou no ..... o navio que trazia o ..... .

a) veu, porto, heroi
b) veu, pôrto, herói
c) véu, pôrto, herói
d) véu, porto, heroi
e) véu, porto, herói

14. (Fuvest-SP) Assinale a alternativa em que todas as palavras estão corretamente acentuadas.

a) Tietê, órgão, chapéuzinho, estrêla, advérbio
b) fluido, geleia, Tatuí, armazém, caráter

c) saúde, melância, gratuito, amendoím, fluído
d) inglês, cipó, cafézinho, útil, Itú
e) canôa, heroismo, creem, Sergipe, bambu

15. (UF-PR) Assinale a alternativa em que todos os vocábulos são acentuados por serem oxítonos:

a) paletó, avô, pajé, café, jiló
b) parabéns, vêm, hífen, saí, oásis
c) você, capilé, Paraná, lápis, régua
d) amém, amável, filó, porém, além
e) caí, aí, ímã, ipê, abricó

16. (PUC) Na palavra consequência o acento gráfico se justifica em função de ser:

a) proparoxítona terminada em ditongo decrescente
b) paroxítona terminada em ditongo crescente
c) paroxítona terminada em ditongo decrescente
d) proparoxítona terminada em ditongo
e) paroxítona terminada em ditongo nasal

17. (UFV) Todas as palavras abaixo obedecem à mesma regra de acentuação, exceto:

a) já
b) nós
c) pés
d) dói
e) há

18. (MACK) Assinale a única alternativa em que nenhuma palavra é acentuada graficamente:

a) bonus, tenis, aquele, virus
b) repolho, cavalo, onix, grau
c) juiz, saudade, assim, flores
d) levedo, caracter, condor, ontem
e) caju, virus, niquel, ecloga

19. (UF-PI) Assinale a alternativa em que todas as palavras estejam acentuadas corretamente:

a) Quero pôr um ponto final nessa polêmica.
b) Com desconfiança, apos sua rúbrica em todos os documentos.
c) Preferem maçã à pera.
d) Lavou o pêlo do animal com sabão comum.
e) Como bom contador, ele gosta de boêmia.

20. (CESGRANRIO) Aponte a única série em que pelo menos um vocábulo apresente erro no que diz respeito à acentuação gráfica:

a) pegada - sinonímia
b) êxodo - aperfeiçoe
c) álbuns - atraí-lo
d) ritmo - itens
e) redimí-la - grátis

3. ORTOGRAFIA

1. (ITA) Assinalar a alternativa em que todas as palavras estejam escritas corretamente:

a) adivinhar - grã-fina - prazerosamente - empecilho
b) advinhar - granfina - prazeirosamente - empecilho
c) advinhar - granfina - prazerosamente - empecilho
d) adivinhar - granfina - prazeirosamente - impecilho
e) advinhar - grã-fina - prazeirosamente - impecilho

2. (UFV-MG) Observando a grafia das palavras destacadas nas frases abaixo, assinale a alternativa que apresenta erro:

a) Aquele **hereje** sempre põe empecilho porque é muito **pretencioso.**
b) Uma falsa meiguice encobria-lhe a **rigidez** e a falta de **compreensão.**
c) A **obsessão** é prejudicial ao **discernimento.**
d) A **hombridade** de caráter eleva o homem.
e) Eles **quiseram** fazer **concessão** para não **ridicularizar** o **estrangeiro.**

3. (FUVEST) No último .... da orquestra sinfônica, houve .... entre os convidados, apesar de ser uma festa ....

a) conserto - flagrantes descriminações - beneficente
b) concerto - fragrantes discriminações - beneficiente
c) conserto - flagrantes descriminações - beneficiente
d) concerto - fragrantes discriminações - beneficente
e) concerto - flagrantes discriminações - beneficente

4. (PUC-MG) "Durante a .... solene era .... o desinteresse do mestre diante da .... demonstrada pelo político."

a) seção - fragrante - incipiência
b) sessão - flagrante - insipiência
c) sessão - fragrante - incipiência
d) cessão - flagrante - incipiência
e) seção - flagrante - insipiência

5. (FUVEST) "Meditemos na regular beleza que a natureza nos oferece." Assinale a alternativa em que o homônimo tem o mesmo significado do empregado na oração acima:

a) Não conseguia regular a marcha do carro.
b) É bom aluno, mas obteve nota regular.
c) Aquilo não era regular; devia ser corrigido.
d) Admirava-se ali a disposição regular dos canteiros.
e) Daqui até sua casa há uma distância regular.

6. (CEETEPS) "Parece uma cidade **fictícia**, mas não é." O sinônimo da palavra grifada é:

a) fatual, que diz respeito a um fato
b) antiga, que diz respeito a algo passado há muito tempo
c) verdadeira, que diz respeito à São Paulo
d) imaginária, que é fruto de nossa imaginação
e) fixa, já que está permanentemente no mesmo lugar

7. (PUC) Considerando-se a relação Veneza (cidade) - gaturamo (pássaro) como modelo, as palavras que sucessivamente completariam a relação Califórnia (?) - pretos (?) - morrer (?) – Gioconda (?) - cem mil réis (?), seriam:

a) estado, raça, ação, escultura, dinheiro
b) país, povo, fato, escultura, valor
c) província, etnia, acontecimento, literatura, moeda
d) estado, raça, acontecimento, pintura, valor
e) território, gente, ação, música, moeda

8. (MACK) Na oração: Em sua vida, nunca teve muito ...., apresentava-se sempre .... no .... de tarefas .... As palavras adequadas para preenchimento das lacunas são:

a) censo - lasso - cumprimento - eminentes
b) senso - lasso - cumprimento - iminentes
c) senso - laço - comprimento - iminentes
d) senso - laço - cumprimento - eminentes
e) censo - lasso - comprimento - iminentes

9. (UF-PR) Complete as lacunas usando adequadamente mas / mais / mau / mau.

Pedro e João .... entraram em casa, perceberam que as coisas não estavam bem, pois sua irmã caçula escolhera um .... momento para comunicar aos pais que iria viajar nas férias; .... seus dois irmãos deixaram os pais .... sossegados quando disseram que a jovem iria com as primas e a tia.

a) mau, mal, mais, mas
b) mal, mal, mais, mais
c) mal, mau, mas, mais
d) mal, mau, mas, mas
e) mau, mau, mas, mais

10. (UF-RJ) Na série abaixo há um erro de ortografia no emprego do "z". Assinale-o:

a) algoz
b) traz (verbo)
c) assaz

d) aniz
e) giz

11. (ITA) Em um dos casos abaixo, todas as palavras se grafariam com "s". Qual é?

a) anali...ar, fregue...ia, e...âmine, camur...a
b) ga...o..o, fu...elagem, e...ta...e, parali...ia
c) an...iar, e...pontâneo, repre...a, abu...ão
d) e...tranho, ê...odo, a...ia, e...umar
e) fu...ível, ga...eteiro, gui...ado, hebrai...ar

12. (MACK) Assinale a alternativa em que não há erro de grafia:

a) espontâneo, catorze, alisar, prazeirosamente
b) obsessão, obsceno, deslisar, sacerdotisa
c) cansaço, atraso, tocha, pajem
d) angar, ombro, harém, hexágono
e) exaurir, desonra, hesitar, rehaver

13. (FUVEST) Em "O menino levou uma <u>bronca</u>!", a palavra sublinhada, termo de gíria empregado na fala popular e coloquial do Brasil, pode ser entendida como:
a) aversão
b) repressão
c) rejeição
d) represália
e) repreensão

14. (UNIMEP-SP) Assinale a alternativa que contém o período cujas palavras estão grafadas corretamente:

a) Ele quiz analisar a pesquisa que eu realizei.
b) Ele quiz analizar a pesquisa que eu realizei.
c) Ele quis analisar a pesquisa que eu realizei.
d) Ele quis analizar a pesquiza que eu realisei.
e) Ele quis analisar a pesquisa que eu realisei.

15. (LONDRINA-PR) As questões da prova eram ...., ... de ....

a) suscintas - apesar - difíceis
b) sucintas - apezar - difíceis
c) suscintas - apezar - dificeis
d) sucintas - apesar - difíceis
e) sucintas - apezar - dificeis

16. (FUVEST) Estava .... a .... da guerra, pois os homens .... nos erros do passado.

a) eminente, deflagração, incidiram
b) iminente, deflagração, reincidiram
c) eminente, conflagração, reincidiram
d) preste, conflaglação, incidiram
e) prestes, flagração, recindiram

17. (CESGRANRIO) Pelas nossas convenções ortográficas, certas palavras são escritas com u, como pau e vau (trecho raso do rio ou mar); outras são grafadas com l, como tal e val (variante de forma verbal vale). Das opções abaixo, assinale a única em que a lacuna deve ser preenchida com a letra u e não com a letra l:

a) As crianças vão ma... da saúde.
b) Quebrou o sa...to do sapato.
c) Coloque uma pá de ca... na massa.
d) Não a...tênticou a fotocópia.
e) Entornou a ca...da do doce.

18. (CARLOS CHAGAS) A .... a ser desenvolvida visava à .... de objetivos bastante ....

a) pesquisa, consecução, pretensiosos
b) pesquisa, consecussão, pretenciosos
c) pesquisa, consecução, pretenciosos
d) pesquiza, consecução, pretenciosos
e) pesquiza, consecução, pretensiosos

19. (FMU-SP) Assinale a alternativa em que todas as palavras estão grafadas corretamente?

a) paralisar, pesquisar, ironizar, deslizar
b) alteza, empreza, francesa, miudeza
c) cuscus, chimpazé, encharcar, encher

d) incenso, abcesso, obsessão, Luís
e) chineza, marquês, garrucha, meretriz

20. (CESCEM) "A solidão é um retiro de ...., mas ninguém vive sempre em trégua, ... só, ... o preguiçoso, eternamente em repouso."

a) descanço, tampouco, exceto
b) descanso, tãopouco, exceto
c) descanço, tão pouco, esceto
d) descanso, tampouco, exceto
e) descanso, tão pouco, esceto

21. (EPCAR) Completam-se com g os vocábulos abaixo, menos:

a) here( )e
b) an( )élico
c) fuli( )em
d) berin( )ela
e) ti( )ela

22. (UFU) Das palavras abaixo relacionadas, uma não se escreve com h inicial. Assinale-a:

a) hélice
b) halo
c) haltere
d) herva
e) herdade

23. (FUVEST) Indique a alternativa correta:

a) O ladrão foi apanhado em flagrante.
b) Ponto é a intercessão de duas linhas.
c) As despesas de mudança serão vultuosas.
d) Assistimos a um violenta coalizão de caminhões.
e) O artigo incerto na Revista das Ciências foi lido por todos nós.

24. (UF-PR) Assinale a alternativa correspondente à grafia correta dos vocábulos:

desli...e 2. vi...inho 3. atravé... 4. empre...a

a) z - z - s - s
b) z - s - z - z
c) s - z - s - s
d) s - s - z - s
e) z - z - s - z

25. (EPCAR) Só não se completa com z:

a) repre( )ar
b) pra( )o
c) bali( )a
d) abali( )ado
e) despre( )ar

26. (FUVEST) "A .... de uma guerra nuclear provoca uma grande .... na humanidade e a deixa .... quanto ao futuro."

a) espectativa - tensão - exitante
b) espectativa - tenção - hesitante
c) expectativa - tensão - hesitante
d) expectativa - tenção - hezitante
e) espectativa - tenção - exitante

27. (EPCAR) O orador ratificou o que afirmara.

a) negou
b) corrigiu
c) frisou
d) confirmou
e) enfatizou

28. (MACK) A única série de palavras corretamente grafadas é:

a) cortume, gorgeio, picina, piche
b) tribo, tabuada, bueiro, defeza
c) êmbulo, florescer, figadal, quiz
d) xadrez, pílula, exceção, invés
e) abrazar, pagé, páteo, desliza

29. (FUVEST) Assinale a alternativa em que todas as palavras estejam corretamente grafadas:

a) tecer, vazar, aborígene, tecitura, maisena
b) rigidez, garage, dissenção, rigeza, cafuzo
c) minissaia, paralisar, extravasar, abscissa, co-seno
d) abscesso, rechaçar, indu, soçobrar, coalizão
e) lambujem, advinhar, atarraxar, bússola, usofruto

30. (SÃO MARCOS-SP) Assinale a alternativa cujas palavras estejam corretamente grafadas:

a) pajé, xadrês, flecha, mixto, aconchego
b) abolição, tribo, pretensão, obsecado, cansaço
c) gorjeta, sargeta, picina, florescer, consiliar
d) xadrez, ficha, mexerico, enxame, enxurrada
e) pagé, xadrês, flexa, mecherico, enxame

31. (DASP) Assinale a única alternativa que apresenta erro no emprego dos "porquês":

a) Por que insistes no assunto?
b) O carpinteiro não fez o serviço porque faltou madeira.
c) Não revelou porque não quis contribuir.
d) Ele tentou explicar o porquê da briga.
e) Ele recusou a indicação não sei por quê.

32. (ESAP) Considerando o uso apropriado do termo sublinhado, identifique em que sentença do diálogo abaixo há um erro de grafia:
a) **Por que** você não entregou o trabalho ao professor?
b) Você quer mesmo saber o **porquê**?
c) Claro. A verdade é o princípio **por que** me oriento.
d) Pois, acredite, eu não sei **porque** fiz isso.
e) Você está mentindo. **Por quê**?

33. (UE PONTA GROSSA-PR)

 - .... me julgas indiferente? - .... tenho meu ponto de vista.

 - E não o revelas ....? - Nem sei o ....

Assinale a alternativa que preenche adequadamente as lacunas:

a) Por que, Porque, por que, por quê
b) Por que, Porque, por quê, porquê
c) Porque, Por que, porque, por quê
d) Por quê, Porque, por que, porquê
e) Porque, Porque, por quê, por quê

34. Assinale a frase gramaticalmente correta:

a) Não sei por que discutimos.
b) Ele não veio por que estava doente.
c) Mas porque não veio ontem?
d) Não respondi porquê não sabia.
e) Eis o porque da minha viagem.

35. (CESCEM) .... pela longa caminhada, com as pálpebras coriáceas e os lábios ...., ele se arrastou até a beira do açude.

a) Exgotado - exangues
b) Esgotado - esangues
c) Esgotado - exsangues
d) Esgotado - exangues
e) Exgotado – esxangues

4. HOMÔNIMOS E PARÔNIMOS

1. (BB) Ele está <u>contra</u> todas as ideias. A palavra sublinhada não transmite ideia de:

a) encontro
b) oposição
c) contrariedade
d) animosidade
e) indisposição

2. (TRT) O .... do prefeito foi .... ontem.

a) mandado - caçado
b) mandato - cassado

c) mandato - caçado
d) mandado - cascado
e) mandado - cassado

3. (BB) Não são antônimos:
a) habitável, inóspito
b) real, imaginário
c) apto, sensato
d) polido, áspero
e) comedido, imoderado

4. (UNISINOS) A frase onde os homônimos e/ou parônimos em destaque estão com significação invertida é:

a) Era **iminente** a queda do **eminente** deputado.
b) A justiça **infringe** uma pena a quem **inflige** a lei.
c) **Vultosa** quantia foi gasta para curar sua **vultuosa** face.
d) O **mandado** de segurança impediu a cassação do **mandato**.
e) O nosso **censo** depende exclusivamente do **senso** de responsabilidade do IBGE.

5. (BB) Não são sinônimos:

a) cancelar, preterir
b) retificar, corrigir
c) infringir, desrespeitar
d) eminente, elevado
e) privilégio, vantagem

6. (BB) Sinônimos - Associe corretamente as colunas:

1. condescendência
2. inatividade
3. insolência
4. persistência
5. intempestividade
T. lisura X. tolerância
U. constância Y. inércia
V. inoportunidade Z. ousadia

a) 1X, 4U, 5V, 3Z, 2Y
b) 5Z, 1T, 2Y, 4U, 3V
c) 1X, 5V, 3Z, 4T, 2Y
d) 3V, 5Z, 1T, 2Y, 4U
e) 3Y, 1X, 4U, 2V, 5Z

7. (BB) Implicar prejuízo significa:

a) avaliar danos
b) contabilizar déficit
c) acarretar perda
d) prevenir a perda
e) impedir gastos

8. (BB) Concordo, teu argumento é **incontestável**. A palavra grifada é o mesmo que:

a) indestrutível
b) indecifrável
c) indiscutível
d) indefensável
e) irreversível

9. (BB) Posto que fosse sua culpa, procurou eximir-se da responsabilidade. Sem mudar o sentido do texto, o verbo grifado pode ser substituído por:

a) desculpar-se
b) retratar-se
c) penitenciar-se
d) justificar-se
e) esquivar-se

(ETF-SP) Instruções para as questões 10 E 11 - Assinale a alternativa que poderia substituir a palavra sublinhada, sem alteração do sentido da frase:

10. Acaso seu silêncio significava aquiescência?

a) consentimento
b) reprovação

c) contestação
d) atenção
e) irritação

11. O tribunal <u>impugnou</u> a sentença.

a) aceitou
b) estranhou
c) contestou
d) desacatou
e) ignorou

12. (ESAF) Marque a alternativa cujas palavras preenchem corretamente as respectivas lacunas, na frase seguinte: "Necessitando .... o número do cartão do PIS, ... a data de meu nascimento."

a) ratificar, proscrevi
b) prescrever, discriminei
c) descriminar, retifiquei
d) proscrever, prescrevi
e) retificar, ratifiquei

13. (ESAF) Assinale a alternativa que apresenta palavras antônimas:

a) inédito / original
b) incauto / precavido
d) inexorável / rigoroso
c) intrépito / resoluto
e) incisivo / categórico

14. (CARLOS CHAGAS) Na biblioteca, todos têm .... aos livros, que desejam ....

a) assesso, compulsar
b) asseço, compulsar
c) acesso, compulsar
d) acesso, compulçar
e) assesso, compulçar

15. (CARLOS CHAGAS) Estavam .... de que os congressistas chegassem .... para a .... de abertura.
a) receosos - atrasados - sessão
b) receosos - atrazados - seção
c) receiosos - atrazados - seção
d) receiosos - atrasados - sessão
e) receiosos - atrazados - sessão

16. A palavra referendo, segundo o Novo Dicionário Aurélio da Língua Portuguesa, significa "direito que todos os cidadãos têm de se pronunciar diretamente a respeito de questões de interesse geral". Considerando que, por meio do referendo, a população teria sido estimulada a refletir sobre a questão da comercialização de armas de fogo e munição, como geradora de violência, a expressão "brincar de referendo" cria o sentido de que:

a) o referendo não foi levado a sério pelos cidadãos.
b) o referendo não foi levado a sério pelas autoridades.
c) o referendo, por si só, não resolverá o problema da violência.
d) o referendo é desconhecido pelos cidadãos que não entendem sua importância.
e) o referendo é um diálogo entre o governo e os cidadãos que pode gerar mais violência.

17. Inferir é um ato pelo qual, por meio da associação de duas ou mais ideias, conseguimos deduzir uma conclusão. Considerando o contexto em que são expressas as ideias: "Infelizmente a vida real exige mais do que boas intenções para seguir o vetor do progresso social", é possível inferir que,

a) Para seguir o vetor do progresso social, a vida real exige apenas boas intenções.
b) Para seguir o vetor do progresso social, a vida real exige más intenções.
c) Para seguir o vetor do progresso social, a vida real não exige boas intenções.
d) Para seguir o vetor do progresso social, a vida real não exige más intenções.
e) Para seguir o vetor do progresso social, a vida real exige, não só boas intenções, mas também boas ações.

5. HÍFEN

1. (FUND. LUSÍADA) Assinale a alternativa que contém as palavras corretamente formadas:

a) bem-vindo, pan-americana, sub-base, protomártir
b) pré-histórico, mal-estar, panamericano, prematuro
c) auto-afirmação, autocrítica, excombatente, neolatinas
d) pós-graduação, antitérmico, malmequer, sub-áereo
e) antocontrole, anti-corrosivo, grão-mestre, aero-espacial

2. (UF-SC) Fez um esforço .... para vencer o campeonato ....
a) sobre-humano, inter-regional
b) sobrehumano, interregional
c) sobreumano, interregional
d) sobrehumano, inter-regional
e) sobre-humano, interegional

3. (SANTA CASA) Considerando-se que o hífen é empregado corretamente: nos compostos, cujos elementos, reduzidos ou não, perderam a sua significação própria; nos compostos com o primeiro elemento de forma adjetiva, reduzida ou não, assinale a alternativa que contém apenas exemplos certos, de acordo com a regra:

a) extraordinário, sobre-mesa, anti-higiênico
b) maleducado, mal-humorado, subreino
c) arco-íris, tenente-coronel, luso-brasileiro
d) paraquedista, panamericano, bel-prazer
e) auto-sugestão, extraregimental, pró-cônsul

6. ESTRUTURA DAS PALAVRAS

1. (BB) "Saberão que nos tempos do passado o doce amor era julgado um crime."

a) 1 preposição
b) 3 adjetivos
c) 4 verbos
d) 7 palavras átonas
e) 4 substantivos

2. (ITA) Assinalar a alternativa que corretamente preenche a lacuna da sentença: "....... meus conselhos, ele pediu demissão."

a) Entrementes
b) Máxime
c) Mormente
d) Malgrado
e) Destarte

3. (EPCAR) Aponte a alternativa em que a palavra em negrito é conjunção explicativa:

a) **Como** estivesse cansado, não foi trabalhar.
b) **Assim que** fores ao Rio, não te esqueças de avisar-me.
c) Retirou-se antes, **já que** assim o quis.
d) Não se aborreça, **que** estamos aqui para ouvi-lo.
e) Não compareceu, **porque** não foi avisado.

4. (SANTA CASA) O "que" está com função de preposição na alternativa:

a) Veja que lindo está o cabelo da nossa amiga!
b) Diz-me com quem andas, que eu te direi quem és.
c) João não estudou mais que José, mas entrou na Faculdade.
d) O Fiscal teve que acompanhar o candidato ao banheiro.
e) Não chore que eu já volto.

5. (UC-MG) Em "Orai porque não entreis em tentação", o valor da conjunção do período é de:

a) causa
b) condição
c) conformidade
d) explicação
e) finalidade

6. (FESP) Assinale a opção em que o A é, respectivamente, artigo, pronome pessoal e preposição:

a) Esta é a significação a que me referi e não a que entendeste.
b) A dificuldade é grande e sei que a resolverei a curto prazo.
c) A escrava declarou que preferia a morte à escravidão,

275

d) Esta é a casa que comprei e não a que vendi a ele.

7. (UF-MG) As expressões sublinhadas correspondem a um adjetivo, exceto em:

a) João <u>Fanhoso</u> anda amanhecendo sem entusiasmo.
b) Demorava-se de propósito naquele <u>complicado</u> banho.
c) Os bichos da terra fugiam em <u>desabalada</u> carreira.
d) Noite fechada sobre aqueles ermos <u>perdidos</u> da caatinga sem fim.
e) E ainda me vem com essa conversa de homem <u>da roça</u>.

8. (ENEM/2008)

Dick Browne. O melhor de Hagar, o horrível, v. 2. L&PM pocket, p.55-6 (com adaptações).

Assinale o trecho do diálogo que apresenta um registro informal, ou coloquial, da linguagem.

a) "Tá legal, espertinho! Onde é que você esteve?!"
b) "E lembre-se: se você disser uma mentira, os seus chifres cairão!"
c) "Estou atrasado porque ajudei uma velhinha a atravessar a rua..."
d) "...e ela me deu um anel mágico que me levou a um tesouro"
e) "mas bandidos o roubaram e os persegui até a Etiópia, onde um dragão..."

9. (SIMULADO - INEP-ENEM/2009)

SOUZA, Maurício de. [Chico Bento]. O Globo, Rio de Janeiro, Segundo Caderno, 19 dez. 2006, p.7.

O personagem Chico Bento pode ser considerado um típico habitante da zona rural, comumente chamado de "roceiro" ou "caipira". Considerando a sua fala, essa tipicidade é confirmada primordialmente pela

a) transcrição da fala característica de áreas rurais.
b) redução do nome "José" para "Zé", comum nas comunidades rurais.
c) emprego de elementos que caracterizam sua linguagem como coloquial.
d) escolha de palavras ligadas ao meio rural, incomuns nos meios urbanos.
e) utilização da palavra "coisa", pouco frequente nas zonas mais urbanizadas.

7. SUBSTANTIVO

1. (UM-SP) Aponte a alternativa em que haja erro quanto à flexão do nome composto:

a) vice-presidentes, amores-perfeitos, os bota-fora
b) tico-ticos, salários-família, obras-primas
c) reco-recos, sextas-feiras, sempre-vivas
d) pseudo-esferas, chefes-de-seção, pães-de-ló
e) pisca-piscas, cartões-postais, mulas-sem-cabeças

2. (UF-PR)

I - O cônjuge se aproximou.
II - O servente veio atender-nos.
III - O gerente chegou cedo.

Não está claro se é homem ou mulher:

a) no primeiro período
b) no segundo período
c) no terceiro período
d) no primeiro e no segundo períodos
e) no segundo e no terceiro períodos

3. (UM-SP) Em qual das alternativas colocaríamos o artigo definido feminino para todos os substantivos?

a) sósia - doente - lança-perfume
b) dó - telefonema - diabetes
c) clã - eclipse - pijama
d) cal - elipse - dinamite
e) champanha - criança - estudante

4. (MACK) Os plurais de vice-rei, porta-estandarte, navio-escola e baixo-relevo são:

a) vice-reis, porta-estandartes, navios-escola, baixos-relevo
b) vice-reis, portas-estandartes, navios-escola, baixos-relevo
c) vices-reis, porta-estandartes, navios-escola, baixo-relevos
d) vice-reis, porta-estandartes, navio-escolas, baixos-relevos
e) vice-reis, porta-estandartes, navios-escola, baixos-relevos

5. (CESGRANRIO) Assinale a opção em que ambos os termos não admitem flexão de gênero:

a) inglesa pálida
b) jovem leitor
c) alguns mestres
d) semelhante criatura
e) moça ideal

6. (OBJETIVO) Uma das palavras apresenta erro de flexão, indique a alternativa:

a) porta-bandeiras, mapas-múndi
b) salvos-condutos, papéis-moeda
c) salários-família, vice-diretores
d) guarda-civis, afro-brasileiros
e) mãos-de-obra, obras-primas

7. (OBJETIVO) O plural de "qualquer capitão-mor português" é:

a) quaisquer capitães-mores portugueses
b) quaisquer capitãos-mores portugueses
c) quaisquer capitão-mores portugueses
d) qualquer capitãos-mores portugueses
e) quaisquer capitães-mor portugueses

8. (UBERLÂNDIA) Dentre os plurais de nomes compostos aqui relacionados, há um que está errado. Qual?

a) escolas-modelo
b) quebra-nozes
c) chefes-de-sessões
d) guardas-noturnos
e) redatores-chefes

9. (ETF-SP) Assinalar a forma correta do plural de "O cristão vê, no cesto, apenas um peixinho e um pãozinho":
a) Os cristãos vêem nos cestos apenas uns peixinhos e uns pãezinhos.
b) Os cristões vêem nos cestos apenas uns peixinhos e uns pãezinhos.
c) Os cristãos vêem nos cestos apenas uns peixinhos e uns pãozinhos.
d) Os cristãos vêem nos cestos apenas uns peixinhos e uns pãozinhos.
e) Os cristães vêem nos cestos apenas uns peixinhos e uns pãozinhos.

10. (UFF) Assinale a única série de duplas singular-plural em que existe uma forma incorreta:

a) cidadão – cidadões
b) cônsul - cônsules
b) projetil - projetis
c) corrimão - corrimões
d) olho-de-sogra - olhos-de-sogra

279

11. (CARLOS CHAGAS) Assinale a alternativa em que as formas do plural de todos os substantivos se apresentam de maneira correta:

a) alto-falantes, coraçãozinhos, afazeres, víveres
b) espadas, frutas-pão, pé-de-moleques, peixe-bois
c) vaivéns, animaizinhos, beija-flores, águas-de-colônia
d) animalzinhos, vaivéns, salários-família, pastelzinhos
e) guardas-chuvas, guarda-costas, guardas-civis, couves-flores

12. (TRE-RJ) Segue a mesma regra de formação do plural de cidadão o seguinte substantivo:

a) botão
b) vulcão
c) cristãos
d) tabelião
e) escrivão

13. (SÃO JUDAS) O plural de blusa verde-limão, calça azul-pavão e blusão vermelho-cereja é:

a) blusas verde-limões, calças azul-pavões, blusões vermelho-cerejas
b) blusas verde-limões, calças azul-pavões, blusões vermelhos-cerejas
c) blusas verde-limão, calças azul-pavão, blusões vermelho-cereja
d) blusas verde-limão, calças azuis-pavão, blusões vermelhas-cereja
e) blusas verde-limão, calças azuis-pavão, blusões vermelho-cereja

14. (UM-SP) Aponte a frase que não contenha um substantivo empregado no grau diminutivo:

a) Coleciono corpúsculos significativos por princípios óbvios da minha natureza.
b) Faça questiúnculas somente se forem suficientes para a formação de ideias essenciais.
c) Os silvícolas optaram pelo uso da linguagem fundamental em gestos e expressões.
d) O chuvisco contínuo de gracejos sentimentais perturba-me a mente cansada.
e) Esses versículos poderão complicar sua relação com os visitantes de má política.

15. (UM-SP) Em qual das alternativas todas as palavras pertencem ao gênero masculino?

a) dinamite, agiota, trema, cal
b) dilema, perdiz, tribo, axioma
c) eclipse, telefonema, dó, aroma
d) estratagema, bílis, omoplata, gengibre
e) sistema, guaraná, rês, anátema

16. (UM-SP) Os femininos de monge, duque, papa e profeta são:

a) monja, duqueza, papisa, profetisa
b) freira, duqueza, papiza, profetisa
c) freira, duquesa, papisa, profetisa
d) monja, duquesa, papiza, profetiza
e) monja, duquesa, papisa, profetisa

17. (UM-SP) Assinale o período que não contém um substantivo sobrecomum:

a) Ele foi a testemunha ocular do crime naquela polêmica reunião.
b) Aquela jovem ainda conserva a ingenuidade meiga e dócil da criança.
c) A intérprete morreu mantendo-se como um ídolo indestrutível na memória de seus admiradores.
d) As famílias desestruturam-se quando os cônjuges agem sem consciência.
e) O pianista executou com melancolia e suavidade a sinfonia preferida pela plateia.

18. (UM-SP) Assinale a alternativa correta quanto ao gênero das palavras:

A) A lança-perfume foi proibida no carnaval.
b) Os observadores terrestres esperavam atentos a eclipse da Lua.
c) A gengibre é uma erva de grande utilidade medicinal.
d) A dinamite é um explosivo à base de nitroglicerina.
e) n.d.a.

19. (UM-SP) Indique o período que não contém um substantivo no grau diminutivo:

a) Todas as moléculas foram conservadas com as propriedades particulares, independentemente da atuação do cientista.
b) O ar senhoril daquele homúnculo transformou-o no centro das atenções na tumultuada assembleia.
c) Através da vitrine da loja, a pequena observava curiosamente os objetos decorativos expostos à venda, por preço bem baratinho.
d) De momento a momento, surgiam curiosas sombras e vultos apressados na silenciosa viela.
e) Enquanto distraía as crianças, a professora tocava flautim, improvisando cantigas alegres e suaves.

8. ADJETIVO

1. (FMU) Nas orações: "Este livro é melhor do que aquele"; "Este livro é mais lido que aquele", há os graus comparativos:

a) de superioridade, respectivamente sintético e analítico
b) de superioridade, ambos analíticos
c) de superioridade, ambos sintéticos
d) relativos
e) superlativos

2. (CFET-PR) Assinale a alternativa que contém o superlativo dos seguintes adjetivos: nobre, pobre, doce, amável, sagrado:

a) nobérrimo, paupérrimo, docíssimo, amabilíssimo, sagradíssimo
b) nobilíssimo, paupérrimo, dulcíssimo, amabilíssimo, sacratíssimo
c) nobilíssimo, pobréssimo, docíssimo, amavelíssimo, sagradíssimo
d) nobérrimo, paupérrimo, docérrimo, amabilíssimo, sagradíssimo
e) nobilíssimo, pobríssimo, docíssimo, amavelíssimo, sagradíssimo

3. (PUC) Adjetivo no grau superlativo relativo ocorre em:

a) Acrescento que nada mais bonito existe do que um barco a vela.
b) E havia também as casas dos pobres do outro lado, construções muito admiráveis no ar.

c) O milagre da pobreza é sempre o mais novo e o mais cálido de todos os milagres.
d) O maior barco a vela seguia o caminho invisível do vento.
e) O domingo se aquietara, quando passou zunindo um automóvel vermelho.

4. (ITA) Especifique o que estiver totalmente correto (quanto ao grau):

a) "cruíssimo" é o grau superlativo de "cruel" e de "cru".
b) Muitas vezes o diminutivo tem valor depreciativo: mãezinha, papelucho, rapazelho, casulo, camisola.
c) Deixaram de ter valor de grau aumentativo ou diminutivo: portão, cordel, cafezinho, mocinho, pequenininho.
d) Em linguagem precisa são aceitáveis as expressões mais paralelo que, mais oval, redondíssimo.
e) Em todas as alternativa há erros.

9. PRONOME

1. (FFCL-SANTO ANDRÉ) Assinale a alternativa correta:

a) A solução agradou-lhe.
b) Eles diriam-se injuriados.
c) Ninguém conhece-me bem.
d) Darei-te o que quiseres.
e) Quem contou-te isso?

2. (FFCL-SANTO ANDRÉ) Assinale a alternativa correta:

a) A solução agradou-lhe.
b) Eles diriam-se injuriados.
c) Ninguém conhece-me bem.
d) Darei-te o que quiseres.
e) Quem contou-te isso?

3. (TFT-MA) "O individualismo não a alcança." A colocação do pronome átono está em desacordo com a norma culta da língua, na seguinte alteração da passagem acima:

a) O individualismo não a consegue alcançar.

b) O individualismo não está alcançando-a.
c) O individualismo não a teria alcançado.
d) O individualismo não tem alcançado-a.
e) O individualismo não pode alcançá-la.

4. (BB) Colocação incorreta:

a) Preciso que venhas ver-me.
b) Procure não desapontá-lo.
c) O certo é fazê-los sair.
d) Sempre negaram-me tudo.
e) As espécies se atraem.

5. (EPCAR) Imagine o pronome entre parênteses no lugar devido e aponte onde não deve haver próclise:

a) Não entristeças. (te)
b) Deus favoreça. (o)
c) Espero que faças justiça. (se)
d) Meus amigos, apresentem em posição de sentido. (se)
e) Ninguém faça de rogado. (se)

6. (FTU) A frase em que a colocação do pronome átono está em desacordo com as normas vigentes no português padrão do Brasil é:

a) A ferrovia integrar-se-á nos demais sistemas viários.
b) A ferrovia deveria-se integrar nos demais sistemas viários.
c) A ferrovia não tem se integrado nos demais sistemas viários.
d) A ferrovia estaria integrando-se nos demais sistemas viários.
e) A ferrovia não consegue integrar-se nos demais sistemas viários.

7. (EPCAR) O que é pronome interrogativo na frase:

a) Os que chegaram atrasados farão a prova?
b) Se não precisas de nós, que vieste fazer aqui?
c) Quem pode afiançar que seja ele o criminoso?
d) Teria sido o livro que me prometeste?
e) Conseguirias tudo que desejas?

8. (UF-MA) Identifique a oração em que a palavra certo é pronome indefinido:

a) Certo perdeste o juízo.

b) Certo rapaz te procurou.
c) Escolheste o rapaz certo.
d) Marque o conceito certo.
e) Não deixe o certo pelo errado.

9. (CESGRANRIO) Indique a estrutura verbal que contraria a norma culta:

a) Ter-me-ão elogiado.
b) Tinha-se lembrado.
c) Teria-me lembrado.
d) Temo-nos esquecido.
e) Tenho-me alegrado.

10. (MACK) A colocação do pronome oblíquo está incorreta em:

a) Para não aborrecê-lo, tive de sair.
b) Quando sentiu-se em dificuldade, pediu ajuda.
c) Não me submeterei aos seus caprichos.
d) Ele me olhou algum tempo comovido.
e) Não a vi quando entrou.

11. (MACK) Assinale a alternativa que apresenta erro de colocação pronominal:

a) Você não devia calar-se.
b) Não lhe darei qualquer informação.
c) O filho não o atendeu.
d) Se apresentar-lhe os pêsames, faço-o discretamente.
e) Ninguém quer aconselhá-lo.

12. (SANTA CASA) Há um erro de colocação pronominal em:

a) "Sempre a quis como namorada."
b) "Os soldados não lhe obedeceram as ordens."
c) "Todos me disseram o mesmo."
d) "Recusei a ideia que apresentaram-me."
e) "Quando a cumprimentaram, ela desmaiou."

13. (UC-MG) Encontramos pronome indefinido em:

a) "Muitas horas depois, ela ainda permanecia esperando o resultado."

b) "Foram amargos aqueles minutos, desde que resolveu abandoná-las."
c) "A nós, provavelmente, enganariam, pois nossa participação foi ativa."
d) "Havia necessidade de que tais ideias ficassem sepultadas."
e) "Sabíamos o que você deveria dizer-lhe ao chegar da festa."

14. (SANTA CASA) Do lugar onde ...., ... um belo panorama, em que o céu ...... com a terra.

a) se encontravam - divisava-se - se ligava
b) se encontravam - divisava-se - ligava-se
c) se encontravam - se divisava - ligava-se
d) encontravam-se - divisava-se - se ligava
e) encontravam-se - se divisava - se ligava

15. (UF-RJ) Numa das frases, está usado indevidamente um pronome de tratamento. Assinale-a:

a) Os Reitores das Universidades recebem o título de Vossa Magnificência.
b) Sua Excelência, o Senhor Ministro, não compareceu à reunião.
c) Senhor Deputado, peço a Vossa Excelência que conclua a sua oração.
d) Sua Eminência, o Papa Paulo VI, assistiu à solenidade.
e) Procurei o chefe da repartição, mas Sua Senhoria se recusou a ouvir as minhas explicações.

16. (UF-MA) Identifique a oração em que a palavra certo é pronome indefinido:

a) Certo perdeste o juízo.
b) Certo rapaz te procurou.
c) Escolheste o rapaz certo.
d) Marque o conceito certo.
e) Não deixe o certo pelo errado.

17. (BB) Pronome empregado incorretamente:

a) Nada existe entre eu e você.

b) Deixaram-me fazer o serviço.
c) Fez tudo para eu viajar.
d) Hoje, Maria irá sem mim.
e) Meus conselhos fizeram-no refletir.

18. (MACK) A única frase em que há erro no emprego do pronome oblíquo é:

a) Eu o conheço muito bem.
b) Devemos preveni-lo do perigo.
c) Faltava-lhe experiência.
d) A mãe amava-a muito.
e) Farei tudo para livrar-lhe desta situação.

19. (BRÁS CUBAS) "**Alguém**, antes que Pedro **o** fizesse, teve vontade de falar **o que** foi dito." Os pronomes assinalados dispõem-se nesta ordem:

a) de tratamento, pessoal, oblíquo, demonstrativo
b) indefinido, relativo, pessoal, relativo
c) demonstrativo, relativo, pessoal, indefinido
d) indefinido, relativo, demonstrativo, relativo
e) indefinido, demonstrativo, demonstrativo, relativo

20. (PUC) Na frase: "Chegou Pedro, Maria e o seu filho dela", o pronome possessivo está reforçado para:

a) ênfase
b) elegância e estilo
c) figura de harmonia
d) clareza
e) n.d.a

10. VERBO

1. (FUVEST) Assinale a alternativa em que uma forma verbal foi empregada incorretamente:

a) O superior interveio na discussão, evitando a briga.
b) Se a testemunha depor favoravelmente, o réu será absolvido.

c) Quando eu reouver o dinheiro, pagarei a dívida.
d) Quando você vir Campinas, ficará extasiado.
e) Ele trará o filho, se vier a São Paulo.

2. (MACK) Que alternativa contém as palavras adequadas para o preenchimento das lacunas?
"Ao lugar de onde eles ...., ... diversas romarias."

a) provém, afluem
b) provém, aflue
c) provém, aflui
d) provêem, afluem
e) provêm, afluem

3. (FATEC) Assinale a alternativa que preenche corretamente as lacunas: ...., entre analistas políticos que, se o governo .... essa política salarial e se o empresariado não .... as perdas salariais, ... sérios problemas estruturais a serem resolvidos e, quando os sindicatos .... estará instalado o caos total.

a) Comentam-se; manter; repor; haverão; intervierem
b) Comenta-se; mantiver; repuser; haverão; intervirem
c) Comenta-se; mantesse; repuser; haverão; intervierem
d) Comenta-se; mantiver; repuser; haverá; intervierem
e) Comentam-se; manter; repor; haverá; intervirem

4. (CARLOS CHAGAS-PR) Se você .... chegado a tempo .... visto o que ....

a) tem - tenha - acontece
b) tiver - terá - acontecesse
c) teria - tinha - aconteça
d) tivesse - teria – aconteceu
e) tinha - tem – acontecia

5. (ESAN-SP) Assinale a alternativa em que há um verbo defectivo:

a) Demoliram vários prédios naquele local.
b) Eles se correspondem frequentemente.

c) Estampava no rosto um sorriso, um sorriso de criança.
d) Compramos muitas mercadorias remarcadas.
e) Coube ao juiz julgar o réu.

6. (CESGRANRIO) Assinale a frase em que há erro de conjugação verbal:

a) Os esportes entretêm a quem os pratica.
b) Ele antevira o desastre.
c) Só ficarei tranquilo, quando vir o resultado.
d) Eles se desavinham frequentemente.
e) Ainda hoje requero o atestado de bons antecedentes.

7. (FAE-PR) Soldado! .... a cabeça, ... teu fuzil, ... o que lá vês. Mas não te ....!

a) Levanta, ergue, destrua, firas
b) Levante, ergue, destrua, fira
c) Levanta, ergue, destrói, firas
d) Levantai, erguei, destruí, firais
e) Levanteis, ergueis, destruais, firais

8. (MED-SANTOS) Assinale a alternativa em que o imperativo está empregado corretamente:

a) Não ide lá, eu vo-lo proíbo.
b) Não vades lá, eu to proíbo.
c) Não vades lá, eu vo-lo proíbo.
d) Não ides lá, eu vos proíbo.
e) Não vade lá, eu vo-lo proíbo.

9. (MACK) A forma verbal correta é:

a) interviu
b) reavenha
c) precavesse
d) entretesse
e) manteram

10. (CESESP-PE) Assinale a alternativa que estiver incorreta quanto à flexão dos verbos:

a) Ele teria pena de mim se aqui viesse e visse o meu estado.
b) Paulo não intervém em casos que requeiram profunda atenção.
c) O que nós propomos a ti, sinceramente, convém-te.
d) Se eles reouverem suas forças, obterão boas vitórias.
e) Não se premiam os fracos que só obteram derrotas.

11. (ITA) Assinale o caso em que o verbo sublinhado estiver correto:

a) Eu me precavo deve ser substituído por eu me precavejo.
b) Eu me precavenho contra os dias de chuva.
c) Eu reavi o que perdera há dois anos.
d) Problemas graves me reteram no escritório.
e) Nenhuma das frases acima.

12. (CARLOS CHAGAS-BA) Transpondo para a voz passiva a frase: "Haveriam de comprar, ainda, um trator maior", obtém-se a forma verbal:

a) comprariam
b) comprar-se-ia
c) teria sido comprado
d) ter-se-ia comprado
e) haveria de ser comprado

13. (FUVEST) "Se ele .... (ver) o nosso trabalho .... (fazer) um elogio." Assinale a alternativa em que as formas dos verbos ver e fazer preenchem corretamente as lacunas da frase acima:

a) ver - fará
b) visse - fará
c) ver - fazerá
d) vir – fará
e) vir – faria

14. (PUC) Dê, na ordem em que aparecem nesta questão, as seguintes formas verbais:

advertir - no imperativo afirmativo, segunda pessoa do plural
compor - no futuro do subjuntivo, segunda pessoa do plural
rever - no perfeito do indicativo, segunda pessoa do plural
prover - no perfeito do indicativo, segunda pessoa do singular

a) adverti, componhais, revês, provistes
b) adverti, compordes, revestes, provistes
c) adverte, compondes, reveis, proviste
d) adverti, compuserdes, revistes, proveste
e) n.d.a

15. (UNIMEP-SP) "Não fales! Não bebas! Não fujas!" Passando tudo para a forma afirmativa, teremos:

a) Fala! Bebe! Foge!
b) Fala! Bebe! Fuja!
c) Fala! Beba! Fuja!
d) Fale! Beba! Fuja!
e) Fale! Bebe! Foge!

16. (UFSCAR) Indique a alternativa que completa corretamente as lacunas das frases:

I - Se nos .... a fazer um esforço conjunto, teremos um país sério.
II - .... o televisor ligado, para te informares dos últimos acontecimentos.
III - Não havia programa que .... o povo, após o último noticiário.

a) propormos - Mantenha - entretesse
b) propusermos - Mantém - entretesse
c) propormos - Mantém - entretivesse
d) propormos - Mantém - entretesse
e) propusermos - Mantém - entretivesse

17. (FUVEST) "... e antes nunca houvesse aberto o bico..."; "Assim da tua vanglória há muitos que se ufanam." Nestas passagens, o verbo haver é, respectivamente:

a) auxiliar e auxiliar
b) auxiliar e impessoal

c) impessoal e impessoal
d) principal e auxiliar
e) principal e impessoal

18. (UNB-DF) Assinale o item que contém as formas verbais corretas:

a) reouve - intervi
b) reouve - intervim
c) rehouve - intervim
d) reavi – intervi
e) rehavi – intervim

19. (UM-SP) Qual o valor do futuro do pretérito na frase seguinte: "Quando chegamos ao colégio em 1916, a cidade teria apenas uns cinquenta mil habitantes"?

a) fato futuro, anterior a outro fato futuro
b) fato futuro, relacionado com o passado
c) suposição, relativamente a um momento futuro
d) suposição, relativamente a um momento passado
e) configuração de um fato já passado

20. (FMU) Leia a seguinte passagem na voz passiva: "O receio é substituído pelo pavor, pelo respeito, pela emoção ..." Se passarmos para a voz ativa, teremos:

a) O pavor e o respeito substituíram-se pela emoção e o receio.
b) O pavor e o receio substituem a emoção e o respeito.
c) O pavor, o respeito e a emoção são substituídos pelo receio.
d) O pavor, o respeito e a emoção substituem-se.
e) O pavor, o respeito e a emoção substituem o receio.

21. (DASP) Assinale a única alternativa em que há erro de flexão verbal:

a) Quando eu o vir, acertarei as contas.
b) Se ele propor um aumento de verba, direi que não teremos recursos.
c) O governo interveio na região.
d) Os funcionários vêm aqui hoje.
e) Na tentativa de solucionar o problema, eles se desavieram.

22. (PUC) Uma das alternativas abaixo está errada quanto à correspondência no emprego dos tempos verbais. Assinale qual é esta alternativa:

a) Porque arrumara carona, chegou cedo à cidade.
b) Se tivesse arrumado carona, chegaria cedo à cidade.
c) Embora arrume carona, chegará tarde.
d) Embora tenha arrumado carona, chegou tarde.
e) Se arrumar carona, chegaria cedo à cidade.

23. (UNIMEP-SP) "Assim **eu quereria** a minha última crônica: **que fosse** pura como este sorriso." (Fernando Sabino). Assinale a série em que estão devidamente classificadas as formas verbais em destaque:

a) futuro do pretérito, presente do subjuntivo
b) pretérito mais-que-perfeito, pretérito imperfeito do subjuntivo
c) pretérito mais-que-perfeito, presente do subjuntivo
d) futuro do pretérito, pretérito imperfeito do subjuntivo
e) pretérito perfeito, futuro do pretérito

24. (FUVEST) Ele .... a seca e .... a casa de mantimentos.

a) preveu - proveu
b) provera - provira
c) previra - previera
d) preveu - provera
e) previu - proveu

25. (CESGRANRIO) A frase negativa que corresponde a "Põe nela todo o incêndio das auroras" é:

a) Não põe nela todo o incêndio das auroras.
b) Não ponhas nela todo o incêndio das auroras.
c) Não põem nela todo o incêndio das auroras.
d) Não ponha nela todo o incêndio das auroras.
e) Não pondes nela todo o incêndio das auroras.

26. (PUC) Assinale a forma verbal errada na relação abaixo:

a) verbo vir - pres. do ind. 1a p.p. : vimos

b) verbo vir - particípio: vindo
c) verbo ver - imperativo afirmativo, 2a p.p. : vede
d) verbo aprazer - pret. perf. do ind., 3a p. sing. : aprouve
e) verbo intervir - pret. perf. do ind., 3a p.p. : interviram

27. (FUVEST) Assinale a alternativa gramaticalmente correta:
a) Não chores, cala, suporta a tua dor.
b) Não chore, cala, suporta a tua dor.
c) Não chora, cale, suporte a sua dor.
d) Não chores, cales, suportes a sua dor.
e) Não chores, cale, suporte a tua dor.

28. (MACK) Assinale a alternativa que completa corretamente a seguinte frase: "Quando .... mais aperfeiçoado, o computador certamente .... um eficiente meio de controle de toda a vida social."

a) estivesse - será
b) estiver - seria
c) esteja - era
d) estivesse - era
e) estiver – será

29. (UC-PR) Assinale a alternativa que preenche corretamente as lacunas:

1. O intruso já tinha sido .... 2. Não sabia se já haviam .... a casa.
3. Mais de uma vez lhe haviam .... a vida. 4. A capela ainda não havia sido ....

a) expulsado, coberto, salvo, benzida
b) expulso, cobrido, salvo, benzida
c) expulsado, cobrido, salvado, benta
d) expulso, coberto, salvado, benta
e) expulsado, cobrido, salvo, benzida

30. (FUVEST) A transformação passiva da frase: "A religião te inspirou esse anúncio", apresentará o seguinte resultado:

a) Tu te inspiraste na religião para esse anúncio.
b) Esse anúncio inspirou-se na tua religião.
c) Tu foste inspirado pela religião nesse anúncio.
d) Esse anúncio te foi inspirado pela religião.
e) Tua religião foi inspirada nesse anúncio.

11. ADVÉRBIO

1. (PUC) No trecho: "E o **azul**, o azul virginal **onde** as **águias** e os astros gozam, tornou-**se** o azul espiritualizado...", as palavras destacadas correspondem morfologicamente, pela ordem, a:

a) adjetivo - pronome relativo - substantivo - pronome relativo
b) substantivo - pronome relativo - substantivo - pronome reflexivo
c) adjetivo - advérbio - substantivo - pronome reflexivo
d) substantivo - advérbio - advérbio - pronome relativo
e) adjetivo - conjunção - substantivo - pronome

2. (UNB-DF) Assinale a frase em que "meio" funciona como advérbio:

a) Só quero meio quilo.
b) Achei-o meio triste.
c) Descobri o meio de acertar.
d) Parou no meio da rua.
e) Comprou um metro e meio.

3. (FAAP) Assinale a alternativa cuja relação é incorreta:

a) Sorria às crianças que passavam - pronome relativo
b) Declararam que nada sabem - conjunção integrante
c) Que alegre manifestação a sua - advérbio de intensidade
d) Que enigmas há nesta vida - pronome adjetivo indefinido
e) Uma ilha que não consta no mapa - conjunção coord. explicativa

4. (UFC) A opção em que há um advérbio exprimindo circunstância de tempo é:

a) Possivelmente viajarei para São Paulo.
b) Maria Tinha aproximadamente 15 anos.
c) As tarefas foram executadas concomitantemente
d) Os resultados chegaram demasiadamente atrasados.

5. De acordo com o discurso gramatical tradicional, advérbio é palavra invariável que expressa circunstância e incide sobre verbos, adjetivos e até mesmo advérbios. No entanto, extrapolando esse

discurso, sabe-se que, como modalizador, em vez de exprimir uma circunstância (tempo, lugar, intensidade, etc.) relacionada a um verbo, advérbio ou adjetivo, o advérbio pode revelar estados psicológicos do enunciador. Isso se vê em:

a) "[...] basta uma torcida muito forte para que se produza um resultado positivo para a sociedade."
b) "Infelizmente a vida real exige mais do que boas intenções para seguir o vetor do progresso social."
c) "o governo deveria ter optado por agir silenciosa e drasticamente dentro das organizações policiais."
d) "A apreensão não é reportada ao comando policial".
e) "Depois raspam sua numeração e a vendem."

12. PREPOSIÇÃO

1. (UM-SP) No período "O povoado século XX está **a** bordo de uma vida desgastante, cheia de imprevistos inconvenientes", a preposição em realce está indicando relação de:

a) fim
b) lugar
c) causa
d) modo
e) meio

2. (UM-SP) Indique a oração que apresenta locução prepositiva:

a) Havia objetos valiosos sobre a pequena mesa de mármore.
b) À medida que os inimigos se aproximavam, as tropas inglesas recuavam.
c) Seguiam a maneira militar devido à influência do pai.
d) Agiu de caso pensado, quando se afastou de você.
e) De repente, riscou e reescreveu o texto.

3. (ENEM/2004) No trecho "Montes Claros cresceu tanto,/ (...),/ que já tem cinco favelas", a palavra que contribui para estabelecer uma relação de consequência. Dos seguintes versos, todos de Carlos Drummond de Andrade, quais apresentam esse mesmo tipo de relação:

a) "Meu Deus, por que me abandonaste / se sabias que eu não era Deus / se sabias que eu era fraco."
b) "No meio-dia branco de luz uma voz que aprendeu / a ninar nos longes da senzala — e nunca se esqueceu / chamava para o café."
c) "Teus ombros suportam o mundo / e ele não pesa mais que a mão de uma criança."
d) "A ausência é um estar em mim. / E sinto-a, branca, tão pegada, aconchegada nos meus braços, / que rio e danço e invento exclamações alegres."
e) "Penetra surdamente no reino das palavras. / Lá estão os poemas que esperam ser escritos."

4. (ENEM/2004)

TEXTO 2

Da minha aldeia vejo quanto da terra se pode ver no Universo...
Por isso minha aldeia é grande como outra qualquer
Porque sou do tamanho do que vejo
E não do tamanho da minha altura...

(Alberto Caeiro)

A tira "Hagar" e o poema de Alberto Caeiro (um dos heterônimos de Fernando Pessoa) expressam, com linguagens diferentes, uma mesma ideia: a de que a compreensão que temos do mundo é condicionada, essencialmente,

a) pelo alcance de cada cultura.
b) pela capacidade visual do observador.
c) pelo senso de humor de cada um.
d) pela idade do observador.
e) pela altura do ponto de observação.

5. (Puc-SP) Ganhe o NÃO ou ganhe o SIM, o problema do crime no

Brasil vai continuar do mesmo tamanho, as duas orações grifadas estão coordenadas pela preposição "ou". Se essas mesmas orações forem reescritas de forma que fiquem subordinadas à oração principal: o problema do crime no Brasil vai continuar do mesmo tamanho, a melhor reescrita será:

a) Porque ganhou o Não ou porque ganhou o Sim, o problema do crime no Brasil vai continuar do mesmo tamanho.
b) Caso ganhe o Não ou caso ganhe o Sim, o problema do crime no Brasil vai continuar do mesmo tamanho.
c) Embora vai ganhar o Não ou embora vai ganhar o Sim, o problema do crime no Brasil vai continuar do mesmo tamanho.
d) Na medida em que ganhe o Não ou na medida em que ganhe o Sim, o problema do crime no Brasil vai continuar do mesmo tamanho.
e) Não só porque ganhou o Não, mas também porque ganhou o Sim, o problema do crime no Brasil vai continuar do mesmo tamanho.

13. TERMOS DA ORAÇÃO

1. (UFU) Éramos três velhos amigos na praia quase deserta. O sujeito desta oração é:

a) subentendido
b) claro, composto e determinado
c) indeterminado
d) inexistente
e) claro, simples e determinado

2. (UM-SP) Preencha a segunda coluna conforme o código estabelecido na primeira e assinale a alternativa correta de acordo com essa relação:

(1) sujeito determinado simples
(2) sujeito indeterminado
(3) sujeito desinencial (implícito na terminação verbal)
(4) sujeito paciente
(5) sujeito inexistente

( ) Era um mistério curioso aquela vida.
( ) No auge da rebelião, houve um tiroteio de quinze minutos entre policiais e bandidos.

( ) Quando se dispõe de força interna, vive-se melhor.
( ) Corrigiram-se os artigos após a última emenda do jornalista.
( ) Nem quererá despejá-lo imediatamente.

a) 5 - 3 - 2 - 1 - 4
b) 5 - 3 - 2 - 4 - 1
c) 1 - 5 - 2 - 4 - 3
d) 1 - 3 - 5 - 2 – 4
e) 1 - 5 - 3 - 2 – 4

3. (FMU) Em: Tinha grande amor **à humanidade** / As ruas foram lavadas **pela chuva** / Ele é rico **em virtudes**. Os termos destacados são, respectivamente:

a) complemento nominal, agente da passiva, complemento nominal
b) objeto indireto, agente da passiva, objeto indireto
c) complemento nominal, objeto indireto, complemento nominal
d) objeto indireto, complemento nominal, agente da passiva
e) n.d.a

4. (PUC) Em: "... principiou a segunda volta do terço."; "Carrocinhas de padeiro derrapavam nos paralelepípedos."; "Passavam cestas para o Largo do Arouche."; "Garoava na madrugada roxa." Os verbos são, respectivamente:

a) transitivo direto, transitivo indireto, transitivo direto, intransitivo
b) intransitivo, transitivo indireto, transitivo direto, intransitivo
c) transitivo direto, intransitivo, transitivo direto, intransitivo
d) transitivo direto, intransitivo, intransitivo, intransitivo-impessoal
e) transitivo indireto, intransitivo, transitivo indireto, transitivo indireto

5. (UNIRIO) Em "Passamos então nós dois, **privilegiadas criaturas**, a regalar- nos com a mesa...", a função sintática do termo sublinhado é:

a) sujeito
b) objeto direto
c) aposto
d) adjunto adverbial
e) vocativo

6. (PUC) Na oração: "A inspiração é fugaz, violenta", podemos afirmar que o predicado é:

a) verbo-nominal, porque o verbo é de ligação e vem seguido de dois predicativos
b) nominal, porque é verbo de ligação
c) verbal, porque o verbo é de ligação e são atribuídas duas caracterizações ao sujeito
d) verbo-nominal, porque o verbo é de ligação e vem seguido de dois advérbios de modo
e) nominal, porque o verbo tem sua significação completada por dois nomes que funcionam como adjuntos adnominais

7. (UFGO) Em uma das alternativas, o predicativo inicia o período. Assinale-a:

a) A dificílima viagem será realizada pelo homem.
b) Em suas próprias inexploradas entranhas descobrirá a alegria de conviver.
c) Humanizado tornou-se o sol com a presença humana.
d) Depois da dificílima viagem, o homem ficará satisfeito?
e) O homem procura a si mesmo nas viagens a outros mundos.

8. (UFU) "O sol entra cada dia mais tarde, pálido, fraco, oblíquo." "O sol brilhou um pouquinho pela manhã." Pela ordem, os predicados das orações acima classificam-se como:

a) nominal e verbo-nominal
b) verbal e nominal
c) verbal e verbo-nominal
d) verbo-nominal e nominal
e) verbo-nominal e verbal

9. (FMU) "Ouviram do Ipiranga as margens plácidas / De um povo heróico o brado retumbante..." O sujeito desta afirmação com que se inicia o Hino Nacional é:

a) indeterminado
b) um povo heróico
c) as margens plácidas do Ipiranga
d) do Ipiranga

e) o brado retumbante

10. (FUVEST) "No mar, tanta tormenta e tanto dano, / Tantas vezes a morte apercebida; / Na terra, tanta guerra, tanto engano, / Tanta necessidade aborrecida! / Onde pode acolher-se um fraco humano, / Onde terá segura a curta vida, / Que não se arme e se indigne o Céu sereno / Contra um bicho da terra tão pequeno?"

Na oração "Onde terá segura a curta vida...":

a) o adjetivo segura é predicativo do objeto vida
b) o adjetivo curta é adjunto adnominal do sujeito vida
c) os dois adjetivos - segura e curta - são adjuntos do substantivo vida
d) o adjetivo segura está empregado com valor de adjunto adverbial
e) os adjetivos - segura e vida - são predicativos do sujeito vida

11. (UFAM) Assinale a alternativa em que o verbo não se apresenta em uma das formas da voz passiva:

a) Realizar-se-ão as promessas veementemente feitas?
b) Computados os votos, divulgou-se, em meio a grande alarido, a vontade das urnas.
c) Foram registradas poucas abstenções, ao contrário do previsto.
d) Têm-se descoberto ultimamente muitos sítios arqueológicos.
e) Procedeu-se em seguida à leitura do manifesto.

12. (MACK) Na oração "Esboroou-se o balsâmico indianismo de Alencar ao advento dos Romanos", a classificação do sujeito é:

a) oculto
b) inexistente
c) simples
d) composto
e) indeterminado

13. (FGV) Aponte a correta análise do termo destacado: "Ao fundo, as pedrinhas claras pareciam **tesouros abandonados**."

a) predicativo do sujeito

b) adjunto adnominal
c) objeto direto
d) complemento nominal
e) predicativo do objeto direto

14. (CESCEM) Assinale a análise do termo destacado: "A terra era povoada de selvagens."

a) objeto direto
b) objeto indireto
c) agente da passiva
d) complemento nominal
e) adjunto adverbial

15. (PUC) "Nesse momento começaram a feri-lo nas mãos, a pau." Nessa frase o sujeito do verbo é:

a) nas mãos
b) indeterminado
c) eles (determinado)
d) inexistente ou eles: dependendo do contexto
e) n.d.a

16. (MACK) No período "... a nacionalidade viveu **da mescla de três raças que** os poetas xingaram **de tristes: as três raças tristes**", as unidades sublinhadas exercem, respectivamente, as funções sintáticas de:

a) adjunto adverbial - objeto direto - predicativo do objeto - aposto
b) objeto indireto - sujeito - predicativo do objeto - adjunto adverbial
c) objeto direto - objeto direto - adjunto adnominal - adjunto adverbial
d) adjunto adverbial - objeto direto - adjunto adnominal - aposto
e) adjunto adverbial - sujeito - adjunto adverbial - adjunto adverbial

17. (UFMS) Faça uma análise sintática da oração abaixo e, a seguir, assinale a(s) proposição(ões) correta(s).
A ordem, meus amigos, é a base do governo.

(001) A ordem é sujeito simples; é a base do governo é predicado nominal.
(002) A expressão meus amigos é aposto.
(004) A, meus, a, do governo são adjuntos adnominais.
(008) é - verbo transitivo direto.
(016) a base do governo é predicativo do objeto.

18. (FMU) Em "Eu era **enfim, senhores, uma graça de alienado**.", os termos da oração grifados são respectivamente, do ponto de vista sintático:

a) adjunto adnominal, vocativo, predicativo do sujeito
b) adjunto adverbial, aposto, predicativo do objeto
c) adjunto adverbial, vocativo, predicativo do sujeito
d) adjunto adverbial, vocativo, objeto direto
e) adjunto adnominal, aposto, predicativo do sujeito

19. (Cefet-Mg) "Fala-se em compatibilizar desenvolvimento e meio ambiente, como se fossem adversários a serem conciliados." (linha 35)
O sujeito da frase grifada constrói-se da mesma maneira em:

a) Cresce-se, mas não se amadurece.
b) Aumenta-se nosso estado de alerta diante da situação ambiental.
c) Fazem-se pressões e recebem-se acenos de possíveis flexibilizações.
d) Criaram-se medidas de proteção ambiental, muitas vezes em situações difíceis.
e) Mantém-se o debate, banca-se o combate ao desmatamento, dá-se suporte para a lei do licenciamento.

20. (UFU) "Ele observou-a e achou aquele gesto feio, grosseiro, masculinizado." Os termos sublinhados são:

a) predicativos do objeto
b) predicativos do sujeito
c) adjuntos adnominais
d) objetos diretos
e) adjuntos adverbiais de modo

21. (FGV) Leia atentamente: "Vi o acidente da estação." Na frase ao lado, a expressão sublinhada é ambígua, pois pode ser interpretada como:

a) objeto indireto ou adjunto adnominal
b) adjunto adverbial de modo ou predicativo do sujeito
c) predicativo do sujeito ou predicativo do objeto direto
d) adjunto adnominal ou adjunto adverbial
e) adjunto adverbial de tempo ou objeto indireto

22. (UFAM) Assinale a opção em que é indeterminado o sujeito da oração:
a) Trata-se definitivamente de versões infundadas.
b) Ouviram do Ipiranga as margens plácidas.
c) Não se dê atenção aos maledicentes.
d) Muito se discute atualmente a redução da maioridade penal.
e) Aqui outrora retumbaram hinos.

23. (MACK) Em "O hotel virou catacumba":

a) o predicado é nominal
b) o predicado é verbo-nominal
c) o predicado é verbal
d) o verbo é transitivo direto
e) estão corretas c e d

24. (CESGRANRIO) Assinale a frase cujo predicado é verbo-nominal:

a) "Que segredos, amiga minha, também são gente ..."
b) "... eles não se vexam dos cabelos brancos ..."
c) "... boa vontade, curiosidade, chama-lhe o que quiseres ..."
d) "Fiquemos com este outro verbo."
e) "... o assunto não teria nobreza nem interesse ..."

25. (UF-PR) Qual a oração sem sujeito?

a) Falaram mal de você.
b) Ninguém se apresentou.
c) Precisa-se de professores.
d) A noite estava agradável.
e) Vai haver um campeonato.

26. (FMU) Na passagem: "O receio é substituído pelo pavor, pelo respeito, pela emoção que emudece e paralisa." Os termos sublinhados são:

a) complementos nominais; orações subordinadas adverbiais concessivas, coordenadas entre si
b) adjuntos adnominais; orações subordinadas adverbiais comparativas
c) agentes da passiva; orações subordinadas adjetivas, coordenadas entre si
d) objetos diretos; orações subordinadas adjetivas, coordenadas entre si
e) objetos indiretos; orações subordinadas adverbiais comparativas

27. (MACK) Em "E quando o brotinho lhe telefonou, dias depois, comunicando que estudava o modernismo, e dentro do modernismo sua obra, para que o professor lhe sugerira contato pessoal com o autor, ficou assanhadíssimo e paternal a um tempo", os verbos assinalados são, respectivamente:

a) transitivo direto, transitivo indireto, de ligação, transitivo direto e indireto
b) transitivo direto e indireto, transitivo direto, transitivo indireto, de ligação
c) transitivo indireto, transitivo direto e indireto, transitivo direto, de ligação
d) transitivo indireto, transitivo direto, transitivo direto e indireto, de ligação
e) transitivo indireto, transitivo direto e indireto, de ligação, transitivo direto

28. (MACK) Com relação ao texto: "Examinei-a enquanto me mostrava um tapete que tecera nos dias em que ficou no hospital. E a fulgurante? Os olhos continuavam bem abertos, a boca descontraída." Assinale a alternativa que contém a análise errada:

a) em que tecera, que é o objeto direto
b) ficou no hospital é um predicado verbal
c) descontraída é predicativo do objeto

d) continuavam bem abertos é um predicado nominal
e) me em me mostrava é objeto indireto

29. (UFSC) Numere a 2ª coluna de acordo com a 1ª, estabelecendo a correspondência entre as palavras grifadas e os termos da oração:

Coluna 1
1. "Que diz você, **mano Bento**?"
2. "... meu tio Ildefonso, **então simples padre**, farejava-me cônego".
3. "... e certamente **os** dizia com muita graça".
4. Aqui foram-se **botões**.
5. Crianças e velhos são úteis **à Pátria**.

Coluna 2
( ) sujeito simples
( ) aposto
( ) vocativo
( ) complemento nominal
( ) objeto direto

a) 2, 5, 1, 4, 3
b) 2, 5, 3, 4, 1
c) 4, 2, 3, 5, 1
d) 3, 2, 4, 5, 1
e) 4, 2, 1, 5, 3

30. (PUC) No período: "Não brincara, não pandegara, não amara - todo esse lado da existência que parecia fugir um pouco à sua tristeza necessária, ele não vira, ele não provara, ele não experimentara", as últimas orações - "não vira", "não provara", "não experimentara" - têm a mesma organização sintática, e seus predicados são:

a) verbais, formados por verbos transitivos diretos, complementados por um objeto explícito no período
b) verbais, formados por verbos intransitivos
c) verbais, formados por verbos transitivos indiretos, complementados por um objeto indireto não explícito no período
d) verbais, formados por verbos transitivos direto e indireto
e) verbo-nominais, formados por verbos e predicativos do sujeito

14. ORAÇÕES COORDENADAS

1. (UFAM) Assinale a opção em que a oração coordenada, embora introduzida por conjunção aditiva, exprime contraste, oposição ou compensação em relação à anterior:

a) Além de produzir frutos, as mangueiras, como as demais árvores, enfeitam a natureza e oferecem sombra.
b) Os livros são verdadeiros amigos que instruem e divertem.
c) As operosas abelhas produzem mel e polinizam as flores.
d) Ao contrário do ferro, que apenas mata, o ouro corrompe, avilta e desonra.
e) Eu enchi a cara na juventude e não me tornei alcoólatra.

2. (F. TIBIRIÇA-SP) No período "Penso, **logo existo**", oração em destaque é:

a) coordenada sindética conclusiva
b) coordenada sindética aditiva
c) coordenada sindética alternativa
d) coordenada sindética adversativa
e) n.d.a

3. (Fuvest - SP) "Podem acusar-me: estou com a consciência tranquila." Os dois-pontos (:) do período acima poderiam ser substituídos por vírgula, explicitando-se o nexo entre as duas orações pela conjunção:

a) Portanto
b) e
c) como
d) pois
e) embora

4. (FCMSC-SP) Por definição, oração coordenada que seja desprovida de conectivo é denominada assindética. Observando os períodos seguintes:

I. Não caía um galho, não balançava uma folha.
II. O filho chegou, a filha saiu, mas a mãe nem notou.

III. O fiscal deu o sinal, os candidatos entregaram a prova. Acabara o exame.

Nota-se que existe coordenação assindética em:

a) I apenas
b) II apenas
c) III apenas
d) I e III
e) nenhum deles

5. (UNIMEP)

I - Mário estudou muito e foi reprovado!
II - Mário estudou muito e foi aprovado.

Em I e II, a conjunção e tem, respectivamente, valor:

a) aditivo e conclusivo
b) adversativo e aditivo
c) aditivo e aditivo
d) adversativo e conclusivo
e) concessivo e causal

15. ORAÇÕES SUBORDINADAS

1. (UFU) "Lembro-me **de que ele só usava camisas brancas.**" A oração sublinhada é:
a) subordinada substantiva completiva nominal
b) subordinada substantiva objetiva indireta
c) subordinada substantiva predicativa
d) subordinada substantiva subjetiva
e) subordinada substantiva objetiva direta

2. (FCE-SP) "Os homens sempre se esquecem **de que somos todos mortais.**" A oração destacada é:

a) substantiva completiva nominal
b) substantiva objetiva indireta
c) substantiva predicativa

d) substantiva objetiva direta
e) substantiva subjetiva

3. (UFMG) Em todos os períodos há orações subordinadas substantivas, exceto em:

a) O fato era que a escravatura do Santa Fé não andava nas festas do Pilar, não vivia no coco como a do Santa Rosa.
b) Não lhe tocara no assunto, mas teve vontade de tomar o trem e ir valer-se do presidente.
c) Um dia aquele Lula faria o mesmo com a sua filha, faria o mesmo com o engenho que ele fundara com o suor de seu rosto.
d) O oficial perguntou de onde vinha, e se não sabia notícias de Antônio Silvino.
e) Era difícil para o ladrão procurar os engenhos da várzea, ou meter-se para os lados de Goiânia.

4. (UFGO) Neste período "não bate para cortar", a oração "para cortar" em relação a "não bate", é:

a) a causa
b) o modo
c) a consequência
d) a explicação
e) a finalidade

5. (MACK) "Na 'Partida Monção', não há uma atitude inventada. Há reconstituição de uma cena **como ela devia ter sido na realidade**."
A oração sublinhada é:

a) adverbial conformativa
b) adjetiva
c) adverbial consecutiva
d) adverbial proporcional
e) adverbial causal

6. (UC-MG) Há oração subordinada substantiva apositiva em:

a) Na rua perguntou-lhe em tom misterioso: onde poderemos falar

à vontade?
b) Ninguém reparou em Olívia: todos andavam como pasmados.
c) As estrelas que vemos parecem grandes olhos curiosos.
d) Em verdade, eu tinha fama e era valsista emérito: não admira que ela me preferisse.
e) Sempre desejava a mesma coisa: que a sua presença fosse notada.

7. (FUVEST) "Sabendo que seria preso, ainda assim saiu à rua."

a) reduzida de gerúndio, conformativa
b) subordinada adverbial condicional
c) subordinada adverbial causal
d) reduzida de gerúndio, concessiva
e) reduzida de gerúndio, final

8. (UFAM) Assinale a opção em que o período é composto por coordenação e subordinação:

a) O exagerado consumo de álcool é muito mais danoso para o cérebro jovem do que para o dos adultos.
b) Numa espécie de defesa, muitos adultos dizem que tomaram porres homéricos na juventude, mas nem por isso se tornaram alcoólatras, como seria de esperar.
c) Sabe-se que o consumo imoderado de álcool na adolescência e na juventude deixa marcas indeléveis no cérebro.
d) Embora cause danos à memória dos jovens, o consumo excessivo de álcool é um hábito que, em geral, começa em casa.
e) Na maioria dos lares brasileiros, o consumo de bebida alcoólica por menores de idade é incentivado pelos próprios pais, apesar de tal prática ser condenada pelos cientistas.

9. (FUVEST) Classifique as orações em destaque do período seguinte:
"**Ao analisar o desempenho da economia brasileira**, os empresários afirmaram que **os resultados eram bastante razoáveis**, uma vez que a produção não aumentou, mas também não caiu."

a) principal, subordinada adverbial final
b) principal, subordinada substantiva objetiva direta
c) subordinada adverbial temporal, subordinada adjetiva restritiva

d) subordinada adverbial temporal, subordinada objetiva direta
e) subordinada adverbial temporal, subordinada substantiva subjetiva

10. (UFMG) A oração sublinhada está corretamente classificada, EXCETO em:

a) Casimiro Lopes pergunta **se me falta alguma coisa** / oração subordinada adverbial condicional
b) Agora eu lhe mostro **com quantos paus se faz uma canoa** / oração subordinada substantiva objetiva direta
c) Tudo quanto possuímos **vem desses cem mil réis** / oração subordinada adjetiva restritiva
d) Via-se muito **que D. Glória era alcoviteira** / oração subordinada substantiva subjetiva
e) A ideia é tão santa **que não está mal no santuário** / oração subordinada adverbial consecutiva

11. (FATEC) Considerando como conjunção integrante aquela que inicia uma oração subordinada substantiva, indique em qual das opções nenhum se tem esta função:

a) Se subiu, ninguém sabe, ninguém viu.
b) Comenta-se que ele se feria de propósito.
c) Se vai ou fica é o que eu gostaria de saber.
d) Saberia me dizer se ele já foi?
e) n.d.a

12. (UFAM) Assinale a opção em que a oração adjetiva delimita o significado do substantivo a que se refere:

a) Em sua visita à Turquia, que pertence ao mundo islâmico, Bento XVI afirmou que cristãos e muçulmanos são todos filhos do mesmo deus.
b) João Paulo II foi sucedido pelo cardeal Joseph Ratzinger, que era seu braço-direito.
c) Muito aprecio Rubem Braga, que escreveu as mais belas crônicas de nossa literatura.
d) Já ouviste dizer que cobra que não anda não engole sapo?
e) Nas folgas, costumava frequentar a Ponta Negra, onde sempre

encontrava velhos e queridos amigos

13. (UFAM) Assinale a opção em que a oração adjetiva delimita o significado do substantivo a que se refere:

a) Em sua visita à Turquia, que pertence ao mundo islâmico, Bento XVI afirmou que cristãos e muçulmanos são todos filhos do mesmo deus.
b) João Paulo II foi sucedido pelo cardeal Joseph Ratzinger, que era seu braço-direito.
c) Muito aprecio Rubem Braga, que escreveu as mais belas crônicas de nossa literatura.
d) Já ouviste dizer que cobra que não anda não engole sapo? Nas folgas, costumava frequentar a Ponta Negra, onde sempre encontrava velhos e queridos amigos.
e) Nas folgas, costumava frequentar a Ponta Negra, onde sempre encontrava velhos e queridos amigos.

14. (UFAM) Assinale a opção em que a oração subordinada não delimita a significação do substantivo a que se refere:

a) As buscas a que eu procedi foram inúteis.
b) Político que se envolve em corrupção não merece crédito.
c) O líquido que não tem cor é a água.
d) Da varanda da casa, olhou o pomar, que estava cheio de frutos.
e) Costumamos exaltar as qualidades de quem amamos.

15. (PUCCAMP-SP) – "Nunca chegará ao fim, por mais depressa que ande". A oração destacada é:

a) Subordinada adverbial causal.
b) Subordinada adverbial concessiva.
c) Subordinada adverbial condicional.
d) Subordinada adverbial consecutiva.
e) Subordinada adverbial comparativa.

16. (UFPR) – Julieta ficou à janela na esperança **de que Romeu voltasse**.
A oração em destaque é:

a) subordinada substantiva subjetiva.

b) subordinada substantiva completiva nominal.
c) subordinada substantiva predicativa.
d) subordinada adverbial causal.
e) subordinada adjetiva explicativa.

17. (UFC) Em pessoas que conhecera, casas em que morara, o pronome relativo que inicia oração adjetiva tem função de:

QUE CONHECERA – EM QUE MORARA
a) aposto – objeto indireto
b) objeto direto – objeto indireto
c) objeto direto – adjunto adverbial
d) sujeito – adjunto adverbial
e) sujeito – complemento nominal

18. (PUC) A lacuna que pode ser preenchida pela expressão "ainda que" é a da alternativa:

a) As notícias divulgadas pelos jornais contribuem para formar a opinião pública _____ sejam fidedignas.
b) O comentário de um fato da atualidade orienta o público _____ for objetivo.
c) A análise dos fatos conduz à formulação de opiniões _____ seja clara e compreensível.
d) A divulgação de alguns fatos é necessária _____ eles sejam chocantes.
e) A formulação de opiniões é fundamental na sociedade _____ ela for crítica.

19. (FUVEST) No período: "É possível **discernir no seu percurso momentos de rebeldia contra a estandardização e o consumismo**", a oração grifada é:

a) subordinada adverbial causal, reduzida de particípio
b) subordinada objetiva direta, reduzida de infinitivo
c) subordinada objetiva direta, reduzida de particípio
d) subordinada substantiva subjetiva, reduzida de infinitivo
e) subordinada substantiva predicativa, reduzida de infinitivo

20. (FUVEST) "Ao dia seguinte, o vigia solitário recolocou a tabuleta: "Precisa-se de operários", enquanto o construtor, de braços cruzados, amaldiçoava a chuva que devia estar caindo no Nordeste." (Aníbal Machado, Cadernos de João). As orações cujos núcleos verbais são recolocou, amaldiçoava e devia estar caindo, são, respectivamente:

a) principal, subordinada adverbial e subordinada adjetiva
b) subordinada adverbial, subordinada adverbial e subordinada substantiva
c) coordenada, coordenada e subordinada adjetiva
d) principal, subordinada adverbial e subordinada substantiva
e) principal, coordenada e subordinada adverbial

16. CONCORDÂNCIA NOMINAL

1. (CESGRANRIO) Há erro de concordância em:

a) atos e coisas más
b) dificuldades e obstáculo intransponível
c) cercas e trilhos abandonados
d) fazendas e engenho prósperas
e) serraria e estábulo conservados

2. (MACK) Indique a alternativa em que há erro:

a) Os fatos falam por si sós.
b) A casa estava meio desleixada.
c) Os livros estão custando cada vez mais caro.
d) Seus apartes eram sempre o mais pertinentes possíveis.
e) Era a mim mesma que ele se referia, disse a moça.

3. (FURG-RS) Nós .... providenciamos os papéis, que enviamos .... às procurações, como instrumentos .... para fins desejados. A alternativa que preenche corretamente as lacunas é:

a) mesmas, anexas, bastante
b) mesmos, anexo, bastante
c) mesmas, anexo, bastantes
d) mesmos, anexos, bastantes
e) mesmos, anexos, bastante

4. (FMU) Vai .... à carta minha fotografia. Essas pessoas cometeram crime de ....-patriotismo. Elas .... não quiseram colaborar.

a) incluso - leso - mesmo
b) inclusa - leso - mesmas
c) inclusa - lesa - mesmas
d) incluso - leso – mesmas
e) inclusas - lesa – mesmo

5. (MED-ITAJUBÁ) Em todas as frases a concordância nominal se fez corretamente, exceto em:

a) Os soldados, agora, estão todos alerta.
b) Ela possuía bastante recursos para viajar.
c) As roupas das moças eram as mais belas possíveis.
d) Rosa recebeu o livro e disse: "Muito obrigada".
e) Sairei de São Paulo hoje, ao meio-dia e meia.

6. (UF-PR) Enumere a segunda coluna pela primeira (adjetivo posposto):

(1) velhos
(2) velhas

( ) camisa e calça ....
( ) chapéu e calça ....
( ) calça e chapéu ....
( ) chapéu e paletó ....
( ) chapéu e camisa ....

a) 1 - 2 - 1 - 1 - 2
b) 2 - 2 - 1 - 1 - 2
c) 2 - 1 - 1 - 1 - 1
d) 1 - 2 - 2 - 2 – 2
e) 2 - 1 - 1 - 1 – 2

7. (CESGRANRIO) – Há concordância inadequada em:

a) clima e terras desconhecidas.

b) clima e terra desconhecidos.
c) terras e clima desconhecidas.
d) terras e clima desconhecido.
e) terras e clima desconhecidos.

8. (OSEC) Assinale a frase que possua a mesma sintaxe de concordância de "É proibido entrada.":

a) É proibido a entrada.
b) Não se permite entrada de cães.
c) No calor, cerveja é bom.
d) Proibi-se a entrada de cães.
e) É um homem de verdade.

9. (UNISINOS) O item em que ocorre concordância nominal inaceitável é:

a) Era uma árvore cujas folhas e frutos bem diziam de sua utilidade.
b) Vinha com bolsos e mãos cheios de dinheiro.
c) Ela sempre anda meia assustada.
d) Envio-lhe anexa as declarações de bens.
e) Elas próprias assim o queriam.

10. (MACK) Tercília, você está ...., mas como .... apenas dois dias para o encerramento das inscrições, é melhor você fazer um sacrifício e ir ao colégio.

a) meio resfriada - falta
b) meia resfriada - falta
c) meio resfriada - faltam
d) meio resfriado – faltam
e) meia resfriada – faltam

11. (FCMPA-MG) Todas as concordâncias nominais estão corretas, exceto em:

a) Seguem anexo as notas promissórias.
b) Escolhemos má hora e lugar para a festa.
c) A justiça declarou culpados o réu e a ré.

d) A moça usava uma blusa verde-clara.
e) Estou quite com meus compromissos.

12. (PUC-RS) Trajava à moda antiga, uma saia ...., uma blusinha .... e sorria timidamente para os rapazes, abrindo muito os olhos .... onde se via um brilho de malícia.

a) azul-marinho - verde-clara - castanho
b) azul-marinha - verde-claro - castanhos
c) azul-marinha - verde-clara - castanhos
d) azul-marinha - verde-claro - castanho
e) azul-marinho - verde-clara - castanhos

13. (UE-MARINGÁ) Assinale a alternativa em que a concordância nominal está correta:

a) Seguem anexas as certidões solicitadas.
b) As portas estavam meias abertas.
c) Os tratados lusos-brasileiros foram assinados.
d) Todos estavam presentes, menas as pessoas que deveriam estar.
e) Vossa Excelência deve estar preocupado, Senhor Ministro, pois não conseguiu a aprovação dos tratados financeiros-comerciais.

14. (UF-FLUMINENSE) Assinale a frase que encerra um erro de concordância nominal:

a) Estavam abandonadas a casa, o templo e a vila.
b) Ela chegou com o rosto e as mãos feridas.
c) Decorrido um ano e alguns meses, lá voltamos.
d) Decorridos um ano e alguns meses, lá voltamos.
e) Ela comprou dois vestidos cinza.

15. (UEPG – PR) – Marque a frase absolutamente inaceitável, do ponto de vista da concordância nominal:

a) É necessária paciência.
b) Não é bonito ofendermos aos outros.
c) É bom bebermos cerveja.
d) Não é permitido presença de estranhos.
e) Água de Melissa é ótimo para os nervos.

16. (ITA) Assinale a frase cuja concordância não se pode defender:

a) A árvore crescia a olhos vista.
b) A árvore crescia a olhos vistos.
c) Vista a olhos a árvore crescia.
d) Não fosse os manuscritos como conheceríamos a Idade Média?
e) São preocupações bastantes para levar alguém ao desespero.

17. (FTM-ARACAJU) A frase em que a concordância nominal contraria a norma culta é:

a) Há gritos e vozes trancados dentro do peito.
b) Estão trancados dentro do peito vozes e gritos.
c) Mantêm-se trancadas dentro do peito vozes e gritos.
d) Trancada dentro do peito permanece uma voz e um grito.
e) Conservam-se trancadas dentro do peito uma voz e um grito.

18. (UM-SP) Indique a frase em que a palavra só é invariável:

a) Elas partiram sós, deixando-me para trás aborrecida e bastante magoada.
b) Chegaram sós, com o mesmo ar exuberante de sempre.
c) Sós, aquelas moças desapareceram, cheias de preocupações.
d) Aqueles jovens rebeldes provocaram sós essa movimentação.
e) Depois de tão pesadas ofensas, prefiro ficar a sós a conviver com essa agressiva companhia.

19. (FMU) Vão .... à carta várias fotografias. Paisagens as mais belas .... Ela estava .... narcotizada.

a) anexas - possíveis - meio
b) anexas - possível - meio
c) anexo - possíveis - meia
d) anexo - possível - meio
e) anexo - possível – meia

20. (FATEC) "É .... discussão entre homens e mulheres .... ao mesmo ideal, pois já se disse .... vezes que da discussão, ainda que .... acalorada, nasce a luz."
a) bom - voltados - bastantes - meio

b) bom - voltadas - bastante - meia
c) boa - voltadas - bastantes - meio
d) boa - voltados - bastante - meia
e) bom - voltadas - bastantes - meia

17. CONCORDÂNCIA VERBAL

1. (UF-PELOTAS) No grupo, ... os trabalhos.

a) sou eu que coordena
b) é eu que coordena
c) é eu quem coordena
d) é eu quem coordeno
e) sou eu que coordeno

2. (OBJETIVO) Assinale a alternativa incorreta quanto à concordância nominal:

a) Os torcedores traziam em cada mão bandeira e flâmula amarela.
b) Um e outro aplicador indecisos.
c) Tinha as mãos e o rosto coloridos de púrpura.
d) Escolheste ótima ocasião e lugar para o churrasco.
e) Ele estava com o braço e a cabeça quebradas.

3. (MACK) Assinale a alternativa correta:

a) Os Lusíadas é um poema épico.
b) Naquela época, haviam muitos poemas.
c) As Minas Gerais são um belo Estado.
d) Embora hajam vários problemas por lá.
e) Tu e ele sabem as respostas.

4. (UFSC) Assinale o item que apresenta erro de concordância:

a) Prepararam-se as tarefas conforme havia sido combinado.
b) Deve haver pessoas interessadas na discussão do problema.
c) Fazem cem anos que Memórias Póstumas de Brás Cubas teve sua primeira edição.
d) Devem existir razões para ele retirar-se do grupo.
e) Um e outro descendiam de famílias ilustres.

5. (FUVEST) Indique a alternativa correta:

a) Tratavam-se de questões fundamentais.
b) Comprou-se terrenos no subúrbio.
c) Precisam-se de datilógrafas.
d) Reformam-se ternos.
e) Obedeceram aos severos regulamentos.

6. (PUC-RJ) Indique a série que corresponde às formas apropriadas para os enunciados abaixo:
As diferenças existentes entre homens e mulheres .... ser um fato indiscutível.

1. parece 2. parecem

Alguns cientistas, desenvolvendo uma nova pesquisa sobre a estrutura do cérebro, os efeitos dos hormônios e a psicologia infantil, ... que as diferenças entre homens e mulheres não se devem apenas à educação.

3. propõe 4. propõem

.... diferenças cerebrais condicionadoras das aptidões tidas como tipicamente masculinas ou femininas.
5. Haveria 6. Haveriam

.... ainda pesquisadores que consideram os machos mais agressivos, em virtude de sua constituição hormonal.
7. Existe 8. Existem

Como sempre, discute-se se é a força da Biologia, ou meramente a Educação, que .... sobre o comportamento humano.
9. predomina 10. predominam

a) 2, 4, 5, 8, 9
b) 1, 4, 6, 8, 9
c) 2, 4, 6, 7, 10
d) 2, 3, 5, 8, 10
e) 2, 4, 6, 7, 9

7. (TTN - Concurso) Assinale a alternativa correta quanto à concordância verbal:

a) Soava seis horas no relógio da matriz quando eles chegaram.
b) Apesar da greve, diretores, professores, funcionários, ninguém foram demitidos.
c) José chegou ileso a seu destino, embora houvessem muitas ciladas em seu caminho.
d) Fomos nós quem resolvemos aquela questão.
e) O impetrante referiu-se aos artigos 37 e 38 que ampara sua petição.

8. (MACK) Assinale a incorreta:

a) Dois cruzeiros é pouco para esse fim.
b) Nem tudo são sempre tristezas.
c) Quem fez isso foram vocês.
d) Era muito árdua a tarefa que os mantinham juntos.
e) Quais de vós ainda tendes paciência?

9. (FUVEST) Aponte a alternativa correta:

a) Considerou perigosos o argumento e a decisão.
b) É um relógio que torna inesquecível todas as horas.
c) Já faziam meses que ela não a via.
d) Os atentados que houveram deixaram perplexa a população.
e) A quem pertence essas canetas?

10. (OBJETIVO) Assinale a alternativa incorreta quanto à concordância nominal:

a) Vieira enriqueceu a literatura com sermões e cartas magníficas.
b) Mulheres nenhumas são santas.
c) Analisamos as literaturas portuguesa e brasileira.
d) Um e outro aluno estudioso compareceu.
e) Belas poesias e discursos marcaram as comemorações.

11. (UFAL) Assinale a alternativa em que as regras da concordância foram obedecidas.

a) De fato, existe, atualmente, sites e blogs pouco confiáveis na Internet.

b) Atualmente, veem-se notícias que não têm nenhum fundamento, na Internet.
c) O alcance das informações propagadas pela mídia eletrônica são incomparavelmente maiores.
d) Sem dúvida, sobra, na Internet, veículos de informações pouco confiáveis.
e) Devem haver, certamente, sites de informação mais seguros do que outros.

12. (PUC-RS) É provável que .... vagas na academia, mas não .... pessoas interessadas: são muitas as formalidades a .... cumpridas.

a) hajam - existem - ser
b) hajam - existe - ser
c) haja - existem - serem
d) haja - existe – ser
e) hajam - existem – serem

13. (ITA) Dada as sentenças:

1. Eram duas horas da tarde.
2. Fui eu que resolvi o problema.
3. Hoje são sete de março.

Deduzimos que:

a) Apenas a sentença número 1 está correta
b) Apenas a sentença número 2 está correta
c) Apenas a sentença número 3 está correta
d) Todas estão corretas
e) n.d.a

14. (UFAM) Assinale a opção em que há erro de concordância:

a) Por que será que Maria está hoje meio aborrecida? Que bicho a terá mordido?
b) Remeto-lhe inclusas as anotações solicitadas.
c) Achamos muito bonitos os quadros que tens em casa.
d) Estas rendas são o mais delicadas possível.

e) Tratam-se de questões que estão na ordem do dia.

15. (UFRS) Soube que mais de dez alunos se .... a participar dos jogos que tu e ele ....

a) negou - organizou
b) negou - organizasteis
c) negaram - organizaste
d) negou - organizaram
e) negaram - organizastes

16. (CESCEM – SP) – Já ... anos, ... neste local árvores e flores. Hoje, só ... ervas daninhas.

a) fazem/havia/existe
b) fazem/havia/existe
c) fazem/haviam/existem
d) faz/havia/existem
e) faz/havia/existe

17. (UFPR) – Qual a alternativa em que as formas dos verbos bater, consertar e haver nas frases abaixo, são usadas na concordância correta?

- As aulas começam quando ... oito horas.
- Nessa loja ... relógios de parede.
- Ontem ... ótimos programas na televisão.

a) batem – consertam-se – houve
b) bate – consertam-se – havia
c) bateram – conserta-se – houveram
d) batiam – conserta-se-ão – haverá
e) batem – consertarei – haviam

18. (EPCAR) Não está correta a frase:

a) Vai fazer cinco anos que ele se diplomou.
b) Rogo a Vossa Excelência vos digneis aceitar o meu convite.
c) Há muitos anos deveriam existir ali várias árvores.
d) Na mocidade tudo são flores.
e) Deve haver muitos jovens nesta casa.

19. (UF-PR) Enumere (verbo posposto):

(1) cantamos (2) cantais (3) cantam
( ) Ele e ela .... / ( ) Eu e tu ....
( ) Ele e eu .... / ( ) Eu e ela ....
( ) Tu e ele ....

a) 3 - 1 - 1 - 1 - 2
b) 3 - 2 - 1 - 1 - 2
c) 1 - 2 - 3 - 1 - 2
d) 3 - 3 - 3 - 1 – 2
e) 3 - 1 - 1 - 1 - 3

20. (FUVEST) "Eu não sou o homem que tu procuras, mas desejava ver-te, ou, quando menos, possuir o teu retrato." Se o pronome tu fosse substituído por Vossa Excelência, em lugar das palavras destacadas no texto acima transcrito teríamos, respectivamente, as seguintes formas:

a) procurais, ver-vos, vosso
b) procura, vê-la, seu
c) procura, vê-lo, vosso
d) procurais, vê-la, vosso
e) procurais, ver-vos, seu

21. (FUVEST) Indique a alternativa correta:

a) Filmes, novelas, boas conversas, nada o tiravam da apatia.
b) A pátria não é ninguém: são todos.
c) Se não vier, as chuvas, como faremos?
d) É precaríssima as condições do prédio.
e) Vossa Senhoria vos preocupais demasiadamente com a vossa imagem.

22. (CESGRANRIO) Assinale o item que não apresenta erro de concordância:

a) Ainda resta cerca de vinte alunos.
b) Haviam inúmeros assistentes na reunião.
c) Tu e ele saireis juntos.

d) Foi eu quem paguei as suas dívidas.
e) Há de existir professores esforçados.

23. (FUVEST) O termo sublinhado na frase "Outrora houve bondes em São Paulo" tem o mesmo sentido em:

a) O professor houve por bem reconsiderar a decisão.
b) Houve um desagradável incidente ontem.
c) Sempre houve homens de bem.
d) Não sei como ele se houve com a justiça.
e) O sentenciado houve do poder público a suspensão de sua pena.

24. (MACK) Este ano, ... as festas que ...., que eu não comparecerei a nenhuma.

a) pode haver, haver
b) podem haver, houverem
c) pode haver, houver
d) pode haver, houverem
e) pode haverem, houver

25. (ITA) Assinale a alternativa correta: " .... muitos anos que compramos um compêndio e uma gramática .... para estudar a língua e a literatura............. ."

a) Faz, volumoso, luso-brasileiras
b) Deve fazer, volumosos, portuguesa
c) Fazem, volumosos, portuguesa
d) Devem fazer, volumosa, portuguesa
e) Faz, volumosas, luso-brasileira

18. REGÊNCIA

1. (UFU) Assinale o período em que foi empregado o pronome relativo inadequado:

a) O livro a que eu me refiro é Tarde da Noite.
b) Ele é uma pessoa de cuja honestidade ninguém duvida.
c) O livro em cujos dados nos apoiamos é este.

d) A pessoa perante a qual comparecemos foi muito agradável.
e) O moço de cujo lhe falei ontem é este.

2. (CESCEA) As palavras ansioso, contemporâneo e misericordioso regem, respectivamente, as preposições:

a) em - de - para
b) de - a - de
c) por - com - de
d) de - com - para com
e) com - a - a

3. (UFPR) Assinale a alternativa que substitui corretamente as palavras sublinhadas:

1. Assistimos <u>à inauguração da piscina</u>.
2. O governo assiste <u>os flagelados</u>.
3. Ele aspirava <u>a uma posição de maior destaque</u>.
4. Ele aspirava <u>o aroma das flores</u>.
5. O aluno obedece <u>aos mestres</u>.

a) lhe, os, a ela, a ele, lhes
b) a ela, os, a ela, o, lhe
c) a ela, os, a, a ele, os
d) a ela, a eles, lhe, lhe, lhes
e) lhe, a eles, a ela, o, lhes

4. (EPCAR) O que devidamente empregado só não seria regido de preposição na opção:

a) O cargo .... aspiro depende de concurso.
b) Eis a razão .... não compareci.
c) Rui é o orador .... mais admiro.
d) O jovem .... te referiste foi reprovado.
e) Ali está o abrigo .... necessitamos.

5. (FUVEST) Indique a alternativa correta:

a) Preferia brincar do que trabalhar.
b) Preferia mais brincar a trabalhar.

c) Preferia brincar a trabalhar.
d) Preferia brincar à trabalhar.
f) Preferia mais brincar que trabalhar.

6. (PUC-RS) Alguns demonstram verdadeira aversão ..... exames, porque nunca se empenharam o suficiente ..... utilização do tempo ..... dispunham para o estudo.

a) com - pela - de que
b) por - com - que
c) a - na - que
d) com - na - que
e) a - na - de que

7. (MACK) Indique a alternativa que completa corretamente as lacunas do seguinte período: "Era um tique peculiar ..... cavalariço o de deixar caído, ... canto da boca, o cachimbo vazio ..... fumo, enquanto alheio ..... tudo e solícito apenas ..... animais, prosseguia ..... seu serviço."

a) ao - ao - de - a - com os - em
b) do - no - em - de - dos - para
c) para o - no - de - com - pelos - a
d) ao - pelo - do - por - sobre - em
e) do - para o - no - para - para com os - no

8. (UFAL) Assinale a alternativa na qual a regência nominal segue as regras da Norma Padrão.

a) A tese de que a mídia é um quarto poder não é compatível ao pensamento do autor.
b) Algumas informações que são postas à disposição aos usuários da Internet nem sempre são confiáveis.
c) O gigantismo da internet perde no poder de concentração e análise, devido ao acúmulo de informações.
d) Pesquisas indicam que a mídia impressa ainda é preferível do que a Internet.
e) Há sites não-confiáveis, que são propensos em darem informações apressadas.

9. (FUVEST) Assinale a alternativa gramaticalmente correta:

a) Não tenham dúvidas que ele vencerá.

b) O escravo ama e obedece o seu senhor.
c) Prefiro estudar do que trabalhar.
d) O livro que te referes é célebre.
e) Se lhe disserem que não o respeito, enganam-no.

10. (FMU) Observe o verbo que se repete: "aspirou o ar" e "aspirou à glória". Tal verbo:

a) apresenta a mesma regência e o mesmo sentido nas duas orações.
b) embora apresente regências diferentes, ele tem sentido equivalente nas duas orações.
c) poderia vir regido de preposição também na primeira oração sem que se modificasse o sentido dela.
d) apresenta regência e sentidos diferentes nas duas orações.
e) embora tenha o mesmo sentido nas duas orações, ele apresenta regência diferente em cada uma delas.

11. (CESESP-PE) "... trepado numa rede afavelada cujas varandas serviam-lhe de divisórias do casebre". Em qual das alternativas o uso de cujo não está conforme a norma culta?

a) Tenho um amigo cujos filhos vivem na Europa.
b) Rico é o livro cujas páginas há lições de vida.
c) Naquela sociedade, havia um mito cuja memória não se apagava.
d) Eis o poeta cujo valor exaltamos.
e) Afirmam-se muitos fatos de cuja veracidade se deve desconfiar.

12. (CESGRANRIO) Assinale o item em que a regência do verbo proceder contraria a norma culta da língua:

a) O juiz procedeu ao julgamento.
b) Não procede este argumento.
c) Procedo um inquérito.
d) Procedia de uma boa família.
e) Procede-se cautelosamente em tais situações.

13. (UFAM) Assinale a opção em que em uma das frases do par a concordância não está de acordo com a norma culta:

a) Poucos dentre nós conhecíamos tais proibições.
Poucos dentre nós conheciam tais proibições.

b) Não se podem admitir essas práticas.
Não se pode admitir essas práticas.
c) Consertam-se aparelhos elétricos e eletrônicos.
Conserta-se aparelhos elétricos e eletrônicos.
d) Hajam vista as obras de Drummond.
Haja vista as obras de Drummond.
e) Nossos problemas parecem não ter fim.
Nossos problemas parece não terem fim.

14. (UFPA) Assinale a alternativa que contém as respostas certas:

I. Visando apenas os seus próprios interesses, ele, involuntariamente, prejudicou toda uma família.
II. Como era orgulhoso, preferiu declarar falida a firma a aceitar qualquer ajuda do sogro.
III. Desde criança sempre aspirava a uma posição de destaque, embora fosse tão humilde.
IV. Aspirando o perfume das centenas de flores que enfeitavam a sala, desmaiou.

a) II - III - IV
b) I - II - III
c) I - III - IV
d) I – III
e) I – II

15. (CESGRANRIO) Assinale a opção cuja lacuna não pode ser preenchida pela preposição entre parênteses:

a) uma companheira desta, ... cuja figura os mais velhos se comoviam. (com)
b) uma companheira desta, ... cuja figura já nos referimos anteriormente. (a)
c) uma companheira desta, ... cuja figura havia um ar de grande dama decadente. (em)
d) uma companheira desta, ... cuja figura andara todo o regimento apaixonado. (por)
e) uma companheira desta, ... cuja figura as crianças se assustavam. (de)

16. (PUC-RS) Diferentes são os tratamentos .... se pode submeter o texto literário. Sempre se deve aspirar, no entanto, ... objetividade científica, fugindo .... subjetivismo.

a) à que, a, do
b) que, a, ao
c) à que, à, ao
d) a que, a, do
e) a que, à, ao

17. (UFAM) Assinale a alternativa em que se observa erro de concordância:

a) Nas viagens aéreas, tem acontecido ultimamente atrasos que deixam qualquer passageiro estressado.
b) Tratava-se de casos o mais complicados possível.
c) A senhora não escondia que estava meio irritada com a situação.
d) Faltava ainda computar os votos de dez urnas, mas o candidato já estava comemorando a vitória.
e) Bastavam apenas dois condôminos para que a reunião se realizasse em primeira convocação.

18. (FMU) Assinale a única alternativa incorreta quanto à regência do verbo:

a) Perdoou nosso atraso no imposto.
b) Lembrou ao amigo que já era tarde.
c) Moraram na rua da Paz.
d) Meu amigo perdoou ao pai.
e) Lembrou de todos os momentos felizes.

19. (UFF) Assinale a frase que apresenta um erro de regência verbal:

a) Este autor tem ideias com que todos nós simpatizamos.
b) Eis a ordem de que nos insurgimos.
c) Aludiram a incidentes de que já ninguém se lembrava.
d) Qual o cargo a que aspiras?
e) Há fatos que nunca esquecemos.

20. (ESAF) Observe as palavras sublinhadas e indique a frase que apresenta regência nominal correta:

a) Por ser muito estudioso, ele tinha grande <u>amor</u> a seus livros.
b) Havia muitos anos que não via o filho, por isso estava <u>ansioso</u> em vê-lo.
c) <u>Alheio</u> para com o julgamento, o réu permanecia calado.
d) Coitado! Foi preso porque era <u>suspeito</u> por um crime que não cometeu.
e) Tínhamos o <u>propósito</u> em dizer toda a verdade, mas nos impediram de fazê-lo.

21. (FATEC) Aponte a alternativa incorreta quanto à regência nominal:

a) Este caso é análogo ao que foi discutido ontem.
b) É preferível remodelar o antigo projeto a contratar um novo projeto.
c) Foi reintegrado no Ministério que ocupava.
d) Pretendemos estar presentes na reunião.
e) Sua situação profissional é caracterizada pelo interesse de projetar-se a qualquer custo.

22. (FUVEST) Indique a alternativa na qual a regência utilizada desobedece ao padrão da gramática normativa:

a) Esta alternativa obedece o padrão da gramática normativa.
b) Entretanto, não costuma haver distúrbios na fila.
c) Jamais poderão existir tantos recursos para tantos planos.
d) Só lhe faltou mandar-me embora de casa.
e) Quando Lígia entrou, bateram onze horas no relógio da sala.

23. (UFJF) Leia novamente:

A melhor reescrita da sentença acima, resguardando-se o seu significado original e mantendo-se as exigências da norma padrão, é: "Uma mesma família (...) que ocupe dois domicílios é contabilizada como duas famílias". (segundo parágrafo)

a) Contabilizam-se, como duas famílias, uma mesma família que ocupe dois domicílios.
b) Contabiliza-se, como duas famílias, uma mesma família que ocupe dois domicílios.

c) Contabilizam-se uma mesma família como duas famílias que ocupem dois domicílios.
d) Contabiliza-se uma mesma família como duas famílias que ocupem dois domicílios.
e) Contabilizam-se, como dois domicílios, duas famílias que ocupem um domicílio.

24. (UFV-MG) Assinale a alternativa correta:

a) Preferia antes morrer que fugir como covarde.
b) A cortesia mandava obedecer os desejos da minha antiga dama.
c) A legenda ficou, mas a lição esqueceu.
d) O país inteiro simpatizou-se com esse princípio.
e) Jesus perdoou o pecador.

25. (UEPG-PR) A alternativa incorreta de acordo com a gramática da língua culta é:

a) Obedeça o regulamento.
b) Custa crer que eles brigaram.
c) Aspiro o ar da montanha.
d) Prefiro passear a ver televisão.
e) O caçador visou o alvo.

26. (FUVEST) Assinale a alternativa que preencha corretamente os espaços. Posso informar ..... senhores ..... ninguém, na reunião, ousou aludir ..... tão delicado assunto.

a) aos - de que - o
b) aos - de que - ao
c) aos - que - à
d) os - que – à
e) os - de que – a

27. (ITA) Assinale a alternativa correta:

a) Antes prefiro aspirar uma posição honesta que ficar aqui.
b) Prefiro aspirar uma posição honesta que ficar aqui.
c) Prefiro aspirar a uma posição honesta que ficar aqui.
d) Prefiro antes aspirar a uma posição honesta que ficar aqui.

e) Prefiro aspirar a uma posição honesta a ficar aqui.

28. (PUC-RS) Obedeça-............, estime-............ e sempre que precisar ....

a) os, os, recorra a eles
b) lhes, os, recorra a eles
c) lhes, lhe, recorra-lhes
d) os, lhes, recorra-lhes
e) os, lhes, recorra a eles

29. (MACK) Visando ..... objetivo, visou ..... cheque e retirou-se. De acordo com a regência do verbo visar, o preenchimento adequado das lacunas seria:

a) o - ao
b) a - ao
c) ao - o
d) ao - ao
e) o - o

19. CRASE

1. (FUVEST) De ..... muito, ele se desinteressou em chegar a ocupar cargo tão importante. ..... coisas mais simples na vida e que valem mais que a posse momentânea de certos postos de relevo ..... que tantos ambiciosos por amor ..... ostentação.

a) a - Há - à - à
b) há - As - a - a
c) há - Há - a - à
d) a - Hão - a – à
e) há - A - a – a

2. (UC-BA) Afeito ..... solidão, esquivava-se ..... comparecer ..... comemorações sociais.

a) à - a - a
b) à - à - a
c) à - a - à
d) a - à – a
e) a - a – à

3. (UFRS) Entregue a carta ..... homem ..... que você se referiu ..... tempos.

a) aquele - à - á
b) àquele - à - há
c) aquele - a - a
d) àquele - à – à
e) àquele - a – há

4. (PUC-RS) Foi .... mais de um século que, numa região de escritores, se propôs a maldição do cientista que reduziria o arco-íris .... simples matéria: era uma ameaça .... poesia.

a) a, a, à
b) há, à, a
c) há, à, à
d) a, a, a
e) há, a, à

5. (FUVEST) Assinale a alternativa que preenche adequadamente as lacunas do texto: "Chegar cedo ..... repartição. Lá ..... de estar outra vez o Horácio conversando ..... uma das portas com Clementino."

a) à - há - a
b) à - há - à
c) a - há - a
d) à - a – a
e) a - a – à

6. (MACK) Assinale a alternativa que completa corretamente as lacunas no seguinte período: "Agradeço .... Vossa Senhoria .... oportunidade para manifestar minha opinião .... respeito."

a) à - a - à
b) à - a - a
c) a - a - à
d) a - a – a
e) à - à – a

7. (FGV) Leia atentamente: "O funcionário referiu o incidente a Di-

retoria".
Na frase acima, o termo **a** deve levar um acento gráfico grave, pois Diretoria tem função de:

a) adjunto adverbial de finalidade
b) objeto direto
c) sujeito
d) adjunto adnominal preposicionado
e) objeto indireto

8. (FGV) ..... tarde, acampadas já ..... horas, as tropas verificaram ..... perdas sofridas.

a) Há - a - às
b) À - há - as
c) À - a - às
d) Há - à – as
e) A - há – as

9. (UFMS) Avalie as duas frases que seguem:

I. Ela cheirava à flor de romã.
II. Ela cheirava a flor de romã.

Considerando o uso da crase, é correto afirmar:

(001) As duas frases estão escritas adequadamente, dependendo de um contexto.
(002) As duas frases são ambíguas em qualquer contexto.
(004) A primeira frase significa que alguém exalava o perfume da flor de romã.
(008) A segunda frase significa que alguém tem o perfume da flor de romã.
(016) O "a" da segunda frase deveria conter o acento indicativo da crase.

10. (FUVEST) "Daqui ..... vinte quilômetros, o viajante encontrará, logo ..... entrada do grande bosque, uma estátua que ..... séculos foi erigida em homenagem ..... deusa da floresta."

a) a - à - há - à
b) há - a - à - a
c) à - há - à - à
d) a - à - à – à
e) há - a - há – a

11. (UFRS) Disse ..... ela que não insistisse em amar ..... quem não ..... queria.

a) a - a - a
b) a - a - à
c) à - a - a
d) à - à - à
e) a - à - à

12. (UC-BA) Já estavam ..... poucos metros da clareira, ... qual foram ter por um atalho aberto ..... foice.

a) à - à - a
b) a - à - a
c) a - a - à
d) à - a - à
e) à - à – à

13. (CESCEM) Garanto .... você que compete .... ela, pelo menos .... meu ver, tomar as providências para resolver o caso.

a) a, a, a
b) à, à, a
c) a, à, à
d) a, à, a
e) à, a à

14. (UFRS) Somente ..... longo prazo será possível ajustar-se esse mecanismo ..... finalidade ..... que se destina.

a) a - à - a
b) à - a - à
c) à - à - à
d) à - a - a
e) à - à - a

15. (UF SANTA MARIA-RS) Assinale a alternativa que completa, corretamente, as lacunas da frase inicial: Nesta oportunidade, volto .... referir-me .... problemas já expostos .... Vossa Senhoria .... alguns dias.

a) à, àqueles, a, há
b) a, àqueles, a, há
c) a, aqueles, à, a
d) à, àqueles, a, a
e) a, aqueles, à, há

16. (CEFET-PR) O pobre homem fica .... meditar, ... tarde, indiferente .... que acontece ao seu redor.

a) à, a, aquilo
b) a, a, aquilo
c) a, à, àquilo
d) à, à, aquilo
e) à, à, àquilo

17. (UFPR) Quais as formas que completam, pela ordem, as lacunas das frases seguintes? Daqui ..... pouco vai começar o exame; Compareci ..... cerimônia de posse do novo governador; Não tendo podido ir ..... faculdade hoje, prometo assistir ..... todas as aulas amanhã.

a) à, a, a, à
b) há, na, à, a
c) a, há, na, à
d) a, na, à, à
e) a, à, à, a

18. (FUVEST) O progresso chegou inesperadamente .... subúrbio. Daqui .... poucos anos, nenhum dos seus moradores se lembrará mais das casinhas que, ... tão pouco tempo, marcavam a paisagem familiar.

a) aquele, a ,a
b) àquele, à, há
c) àquele, à, à
d) àquele, a, há
e) aquele, à, há

19. (FESP) Refiro-me .... atitudes de adultos que, na verdade, levam as moças .... rebeldia insensata e .... uma fuga insensata.

a) às, à, à
b) as, à, à
c) às, à, a
d) à, a, a
e) à, a, à

20. (FAAP) Assinale a alternativa que completa corretamente as lacunas da seguinte frase: Ficaram frente .... frente, ... se olharem, pensando no que dizer uma .... outra.

a) à, à, a
b) a, à, a
c) a, a, a
d) à, a, a
e) à, a, à

20. FUNÇÕES DAS PALAVRAS "QUE" E "SE"

1. (FUVEST) "É da história do mundo que (1) as elites nunca introduziram mudanças que (2) favorecessem a sociedade como um todo. Estaríamos nos enganando se achássemos que (3) estas lideranças empresariais aqui reunidas teriam motivação para fazer a distribuição de poderes e rendas que (4) uma nação equilibrada precisa ter." O vocábulo que está numerado em suas quatro ocorrências, nas quais se classifica como conjunção integrante e como pronome relativo. Assinalar a alternativa que registra a classificação correta em cada caso, pela ordem:

a) pronome relativo, 2. conjunção integrante, 3. pronome relativo, 4. conjunção integrante
b) conjunção integrante, 2. pronome relativo, 3. pronome relativo, 4. conjunção integrante
c) pronome relativo, 2. pronome relativo, 3. conjunção integrante, 4. conjunção integrante
d) conjunção integrante, 2. pronome relativo, 3. conjunção integrante

4. pronome relativo
e) pronome relativo, 2. conjunção integrante, 3. conjunção integrante, 4. pronome relativo

2. (UFSC) No período "Avistou o pai, que caminhava para a lavoura", a palavra **que** classifica-se morfologicamente como:

a) conjunção subordinativa integrante
b) pronome relativo
c) conjunção subordinativa final
d) partícula expletiva
e) conjunção subordinativa causal

3. (UFSCAR) O **que** não é pronome relativo na opção:

a) Não há mina de água que não o chame pelo nome, com arrulhos de namorada.
b) Não há porteira de curral que não se ria para ele, com risadinha asmática de velha regateira.
c) "Me espere em casa, que eu ainda vou dar uma espiada na novilhada parida da vereda." "Tenho uma corrente de prata lá em casa que anda atrás de uma trenheira destas para pendurar na ponta."
d) "Quem seria aquele sujeito que estava de pé, encostado ao balcão, todo importante no terno de casimira?"

4. (UM-SP) "Ó tu / Que és presidente / Do Conselho Municipal / Se é que tens mulher e filhos, / Manda tapar os buracos da / Rua dos Junquilhos. (Artur Azevedo) A palavra **que** aparece duas vezes no texto com a seguinte classificação morfológica, respectivamente:

a) pronome relativo e partícula expletiva
b) partícula expletiva e pronome relativo
c) pronome relativo e conjunção integrante
d) conjunção integrante e pronome relativo
e) partícula expletiva e conjunção integrante

5. (EPCAR) Em relação à função da partícula **se**, numere a segunda de acordo com a primeira e depois assinale a numeração correta:

1. Partícula apassivadora

2. Índice de indeterminação do sujeito
3. Objeto direto reflexivo
4. Objeto indireto
5. Conjunção
6. Partícula de realce

( ) Veja se falta alguém.
( ) "Vai-se a primeira pomba despertada..."
( ) Daqui se assiste ao desfile.
( ) Ele arroga-se o direito de reclamar.
( ) Ainda se ouvem gemidos.
( ) A jovem olhava-se no espelho.

a) 5, 4, 2, 6, 1, 3
b) 5, 6, 2, 4, 1, 3
c) 2, 6, 5, 1, 4, 3
d) 5, 6, 2, 1, 3, 4
e) 2, 6, 5, 4, 1, 3

6. (MACK) No verso "Que suaves coisas que tu murmuravas", a segunda palavra **que** é:

a) pronome relativo
b) interjeição
c) palavra de realce
d) conjunção subordinada integrante
e) conjunção coordenativa explicativa

7. (EPCAR) O **se** é índice de indeterminação do sujeito na frase:

a) Não se ouvia o sino.
b) Assiste-se a espetáculos degradantes.
c) Alguém se arrogava o direito de gritar.
d) Perdeu-se um cão de estimação.
e) Não mais se falsificará tua assinatura.

8. (FM-SANTOS) "Não se sabe se é verdade ou não." Os dois "se" que aparecem no texto acima são, conforme a sua colocação:

a) partícula apassivadora - pronome reflexivo, sujeito

b) partícula apassivadora - conjunção integrante
c) partícula integrante do verbo - conjunção condicional
d) índice de indeterminação do sujeito - partícula de realce
e) partícula integrante do verbo - conjunção integrante

9. (UFU) Todos os itens abaixo apresentam o pronome relativo com função de objeto direto, exceto:

a) "Aurélia não se deixava inebriar pelo culto que lhe rendiam."
b) "Está fadigada de ontem? perguntou a viúva com a expressão de afetada ternura que exigia o seu cargo."
c) "... com a riqueza que lhe deixou seu avô, sozinha no mundo, por força que havia de ser enganada."
d) "... O Lemos não estava de todo restabelecido do atordoamento que sofrera."
e) "Não o entendiam assim aquelas três criaturas, que se desviviam pelo ente querido."

10. (UM-SP) Assinale a alternativa em que o pronome se está apassivando o verbo:

a) Tempo não se mede pelos ponteiros do relógio, mas pelo vácuo da comunicação entre amigos.
b) Ao entrar no recinto novo da confeitaria, muitos clientes se sentiam enleados com o local de conhecida modéstia.
c) Vão-se embora os mais coloridos sonhos com a chegada de um só momento de maturidade.
d) Esqueceu-se dos fardos diários, enquanto olhava para a inexpressiva lista dos pratos do dia.
e) Precisa-se de muita calma e jeito para o consolo de um singular amigo.

11. (EPCAR) A partícula apassivadora está exemplificada na alternativa:

a) Fala-se muito nesta casa.
b) Grita-se nas ruas.
c) Ouviu-se um belo discurso.
d) Ria-se de seu próprio retrato.
e) Precisa-se de um dicionário.

12. (UFU) Classifique o "se" na frase: "Ele queixou-se dos maus tratos recebidos".

a) partícula integrante do verbo
b) conjunção condicional
c) pronome apassivador
d) conjunção integrante
e) símbolo de indeterminação do sujeito

13. (EPCAR) O **se** é pronome apassivador em:

a) Precisa-se de uma secretária.
b) Proibiram-se as aulas.
c) Assim se vai ao fim do mundo.
d) Nada conseguiria, se não fosse esforçado.
e) Eles se propuseram um acordo.

14. (FGV) Observe a palavra sublinhada: "Quem diz o que quer ouve o que não quer." Sua função sintática é:

a) sujeito
b) objeto indireto
c) pronome relativo
d) aposto
e) objeto direto

15. (UM-SP) Uma das alternativas apresenta o pronome reflexivo se:

a) "Capitu deixou-se fitar e examinar." (Machado de Assis)
b) Voltarei cedo se quiseres.
c) Queixou-se das questões do concurso.
d) Alugam-se apartamentos.
e) Precisa-de de pedreiros.

16. (FUVEST) "A cláusula mostra que tu não queres enganar." A classe gramatical da palavra que no trecho acima é a mesma da palavra que na seguinte frase:

a) Ficam desde já excluídos os sonhadores, os que amem o mistério.
b) Não foi a religião que te inspirou esse anúncio.

c) Que não pedes um diálogo de amor, é claro.
d) Que foi então, senão a triste, longa e aborrecida experiência?
e) Quem és tu que sabes tanto?

17. (LICEU) Na frase "A verdade é que só em abstrato me havia queixado de baratas, que nem minhas eram...", o que assume as respectivas funções de:

a) conjunção integrante, conjunção integrante
b) pronome relativo, conjunção integrante
c) conjunção integrante, pronome relativo
d) pronome relativo, pronome relativo
e) partícula expletiva, conjunção integrante

18. (ENEM) No trecho "Montes Claros cresceu tanto,/ (...),/ que já tem cinco favelas", a palavra que contribui para estabelecer uma relação de consequência. Dos seguintes versos, todos de Carlos Drummond de Andrade, apresentam esse mesmo tipo de relação:

a) "Meu Deus, por que me abandonaste / se sabias que eu não era Deus / se sabias que eu era fraco."
b) "No meio-dia branco de luz uma voz que aprendeu / a ninar nos longes da senzala – e nunca se esqueceu / chamava para o café."
c) "Teus ombros suportam o mundo / e ele não pesa mais que a mão de uma criança."
d) "A ausência é um estar em mim. / E sinto-a, branca, tão pegada, aconchegada nos meus braços, / que rio e danço e invento exclamações alegres."
e) "Penetra surdamente no reino das palavras. / Lá estão os poemas que esperam ser escritos."

21. PONTUAÇÃO

1. (UFMT) Os períodos seguintes apresentam diferença de pontuação. Assinale a letra que corresponde ao período de pontuação correta.

a) O sinal, estava fechado; os carros, porém não paravam.

b) O sinal, estava fechado: os carros porém, não paravam.
c) O sinal estava fechado; os carros porém, não paravam.
d) O sinal estava fechado: os carros porém não paravam.
e) O sinal estava fechado; os carros, porém, não paravam.

2. (CESGRANRIO) Das seguintes redações, assinale a que não está pontuada corretamente:

a) Os meninos, inquietos, esperavam o resultado do pedido.
b) Inquietos, os meninos esperavam o resultado do pedido.
c) Os meninos esperavam, inquietos, o resultado do pedido.
d) Os meninos inquietos esperavam o resultado do pedido.
e) Os meninos, esperavam inquietos, o resultado do pedido.

3. (UFRS) Assinale o texto de pontuação correta:

a) Eu, posto que creia no bem não sou daqueles que negam o mal.
b) Eu, posto que creia, no bem, não sou daqueles, que negam, o mal.
c) Eu, posto que creia, no bem, não sou daqueles que negam o mal.
d) Eu, posto que creia no bem, não sou daqueles que negam o mal.
e) Eu, posto que creia no bem, não sou daqueles, que negam o mal.

4. (FUVEST) Assinale o período que está pontuado corretamente:

a) Solicitamos aos candidatos que respondam às perguntas a seguir, importantes para efeito de pesquisas relativas aos vestibulares.
b) Solicitamos aos candidatos, que respondam, às perguntas a seguir importantes para efeito de pesquisas relativas aos vestibulares.
c) Solicitamos aos candidatos, que respondam às perguntas, a seguir importantes para efeito de pesquisas relativas aos vestibulares.
d) Solicitamos, aos candidatos que respondam às perguntas a seguir importantes para efeito de pesquisas relativas aos vestibulares.
e) Solicitamos aos candidatos, que respondam às perguntas, a seguir, importantes para efeito de pesquisas relativas aos vestibulares.

5. (PUC) Os períodos seguintes apresentam diferenças de pontuação. Assinale a letra que corresponde ao período de pontuação correta:

a) A enorme expansão demográfica, que começou no século XVIII,

surge a mim etnólogo como um fenômeno capital.
b) A enorme expansão demográfica que começou no século XVIII surge a mim etnólogo como um fenômeno capital.
c) A enorme expansão demográfica, que começou no século XVIII, surge a mim, etnólogo, como um fenômeno capital.
d) A enorme expansão demográfica, que começou no século XVIII surge a mim etnólogo como um fenômeno capital.
e) n.d.a

6. (UFSC) Assinale a correta:

a) O fogo, está apagado; defendeu-se a moça; mas, o almoço está pronto.
b) O fogo está apagado, defendeu-se a moça. Mas, o almoço está pronto.
c) O fogo está apagado... defendeu-se, a moça; mas o almoço está pronto.
d) O fogo está apagado? Defendeu-se a moça. Mas o almoço, está pronto.
e) O fogo está apagado - defendeu-se a moça. Mas o almoço está pronto.

7. (FUVEST) Assinale a alternativa em que o período proposto está corretamente pontuado:

a) Neste ponto viúva amiga, é natural que lhe perguntes, a propósito da Inglaterra como é que se explica, a vitória eleitoral de Gladstone.
b) Neste ponto, viúva amiga, é natural que lhe perguntes, a propósito da Inglaterra, como é que se explica a vitória eleitoral de Gladstone.
c) Neste ponto, viúva amiga é natural que, lhe perguntes a propósito da Inglaterra, como é que se explica a vitória eleitoral, de Gladstone?
d) Neste ponto, viúva amiga, é natural, que lhe perguntes a propósito da Inglaterra, como é que, se explica a vitória eleitoral de Gladstone.
e) Neste ponto viúva amiga, é natural que lhe perguntes a propósito da Inglaterra como é, que se explica, a vitória eleitoral de Gladstone?

8. (CESGRANRIO) Assinale o texto de pontuação correta:

a) Não sei se disse, que, isto se passava, em casa de uma comadre,

minha avó.
b) Eu tinha, o juízo fraco, e em vão tentava emendar-me: provocava risos, muxoxos, palavrões.
c) A estes, porém, o mais que pode acontecer é que se riam deles os outros, sem que este riso os impeça de conservar as suas roupas e o seu calçado.
d) Na civilização e na fraqueza ia para onde me impeliam muito dócil muito leve, como os pedaços da carta de ABC, triturados soltos no ar.
e) Conduziram-me à rua da Conceição, mas só mais tarde notei, que me achava lá, numa sala pequena.

9. (FUVEST) Aponte a alternativa pontuada corretamente:

a) Com as graças de Deus vou indo mestre José Amaro!
b) Com as graças de Deus, vou indo mestre José Amaro!
c) Com as graças de Deus, vou indo, mestre José Amaro!
d) Com as graças de Deus vou indo, mestre José Amaro!
e) Com as graças, de Deus, vou indo mestre, José Amaro!

10. (ITA) Dada as sentenças: 1. Quase todos os habitantes daquela região pantanosa, e longe da civilização, morreram de malária. 2. Pedra que rola não cria limo. 3. Muitas pessoas observaram com interesse, o eclipse solar.
Deduzimos que:

a) apenas a sentença número 1 está correta
b) apenas a sentença número 2 está correta
c) apenas a sentença número 3 está correta
d) todas estão corretas
e) n.d.a

11. (ETF-SP) Os períodos seguintes apresentam diferenças de pontuação. Assinale a letra que corresponde ao período de pontuação correta:

a) Quando todos chegarem iniciaremos a sessão.
b) Quando, todos, chegarem iniciaremos a sessão.
c) Quando todos chegarem iniciaremos, a sessão.
d) Quando todos chegarem, iniciaremos a sessão.
e) Quando todos chegarem, iniciaremos, a sessão.

12. (CESGRANRIO) Assinale a opção em que está corretamente indicada a ordem dos sinais de pontuação que devem preencher as lacunas da frase ao lado: Quando se trata de trabalho científico - duas coisas devem ser consideradas - uma é a contribuição que o trabalho oferece - a outra é o valor prático que possa ter.

a) dois pontos, ponto e vírgula, ponto e vírgula
b) dois pontos, vírgula, ponto e vírgula
c) vírgula, dois pontos, ponto e vírgula
d) ponto e vírgula, dois pontos, ponto e vírgula
e) ponto e vírgula, vírgula e vírgula

13. (CESCEM) Assinale a alternativa em que ocorre erro de pontuação:

a) Cada livro, dele de parte, o estilo traz uma novidade.
b) Cada livro dele, de parte o estilo traz, uma novidade.
c) Cada livro, dele de parte, o estilo, traz uma novidade.
d) Cada livro, dele, de parte, o estilo traz uma novidade.
e) Cada livro dele, de parte o estilo, traz uma novidade.

14. (FUVEST) Assinale a alternativa em que o texto está pontuado corretamente:

a) Matias, cônego honorário e pregador efetivo, estava compondo um sermão quando começou o idílio psíquico.
b) Matias cônego honorário, e pregador efetivo estava compondo um sermão quando começou o idílio psíquico.
c) Matias, cônego honorário e pregador efetivo, estava compondo um sermão, quando começou o idílio psíquico.
d) Matias cônego honorário e pregador efetivo, estava compondo um sermão, quando começou, o idílio psíquico.
e) Matias, cônego honorário e, pregador efetivo, estava compondo um sermão quando começou o idílio psíquico.

15. (PUC-RS) A alternativa com pontuação correta é:

a) Tenha cuidado, ao parafrasear o que ouvir. Nossa capacidade de retenção é variável e muitas vezes inconscientemente, deturpamos o que ouvimos.
b) Tenha cuidado ao parafrasear o que ouvir: nossa capacidade de retenção é variável e, muitas vezes, inconscientemente, deturpamos

o que ouvimos.
c) Tenha cuidado, ao parafrasear o que ouvir! Nossa capacidade de retenção é variável e muitas vezes inconscientemente, deturpamos o que ouvimos.
d) Tenha cuidado ao parafrasear o que ouvir; nossa capacidade de retenção, é variável e - muitas vezes inconscientemente, deturpamos o que ouvimos.
e) Tenha cuidado, ao parafrasear o que ouvir. Nossa capacidade de retenção é variável - e muitas vezes inconscientemente - deturpamos, o que ouvimos.

16. (FAAP) Assinale a opção que contenha o texto pontuado corretamente:

a) No inverno através dos vidros ele vê a trama dos finos galhos negros.
b) No inverno através dos vidros, ele vê, a trama dos finos galhos negros.
c) No inverno através dos vidros ele vê: a trama dos finos galhos, negros.
d) No inverno, através dos vidros, ele vê, a trama, dos finos galhos negros.
e) No inverno, através dos vidros, ele vê a trama dos finos galhos negros.

17. (FUVEST) Assinale a alternativa em que o texto esteja corretamente pontuado:

a) Enquanto eu fazia comigo mesmo aquela reflexão, entrou na loja um sujeito baixo sem chapéu trazendo pela mão, uma menina de quatro anos.
b) Enquanto eu fazia comigo mesmo aquela reflexão, entrou na loja, um sujeito, baixo, sem chapéu, trazendo pela mão, uma menina de quatro anos.
c) Enquanto eu fazia comigo mesmo aquela reflexão, entrou na loja um sujeito baixo, sem chapéu, trazendo pela mão uma menina de quatro anos.
d) Enquanto eu, fazia comigo mesmo, aquela reflexão, entrou na loja um sujeito baixo sem chapéu, trazendo pela mão uma menina de

quatro anos.
e) Enquanto eu fazia comigo mesmo, aquela reflexão, entrou na loja, um sujeito baixo, sem chapéu trazendo, pela mão, uma menina de quatro anos.

18. (ITA) Assinale a questão que contenha o texto pontuado corretamente:

a) Ele não virá hoje; não contem, portanto, com ele.
b) O reitor daquela famosa universidade italiana, chegará aqui amanhã.
c) São José dos Campos 15 de março, de 1985.
d) Quero que, assine o contrato.
e) Qualquer bebida que, contenha álcool, não dever ser tomada por você.

19. (CARLOS CHAGAS) Assinale a questão que contenha o texto pontuado corretamente:

a) Como estavam atarefados não puderam vir ontem.
b) Como estavam atarefados não puderam vir, ontem.
c) Como estavam atarefados, não puderam, vir ontem.
d) Como estavam atarefados não puderam, vir, ontem.
e) Como estavam atarefados, não puderam vir ontem.

20. (ESAF) Assinale a frase correta quanto à pontuação:

a) O parágrafo único do artigo 37, também trata da isenção do imposto em caso semelhante ao estudado.
b) A mãe do soldado implorara piedade, confidenciou-me o tenente; o general porém, mandou executar a sentença.
c) Eu para não ser indiscreto, retirei-me calmamente da sala, quando percebi que o assunto era confidencial.
d) Embora o doente não corresse mais perigo, os médicos resolveram mantê-lo em observação durante doze horas.
e) É alentador, o que os indicadores econômicos demonstram: uma retomada do desenvolvimento em São Paulo, o maior parque industrial brasileiro.

22. FIGURAS E VÍCIOS DE LINGUAGEM

1. (PUC - SP) Nos trechos: "...nem um dos autores nacionais ou nacionalizados de oitenta pra lá faltava nas estantes do major" e "...o essencial é achar-se as palavras que o violão pede e deseja" encontramos, respectivamente, as seguintes figuras de linguagem:

a) prosopopeia e hipérbole;
b) hipérbole e metonímia;
c) perífrase e hipérbole;
d) metonímia e eufemismo;
e) metonímia e prosopopeia.

2. (VUNESP) No trecho: "...dão um jeito de mudar o mínimo para continuar mandando o máximo", a figura de linguagem presente é chamada:

a) metáfora
b) hipérbole
c) hipérbato
d) anáfora
e) antítese

3. (PUC - SP) Nos trechos: "O pavão é um arco-íris de plumas" e "... de tudo que ele suscita e esplende e estremece e delira..." enquanto procedimento estilístico, temos, respectivamente:

a) metáfora e polissíndeto;
b) comparação e repetição;
c) metonímia e aliteração;
d) hipérbole e metáfora;
e) anáfora e metáfora.

4. (ITA) Em qual das opções há erro de identificação das figuras?

a) "Um dia hei de ir embora / Adormecer no derradeiro sono." (eufemismo)
b) "A neblina, roçando o chão, cicia, em prece". (prosopopeia)
c) "Já não são tão frequentes os passeios noturnos na violenta Rio de Janeiro". (silepse de número)

d) "E fria, fluente, frouxa claridade / Flutua..." (aliteração)
e) "Oh sonora audição colorida do aroma." (sinestesia)

5. (VUNESP) Na frase: "O pessoal estão exagerando, me disse ontem um camelô", encontramos a figura de linguagem chamada:

a) silepse de pessoa
b) elipse
c) anacoluto
d) hipérbole
e) silepse de número

6. (UM - SP) Indique a alternativa em que haja uma concordância realizada por silepse:

a) Os irmãos de Teresa, os pais de Júlio e nós, habitantes desta pacata região, precisaremos de muita força para sobreviver.
b) Poderão existir inúmeros problemas conosco devido às opiniões dadas neste relatório.
c) Os adultos somos bem mais prudentes que os jovens no combate às dificuldades.
d) Dar-lhe-emos novas oportunidades de trabalho para que você obtenha resultados mais satisfatórios.
e) Haveremos de conseguir os medicamentos necessários para a cura desse vírus insubordinável a qualquer tratamento.

7. (FEI) Assinalar a alternativa correta, correspondente à figuras de linguagem, presentes nos fragmentos abaixo:

I. "Não te esqueças daquele amor ardente que já nos olhos meus tão puro viste."
II. "A moral legisla para o homem; o direito para o cidadão."
III. "A maioria concordava nos pontos essenciais; nos pormenores porém, discordavam."
IV. "Isaac a vinte passos, divisando o vulto de um, pára, ergues a mão em viseira, firma os olhos."

a) anacoluto, hipérbato, hipálage, pleonasmo;
b) hipérbato, zeugma, silepse, assíndeto;
c) anáfora, polissíndeto, elipse, hipérbato;

d) pleonasmo, anacoluto, catacrese, eufemismo;
e) hipálage, silepse, polissíndeto, zeugma.

8. (FEBA - SP) Assinale a alternativa em que ocorre aliteração:

a) "Água de fonte .... água de oceano .... água de pranto". (Manuel Bandeira)
b) "A gente almoça e se coça e se roça e só se vicia." (Chico Buarque)
c) "Ouço o tique-taque do relógio: apresso-me então." (Clarice Lispector)
d) "Minha vida é uma colcha de retalhos, todos da mesma cor." (Mário Quintana)
e) N.d.a.

9. (CESGRANRIO) Na frase "O fio da ideia cresceu, engrossou e partiu-se" ocorre processo de gradação. Não há gradação em:
a) O carro arrancou, ganhou velocidade e capotou.
b) O avião decolou, ganhou altura e caiu.
c) O balão inflou, começou a subir e apagou.
d) A inspiração surgiu, tomou conta de sua mente e frustrou-se.
e) João pegou de um livro, ouviu um disco e saiu.

10. (FATEC) "Seus óculos eram imperiosos." Assinale a alternativa em que aparece a mesma figura de linguagem que há na frase acima:

a) "As cidades vinham surgindo na ponte dos nomes."
b) "Nasci na sala do 3° ano."
c) "O bonde passa cheio de pernas."
d) "O meu amor, paralisado, pula."
e) "Não serei o poeta de um mundo caduco."

11. (UFPE) Assinale a alternativa em que o autor NÃO utiliza prosopopeia.

a) "A luminosidade sorria no ar: exatamente isto. Era um suspiro do mundo." (Clarice Lispector)
b) "As palavras não nascem amarradas, elas saltam, se beijam, se dissolvem..." (Drummond)
c) "Quando essa não-palavra morde a isca, alguma coisa se escreveu." (Clarice Lispector)

d) "A poesia vai à esquina comprar jornal". (Ferreira Gullar)
e) "Meu nome é Severino, Não tenho outro de pia". (João Cabral de Melo Neto)

12. (FUVEST) A catacrese, figura que se observa na frase "Montou o cavalo no burro bravo", ocorre em:

a) Os tempos mudaram, no devagar depressa do tempo.
b) Última flor do Lácio, inculta e bela, és a um tempo esplendor e sepultura.
c) Apressadamente, todos embarcaram no trem.
d) Ó mar salgado, quanto do teu sal são lágrimas de Portugal.
e) Amanheceu, a luz tem cheiro.

13. (UFF) TEXTO

> Não há morte. O encontro de duas expansões, ou a expansão de duas formas, pode determinar a supressão de duas formas, pode determinar a supressão de uma delas; mas, rigorosamente, não há morte, há vida, porque a supressão de uma é a condição da sobrevivência da outra, e a destruição não atinge o princípio universal e comum. Daí o caráter conservador e benéfico da guerra.
>
> Supõe tu um campo de batatas e duas tribos famintas. As batatas apenas chegam para alimentar uma das tribos, que assim adquire forças para transpor a montanha e ir à outra vertente, onde há batatas em abundância; mas, se as duas tribos dividirem em paz as batatas do campo, não chegam a nutrir-se suficientemente e morrem de inanição. A paz, nesse caso, é a destruição; a guerra é a conservação. Uma das tribos extermina a outra e recolhe os despojos. Daí a alegria da vitória, os hinos, aclamações, recompensas públicas e todos os demais efeitos das ações bélicas. Se a guerra não fosse isso, tais demonstrações não chegariam a dar-se, pelo motivo real de que o homem só comemora e ama o que lhe é aprazível ou vantajoso, e pelo motivo racional de que nenhuma pessoa canoniza uma ação que virtualmente a destrói. Ao vencido, ódio ou compaixão; ao vencedor, as batatas.
>
> *(ASSIS, Machado de Quincas Borba. Rio de Janeiro: Civilização Brasileira/ INL, 1976.)*

Assinale dentre as alternativas abaixo, aquela em que o uso da vírgula marca a supressão (elipse) do verbo:
a) Ao vencido, ódio ou compaixão, ao vencedor, as batatas.
b) A paz, nesse caso, é a destruição(...)
c) Daí a alegria da vitória, os hinos, as aclamações, recompensas públicas e todos os demais efeitos das ações bélicas.
d) (...) mas, rigorosamente, não há morte(...)
e) Se a guerra não fosse isso, tais demonstrações não chegariam a dar-se(...)

14. (UFPE)

DESCOBERTA DA LITERATURA

No dia a dia do engenho/ toda a semana, durante/
cochichavam-me em segredo: / saiu um novo romance./
E da feira do domingo/ me traziam conspirantes/
para que os lesse e explicasse/ um romance de barbante./
Sentados na roda morta/ de um carro de boi, sem jante,/
ouviam o folheto guenzo, / o seu leitor semelhante,/
com as peripécias de espanto/ preditas pelos feirantes./
Embora as coisas contadas/ e todo o mirabolante,/
em nada ou pouco variassem/ nos crimes, no amor, nos lances,/
e soassem como sabidas/ de outros folhetos migrantes,/
a tensão era tão densa,/ subia tão alarmante,/
que o leitor que lia aquilo/ como puro alto-falante,/
e, sem querer, imantara/ todos ali, circunstantes,/
receava que confundissem/ o de perto com o distante,/
o ali com o espaço mágico,/ seu franzino com gigante,/
e que o acabasse tomando/ pelo autor imaginante/
ou tivesse que afrontar/ as brabezas do brigante./
(...)

João Cabral de Melo Neto

Sobre as figuras de linguagem usadas no texto, relacione as duas colunas abaixo:

1ª COLUNA
(1) Romance de barbante
(2) Roda morta; folheto guenzo
(3) Como puro alto-falante

(4) Perto/distante
Ali/espaço mágico
Franzino/gigante
(5) Cochichavam-me em segredo

2ª COLUNA
( ) Pleonasmo
( ) Metáfora
( ) Comparação
( ) Metonímia
( ) Antítese

A ordem correta é:

a) 1, 2, 3, 4, 5
b) 5, 2, 3, 1, 4
c) 3, 1, 4, 5, 2
d) 2, 1, 3, 4, 5
e) 2, 4, 5, 3, 1

15. (ANHEMBI)

> "A novidade veio dar à praia
> na qualidade rara de sereia
> metade um busto de uma deusa maia
> metade um grande rabo de baleia
> a novidade era o máximo
> do paradoxo estendido na areia
> alguns a desejar seus beijos de deusa
> outros a desejar seu rabo pra ceia
> oh, mundo tão desigual
> tudo tão desigual
> de um lado este carnaval
> do outro a fome total
> e a novidade que seria um sonho
> milagre risonho da sereia
> virava um pesadelo tão medonho
> ali naquela praia, ali na areia
> a novidade era a guerra
> entre o feliz poeta e o esfomeado
> estraçalhando uma sereia bonita
> despedaçando o sonho pra cada lado"
>
> *(Gilberto Gil – A Novidade)*

Gilberto Gil em seu poema usa um procedimento de construção textual que consiste em agrupar ideias de sentidos contrários ou contraditórios numa mesma unidade de significação. A figura de linguagem acima caracterizada é:

a) Metonímia.
b) Paradoxo.
c) Hipérbole.
d) Sinestesia.
e) Sinédoque.

16. (ANHEMBI) Assinale a alternativa que ilustre a Figura de Linguagem descrita na questão anterior:

a) "A novidade veio dar à praia/na qualidade rara de sereia"
b) "A novidade que seria um sonho/o milagre risonho da sereia/virava um pesadelo tão medonho"
c) "A novidade era a guerra/entre o feliz poeta e o esfomeado"
d) "Metade o busto de uma deusa maia/metade um grande rabo de baleia"
e) "A novidade era o máximo/do paradoxo estendido na areia"

17. (ANHEMBI)

> Tenho fases
> Fases de andar escondida,
> fases de vir para a rua...
> Perdição da minha vida!
> Perdição da vida minha!
> Tenho fases de ser tua,
> tenho outras de ser sozinha.
> Fases que vão e que vêm,
> no secreto calendário
> que um astrólogo arbitrário
> inventou para meu uso.
> E roda a melancolia
> seu interminável fuso!
> Não encontro com ninguém
> (tenho fases, como a lua...)
> No dia de alguém ser meu
> não é dia de eu ser sua...
> E, quando chega esse dia,
> outro desapareceu...
>
> (Lua Adversa – Cecília Meireles)

Indique a alternativa que não contenha a mesma figura de linguagem presente nesse verso do poema:

a) "O meu olhar é nítido como um girassol" (Alberto Caeiro)
b) "Meu amor me ensinou a ser simples como um largo de igreja" (Oswald de Andrade)
c) A casa dela é escura como a noite.
d) Ele é lerdo como uma lesma.
e) A tristeza é um barco imenso, perdido no oceano.

18. (UFPB)

> Um dia, o Simão me chamou: – "Vem ver. Olha ali". Era uma mulher, atarracada, descalçada, que subia o caminho do morro. (Diante do Sanatorinho havia um morro. Os doentes em bom estado podiam ir até lá em cima, pela manhã e à tarde.) Lembro-me de que, de repente, a mulher parou e acenou para o Sanatorinho. Não sei quantas janelas retribuíram. E o curioso é que, desde o primeiro momento, Simão saltou: – "É minha! Vi primeiro!".
>
> Uns oitenta doentes tinham visto, ao mesmo tempo. Mas o Simão era um assassino. Como ele próprio dizia, sem ódio, quase com ternura, "matei um". E o crime pretérito intimidava os demais. Constava que trouxera, na mala, com a escova de dentes, as chinelas, um revólver. Naquela mesma tarde, foi para a cerca, esperar a volta da fulana. E conversaram na porteira. Simão voltou, desatinado. Conversara a fulana. Queria um encontro, na manhã seguinte, no alto do morro.
>
> A outra não prometera nada. Ia ver, ia ver. Simão estava possesso: – "Dez anos!", e repetia, quase chorando: – "Dez anos não são dez dias!". Campos do Jordão estava cheio de casos parecidos. Nada mais cruel do que a cronicidade de certas formas de tuberculose. Eu conheci vários que haviam completado, lá na montanha, um quarto de século. E o próprio Simão falava dos dez anos como se fosse esta a idade do seu desejo.
>
> Na manhã seguinte, foi o primeiro a acordar. (...) Havia uma tosse da madrugada e uma tosse da manhã. Eu me lembro daquele dia. Nunca se tossiu tanto. Sujeitos se torciam e retorciam asfixiados. E, súbito, a tosse parou. Todo o Sanatorinho sabia que, no alto do morro, o Simão ia ver a tal mulher do riso desdentado. E justamente ela estava subindo a ladeira. Como na véspera, deu adeus; e todas as janelas e varandas retribuíram. Uma hora depois, volta o Simão. Foi cercado, envolvido:

> – "Que tal?". Tinha uma luz forte no olhar: – "Tem amanhã outra vez". Durante todo o dia, ele quase não saiu da cama: – sonhava. Às seis, seis e pouco, um médico entra na enfermaria. Falou pra todos: – "Vocês não se metam com essa mulher que anda por aí, uma baixa. Passou, hoje de manhã, subiu a ladeira. É leprosa". Ninguém disse nada. O próprio Simão ficou, no seu canto, uns dez minutos, quieto. Depois, levantou-se. No meio da enfermaria, como se desafiasse os outros, disse duas vezes: – "Eu não me arrependo, eu não me arrependo".
>
> (RODRIGUES, Nelson. A menina sem estrela. São Paulo: Companhia das Letras, 1993, p. 132-3.)

A partir da convenção seguinte:

I. Animização
II. Metáfora
III. Metonímia
IV. Silepse

Preencha os parênteses com a adequada classificação das figuras de linguagem:

( ) "... e todas as janelas e varandas retribuíram."
( ) "Campos do Jordão estava cheio de casos parecidos."
( ) "... Simão ia ver a tal mulher do riso desdentado."

A sequência correta encontra-se em:

a) I, III, II.
b) I, IV, II.
c) II, III, II.
d) III, IV, II.
e) III, IV, III.

19. (UFPE) Nos enunciados abaixo, a palavra destacada NÃO tem sentido conotativo em:

a) A comissão técnica está dissolvida. Do goleiro ao ponta-esquerda.
b) Indispensável à boa forma, o exercício físico detona músculos e ossos, se mal praticado.

c) O melhor tenista brasileiro perde o jogo, a cabeça e o prestígio em Roland Garros.
d) Sob a mira da Justiça, os sorteios via 0900 engordam o caixa das principais emissoras.
e) Alta nos juros atropela sonhos da classe média.

20. (UFPA)

TECENDO A MANHÃ

Um galo sozinho não tece uma manhã:
ele precisará sempre de outros galos.
De um que apanhe o grito que um galo antes
e o lance a outro; e de outros galos
que com muitos outros galos se cruzem
os fios de sol de seus gritos de galo,
para que a manhã, desde uma teia tênue,
se vá tecendo, entre todos os galos.
E se encorpando em tela, entre todos,
se erguendo tenda, onde entrem todos,
se entretendendo para todos, no toldo
(a manhã) que plana livre de armação.
A manhã, toldo de um tecido tão aéreo
que, tecido, se eleva por si: luz balão.

(MELO, João Cabral de. In: Poesias Completas. Rio de Janeiro, José Olympio, 1979)

Nos versos

"E se encorpando em tela, entre todos,

se erguendo tenda, onde entrem todos,
se entretendendo para todos, no toldo..."

tem-se exemplo de:
a) eufemismo
b) antítese
c) aliteração
d) silepse
e) sinestesia

TEXTO PARA A QUESTÃO 21

> **CIDADE GRANDE**
>
> Que beleza, Montes Claros.
> Como cresceu Montes Claros.
> Quanta indústria em Montes Claros.
> Montes Claros cresceu tanto,
> ficou urbe tão notória,
> prima-rica do Rio de Janeiro,
> que já tem cinco favelas
> por enquanto, e mais promete.
>
> *(Carlos Drummond de Andrade)*

21. (ENEM/2004) Entre os recursos expressivos empregados no texto, destaca-se

a) metalinguagem, que consiste em fazer a linguagem referir-se à própria linguagem.
b) intertextualidade, na qual o texto retoma e reelabora outros textos.
c) ironia, que consiste em se dizer o contrário do que se pensa, com intenção crítica.
d) denotação, caracterizada pelo uso das palavras em seu sentido próprio e objetivo.
e) prosopopeia, que consiste em personificar coisas inanimadas, atribuindo-lhes vida.

GABARITOS – SIMULADÃO VESTIBULARES E CONCURSOS

1. Fonética e Fonologia

1. Alternativa C.
2. Alternativa C.
3. Alternativa B.
4. Alternativa A.
5. Alternativa E.
6. Alternativa A.
7. Alternativa C.
8. Alternativa C.
9. Alternativa E.
10. Alternativa E.
11. Alternativa D.
12. Alternativa D.
13. Alternativa E.
14. Alternativa A.
15. Alternativa A.
16. Alternativa C.
17. Alternativa E.

2. Acentuação

1. Alternativa C.
2. Alternativa B.
3. Alternativa C.
4. Alternativa D.
5. Alternativa B.
6. Alternativa C.
7. Alternativa B.
8. Alternativa B.
9. Alternativa E.
10. Alternativa B.
11. Alternativa A.
12. Alternativa B.
13. Alternativa E.
14. Alternativa B.
15. Alternativa A.
16. Alternativa B.
17. Alternativa D.
18. Alternativa C.
19. Alternativa D.
20. Alternativa E.

3. Ortografia

1. Alternativa A.
2. Alternativa A.
3. Alternativa E.
4. Alternativa B.
5. Alternativa D.
6. Alternativa D.
7. Alternativa D.
8. Alternativa B.
9. Alternativa C.
10. Alternativa D.
11. Alternativa C.
12. Alternativa C.
13. Alternativa E.
14. Alternativa C.
15. Alternativa D.
16. Alternativa B.
17. Alternativa D.
18. Alternativa A.
19. Alternativa A.
20. Alternativa D.
21. Alternativa D.
22. Alternativa D.
23. Alternativa A.
24. Alternativa A.
25. Alternativa A.
26. Alternativa C.
27. Alternativa D.
28. Alternativa D.
29. Alternativa C.
30. Alternativa D.
31. Alternativa C.
32. Alternativa D.
33. Alternativa B.
34 Alternativa A.
35 Alternativa D.

4. Homônimos e Parônimos

1. Alternativa A.
2. Alternativa B.
3. Alternativa C.
4. Alternativa B.
5. Alternativa A.

6. Alternativa A.
7. Alternativa C.
8. Alternativa C.
9. Alternativa E.
10. Alternativa A.
11. Alternativa C.
12. Alternativa E.
13. Alternativa B.
14. Alternativa C.
15. Alternativa A.
16. Alternativa C.
17. Alternativa E.

5. Hífen

1. Alternativa A.
2. Alternativa B.
3. Alternativa C.

6. Estrutura das Palavras

1. Alternativa E.
2. Alternativa D.
3. Alternativa D.
4. Alternativa D.
5. Alternativa E.
6. Alternativa E.
7. Alternativa B.
8. Alternativa A.
9. Alternativa A.

7. Substantivo

1. Alternativa E.
2. Alternativa A.
3. Alternativa D.
4. Alternativa E.
5. Alternativa D.
6. Alternativa D.
7. Alternativa A.
8. Alternativa A.
9. Alternativa C.
10. Alternativa C.
11. Alternativa C.
12. Alternativa C.
13. Alternativa C.
14. Alternativa E.
15. Alternativa E.
16. Alternativa D.
17. Alternativa C.
18. Alternativa D.
19. Alternativa B.

8. Adjetivo

1. Alternativa B.
2. Alternativa B.
3. Alternativa E.
4. Alternativa E.

9. Pronome

1. Alternativa A.
2. Alternativa A.
3. Alternativa D.
4. Alternativa D.
5. Alternativa D.
6. Alternativa B.
7. Alternativa B.
8. Alternativa B.
9. Alternativa C.
10. Alternativa B.
11. Alternativa D.
12. Alternativa D.
13. Alternativa A.
14. Alternativa A.
15. Alternativa D.
16. Alternativa B.
17. Alternativa A.
18. Alternativa E.
19. Alternativa E.
20. Alternativa D.

10. Verbo

1. Alternativa B.
2. Alternativa E.
3. Alternativa D.
4. Alternativa D.
5. Alternativa A.
6. Alternativa E.
7. Alternativa C.
8. Alternativa D.
9. Alternativa C.
10. Alternativa E.
11. Alternativa E.
12. Alternativa E.
13. Alternativa D.
14. Alternativa D.
15. Alternativa A.
16. Alternativa E.

17. Alternativa B.
18. Alternativa B.
19. Alternativa D.
20. Alternativa E..
21. Alternativa B.
22. Alternativa E.
23. Alternativa D.
24. Alternativa E.
25. Alternativa B.
26. Alternativa E.
27. Alternativa A.
28. Alternativa E.
29. Alternativa D.
30. Alternativa D.

11. Advérbio

1. Alternativa C.
2. Alternativa B.
3. Alternativa C.
4. Alternativa C.
5. Alternativa B.

12. Preposição

1. Alternativa B.
2. Alternativa C.
3. Alternativa D.
4. Alternativa A.
5. Alternativa D.

13. Termos da Oração

1. Alternativa A.
2. Alternativa C.
3. Alternativa A.
4. Alternativa C.
5. Alternativa C.
6. Alternativa B.
7. Alternativa C.
8. Alternativa E.
9. Alternativa C.
10. Alternativa A.
11. Alternativa E.
12. Alternativa C.
13. Alternativa A.
14. Alternativa C.
15. Alternativa B.
16. Alternativa A.
17. 001+ 004=005
18. Alternativa C.
19. Alternativa E.
20. Alternativa A.
21. Alternativa D.
22. Alternativa A.
23. Alternativa B.
24. Alternativa C.
25. Alternativa E.
26. Alternativa C.
27. Alternativa D.
28. Alternativa E.
29. Alternativa E.
30. Alternativa A.

14. Orações coordenadas

1. Alternativa E.
2. Alternativa A.
3. Alternativa D.
4. Alternativa D.
5. Alternativa B.

15. Orações subordinadas

1. Alternativa B.
2. Alternativa B.
3. Alternativa C.
4. Alternativa E.
5. Alternativa A.
6. Alternativa A.
7. Alternativa D.
8. Alternativa B.
9. Alternativa D.
10. Alternativa A.
11. Alternativa B.
12. Alternativa D.
13. Alternativa D.
14. Alternativa C.
15. Alternativa B.
16. Alternativa B.
17. Alternativa C.
18. Alternativa D.
19. Alternativa D.
20. Alternativa A.

16. Concordância nominal

1. Alternativa D.

2. Alternativa D.
3. Alternativa D.
4. Alternativa B.
5. Alternativa B.
6. Alternativa C.
7. Alternativa C.
8. Alternativa C.
9. Alternativa C.
10. Alternativa B.
11. Alternativa A.
12. Alternativa E.
13. Alternativa A.
14. Alternativa A.
15. Alternativa A.
16. Alternativa D.
17. Alternativa E.
18. Alternativa D.
19. Alternativa A.
20. Alternativa A.

17. Concordância verbal

1. Alternativa E.
2. Alternativa E.
3. Alternativa C.
4. Alternativa C.
5. Alternativa D.
6. Alternativa A.
7. Alternativa D.
8. Alternativa D.
9. Alternativa A.
10. Alternativa D.
11. Alternativa B.
12. Alternativa C.
13. Alternativa D.
14. Alternativa E.
15. Alternativa E.
16. Alternativa D.
17. Alternativa A.
18. Alternativa B.
19. Alternativa A.
20. Alternativa B.
21. Alternativa B.
22. Alternativa C.
23. Alternativa B.
24. Alternativa C.
25. Alternativa B.

18. Regência

1. Alternativa E.
2. Alternativa C.
3. Alternativa B.
4. Alternativa E.
5. Alternativa C.
6. Alternativa E.
7. Alternativa A.
8. Alternativa C.
9. Alternativa E.
10. Alternativa D.
11. Alternativa B.
12. Alternativa C.
13. Alternativa C.
14. Alternativa A.
15. Alternativa E.
16. Alternativa E.
17. Alternativa A.
18. Alternativa E.
19. Alternativa B.
20. Alternativa A.
21. Alternativa D.
22. Alternativa A.
23. Alternativa B.
24. Alternativa C.
25. Alternativa A.
26. Alternativa E.
27. Alternativa E.
28. Alternativa B.
29. Alternativa C.

19. Crase

1. Alternativa C.
2. Alternativa A.
3. Alternativa E.
4. Alternativa E.
5. Alternativa A.
6. Alternativa D.
7. Alternativa E.
8. Alternativa B.
9. 001+ 004 = 005
10. Alternativa A.
11. Alternativa A.
12. Alternativa B.
13. Alternativa A.
14. Alternativa A.
15. Alternativa B.
16. Alternativa C.
17. Alternativa E.
18. Alternativa D.
19. Alternativa C.
20. Alternativa C.

20. Funções das palavras "que" e "se"

1. Alternativa D.
2. Alternativa B.
3. Alternativa C.
4. Alternativa A.
5. Alternativa B.
6. Alternativa A.
7. Alternativa B.
8. Alternativa B.
9. Alternativa E.
10. Alternativa A.
11. Alternativa C.
12. Alternativa A.
13. Alternativa B.
14. Alternativa E.
15. Alternativa A.
16. Alternativa C.
17. Alternativa C.
18. Alternativa D.

21. Pontuação

1. Alternativa E.
2. Alternativa E.
3. Alternativa D.
4. Alternativa A.
5. Alternativa C.
6. Alternativa E.
7. Alternativa B.
8. Alternativa C.
9. Alternativa C.
10. Alternativa B.
11. Alternativa D.
12. Alternativa C.
13. Alternativa E.
14. Alternativa C.
15. Alternativa B.
16. Alternativa E.
17. Alternativa C.
18. Alternativa A.
19. Alternativa E.
20. Alternativa D.
1. Alternativa E.
2. Alternativa E.
3. Alternativa D.
4. Alternativa A.
5. Alternativa C.
6. Alternativa E.
7. Alternativa B.
8. Alternativa C.
9. Alternativa C.
10. Alternativa B.
11. Alternativa D.
12. Alternativa C.
13. Alternativa E.
14. Alternativa C.
15. Alternativa B.
16. Alternativa E.
17. Alternativa C.
18. Alternativa A.
19. Alternativa E.
20. Alternativa D.

22. Figuras e Vícios de linguagem

1. Alternativa E.
2. Alternativa E.
3. Alternativa A.
4. Alternativa C.
5. Alternativa E.
6. Alternativa C.
7. Alternativa B.
8. Alternativa B.
9. Alternativa E.
10. Alternativa C.
11. Alternativa E.
12. Alternativa C.
13. Alternativa A.
14. Alternativa B.
15. Alternativa B.
16. Alternativa B.
17. Alternativa E.
18. Alternativa E.
19. Alternativa B.
20. Alternativa C.
21. Alternativa C.

OS 100 ERROS MAIS COMUNS DA LÍNGUA PORTUGUESA

Segue abaixo a lista dos 100 erros mais comuns de nossa língua. Rol organizado pela Acadêmica Brasileira de Letras, ele surge para auxiliar na aplicação do idioma em seu dia a dia.

1. "Mal cheiro", "mau-humorado". Mal opõe-se a bem e mau, a bom. Assim: mau cheiro (bom cheiro), mal-humorado (bem-humorado). Igualmente: mau humor, mal-intencionado, mau jeito, mal-estar.

2. "Fazem" cinco anos. Fazer, quando exprime tempo, é impessoal: Faz cinco anos. / Fazia dois séculos. / Fez 15 dias.

3. "Houveram" muitos acidentes. Haver, como existir, também é invariável: Houve muitos acidentes. / Havia muitas pessoas. / Deve haver muitos casos iguais.

4. "Existe" muitas esperanças. Existir, bastar, faltar, restar e sobrar admitem normalmente o plural: Existem muitas esperanças. / Bastariam dois dias. / Faltavam poucas peças. / Restaram alguns objetos. / Sobravam ideias.

5. Para "mim" fazer. Mim não faz, porque não pode ser sujeito. Assim: Para eu fazer, para eu dizer, para eu trazer.

6. Entre "eu" e você. Depois de preposição, usa-se mim ou ti: Entre mim e você. / Entre eles e ti.

7. "Há" dez anos "atrás". Há e atrás indicam passado na frase. Use apenas há dez anos ou dez anos atrás.

8. "Entrar dentro". O certo: entrar em. Veja outras redundâncias: Sair fora ou para fora, elo de ligação, monopólio exclusivo, já não há mais, ganhar grátis, viúva do falecido.

9. "Venda à prazo". Não existe crase antes de palavra masculina, a menos que esteja subentendida a palavra moda: Salto à (moda de) Luís XV. Nos demais casos: A salvo, a bordo, a pé, a esmo, a cavalo, a caráter.

10. "Porque" você foi? Sempre que estiver clara ou implícita a palavra razão, use por que separado: Por que (razão) você foi? / Não sei por que (razão) ele faltou. / Explique por que razão você se atrasou. Porque é usado nas respostas: Ele se atrasou porque o trânsito estava congestionado.

11. Vai assistir "o" jogo hoje. Assistir como presenciar exige a: Vai assistir ao jogo, à missa, à sessão. Outros verbos com a: A medida não agradou (desagradou) à população. / Eles obedeceram (desobedeceram) aos avisos. / Aspirava ao cargo de diretor. / Pagou ao amigo. / Respondeu à carta. / Sucedeu ao pai. / Visava aos estudantes.

12. Preferia ir "do que" ficar. Prefere-se sempre uma coisa a outra: Preferia ir a ficar. É preferível segue a mesma norma: É preferível lutar a morrer sem glória.

13. O resultado do jogo, não o abateu. Não se separa com vírgula o sujeito do predicado. Assim: O resultado do jogo não o abateu. Outro erro: O prefeito prometeu, novas denúncias. Não existe o sinal entre o predicado e o complemento: O prefeito prometeu novas denúncias.

14. Não há regra sem "excessão". O certo é exceção. Veja outras grafias erradas e, entre parênteses, a forma correta: "paralizar" (paralisar), "beneficiente" (beneficente), "xuxu" (chuchu), "previlégio" (privilégio), "vultuoso" (vultoso), "cincoenta" (cinquenta), "zuar" (zoar), "frustado" (frustrado), "calcáreo" (calcário), "advinhar" (adivinhar), "benvindo" (bem-vindo), "ascenção" (ascensão), "pixar" (pichar), "impecilho" (empecilho), "envólucro" (invólucro)

15. Quebrou "o" óculos. Concordância no plural: os óculos, meus óculos. Da mesma forma: Meus parabéns, meus pêsames, seus ciúmes, nossas férias, felizes núpcias.

16. Comprei "ele" para você. Eu, tu, ele, nós, vós e eles não podem ser objeto direto. Assim: Comprei-o para você. Também: Deixe-os sair, mandou-nos entrar, viu-a, mandou-me.

17. Nunca "lhe" vi. Lhe substitui a ele, a eles, a você e a vocês e por isso não pode ser usado com objeto direto: Nunca o vi. / Não o convidei. / A mulher o deixou. / Ela o ama.

18. "Aluga-se" casas. O verbo concorda com o sujeito: Alugam-se casas. / Fazem-se consertos. / É assim que se evitam acidentes. / Compram-se terrenos. / Procuram-se empregados.

19. "Tratam-se" de. O verbo seguido de preposição não varia nesses casos: Trata-se dos melhores profissionais. / Precisa-se de empregados. / Apela-se para todos. / Conta-se com os amigos.

20. Chegou "em" São Paulo. Verbos de movimento exigem a, e não em: Chegou a São Paulo. / Vai amanhã ao cinema. / Levou os filhos ao circo.

21. Atraso implicará "em" punição. Implicar é direto no sentido de acarretar, pressupor: Atraso implicará punição. / Promoção implica responsabilidade.

22. Vive "às custas" do pai. O certo: Vive à custa do pai. Use também em via de, e não "em vias de": Espécie em via de extinção. / Trabalho em via de conclusão.

23. Todos somos "cidadões". O plural de cidadão é cidadãos. Veja outros: caracteres (de caráter), juniores, seniores, escrivães, tabeliães, gângsteres

24. O ingresso é "gratuíto". A pronúncia correta é gratuito, assim como circuito, intuito e fortuito (o acento não existe e só indica a letra tônica). Da mesma forma: fluido, condor, recorde, avaro, ibero, pólipo.

25. A última "seção" de cinema. Seção significa divisão, repartição, e sessão equivale a tempo de uma reunião, função: Seção Eleitoral, Seção de Esportes, seção de brinquedos; sessão de cinema, sessão de pancadas, sessão do Congresso.

26. Vendeu "uma" grama de ouro. Grama, peso, é palavra masculina: um grama de ouro, vitamina C de dois gramas. Femininas, por exemplo, são a agravante, a atenuante, a alface, a cal, etc.

27. "Porisso". Duas palavras, por isso, como de repente e a partir de.

28. Não viu "qualquer" risco. É nenhum, e não "qualquer", que se emprega depois de negativas: Não viu nenhum risco. / Ninguém lhe fez nenhum reparo. / Nunca promoveu nenhuma confusão.

29. A feira "inicia" amanhã. Alguma coisa se inicia, inaugura-se: A feira inicia-se (inaugura-se) amanhã.

30. Soube que os homens "feriram-se". O que atrai o pronome: Soube que os homens se feriram. / A festa que se realizou... O mesmo ocorre com as negativas, as conjunções subordinativas e os advérbios: Não lhe diga nada. / Nenhum dos presentes se pronunciou. / Quando se falava no assunto... / Como as pessoas lhe haviam dito... / Aqui se faz, aqui se paga. / Depois o procuro.

31. O peixe tem muito "espinho". Peixe tem espinha. Veja outras confusões desse tipo: O "fuzil" (fusível) queimou. / Casa "germinada" (geminada), "ciclo" (círculo) vicioso, "cabeçário" (cabeçalho).

32. Não sabiam "aonde" ele estava. O certo: Não sabiam onde ele estava. Aonde se usa com verbos de movimento, apenas: Não sei aonde ele quer chegar. / Aonde vamos?

33. "Obrigado", disse a moça. Obrigado concorda com a pessoa: "Obrigada", disse a moça. / Obrigado pela atenção. / Muito obrigados por tudo.

34. O governo "interviu". Intervir conjuga-se como vir. Assim: O governo interveio. Da mesma forma: intervinha, intervim, interviemos, intervieram. Outros verbos derivados: entretinha, mantivesse, reteve, pressupusesse, predisse, conviesse, perfizera, entrevimos, condisser, etc.

35. Ela era "meia" louca. Meio, advérbio, não varia: meio louca, meio esperta, meio amiga.

36. "Fica" você comigo. Fica é imperativo do pronome tu. Para a 3.ª pessoa, o certo é fique: Fique você comigo. / Venha pra Caixa você também. / Chegue aqui.

37. A questão não tem nada "haver" com você. A questão, na verdade, não tem nada a ver ou nada que ver. Da mesma forma: Tem tudo a ver com você.

38. A corrida custa 5 "real". A moeda tem plural, e regular: A corrida custa 5 reais.

39. Vou "emprestar" dele. Emprestar é ceder, e não tomar por empréstimo: Vou pegar o livro emprestado. Ou: Vou emprestar o livro (ceder) ao meu irmão. Repare nesta concordância: Pediu emprestadas duas malas.

40. Foi "taxado" de ladrão. Tachar é que significa acusar de: Foi tachado de ladrão. / Foi tachado de leviano.

41. Ele foi um dos que "chegou" antes. Um dos que faz a concordância no plural: Ele foi um dos que chegaram antes (dos que chegaram antes, ele foi um). / Era um dos que sempre vibravam com a vitória.

42. "Cerca de 18" pessoas o saudaram. Cerca de indica arredondamento e não pode aparecer com números exatos: Cerca de 20 pessoas o saudaram.

43. Ministro nega que "é" negligente. Negar que introduz subjuntivo, assim como embora e talvez: Ministro nega que seja negligente. / O jogador negou que tivesse cometido a falta. / Ele talvez o convide para a festa. / Embora tente negar, vai deixar a empresa.

44. Tinha "chego" atrasado. "Chego" não existe. O certo: Tinha chegado atrasado.

45. Tons "pastéis" predominam. Nome de cor, quando expresso por substantivo, não varia: Tons pastel, blusas rosa, gravatas cinza, camisas creme. No caso de adjetivo, o plural é o normal: Ternos azuis, canetas pretas, fitas amarelas.

46. Lute pelo "meio-ambiente". Meio ambiente não tem hífen, nem hora extra, ponto de vista, mala direta, pronta entrega etc. O sinal aparece, porém, em mão-de-obra, matéria-prima, infra-estrutura, primeira-dama, vale-refeição, meio-de-campo, etc.

47. Queria namorar "com" o colega. O com não existe: Queria namorar o colega.

48. O processo deu entrada "junto ao" STF. Processo dá entrada no STF. Igualmente: O jogador foi contratado do (e não "junto ao") Guarani. / Cresceu muito o prestígio do jornal entre os (e não "junto aos") leitores. / Era grande a sua dívida com o (e não "junto ao") banco. / A reclamação foi apresentada ao (e não "junto ao") Procon.

49. As pessoas "esperavam-o". Quando o verbo termina em m, ão ou õe, os pronomes o, a, os e as tomam a forma no, na, nos e nas: As pessoas esperavam-no. / Dão-nos, convidam-na, põe-nos, impõem-nos.

50. Vocês "fariam-lhe" um favor? Não se usa pronome átono (me, te, se, lhe, nos, vos, lhes) depois de futuro do presente, futuro do pretérito (antigo condicional) ou particípio. Assim: Vocês lhe fariam (ou far-lhe-iam) um favor? / Ele se imporá pelos conhecimentos (e nunca "imporá-se"). / Os amigos nos darão (e não "darão-nos") um presente. / Tendo-me formado (e nunca tendo "formado-me").

51. Chegou "a" duas horas e partirá daqui "há" cinco minutos. Há indica passado e equivale a faz, enquanto a exprime distância ou tempo futuro (não pode ser substituído por faz): Chegou há (faz) duas horas e partirá daqui a (tempo futuro) cinco minutos. / O atirador estava a (distância) pouco menos de 12 metros. / Ele partiu há (faz) pouco menos de dez dias.

52. Blusa "em" seda. Usa-se de, e não em, para definir o material de que alguma coisa é feita: Blusa de seda, casa de alvenaria, medalha de prata, estátua de madeira.

53. A artista "deu à luz a" gêmeos. A expressão é dar à luz, apenas: A artista deu à luz quíntuplos. Também é errado dizer: Deu "a luz a" gêmeos.

54. Estávamos "em" quatro à mesa. O em não existe: Estávamos quatro à mesa. / Éramos seis. / Ficamos cinco na sala.

55. Sentou "na" mesa para comer. Sentar-se (ou sentar) em é sentar-se em cima de. Veja o certo: Sentou-se à mesa para comer. / Sentou ao piano, à máquina, ao computador.

56. Ficou contente "por causa que" ninguém se feriu. Embora popular, a locução não existe. Use porque: Ficou contente porque ninguém se feriu.

57. O time empatou "em" 2 a 2. A preposição é por: O time empatou por 2 a 2. Repare que ele ganha por e perde por. Da mesma forma: empate por.

58. À medida "em" que a epidemia se espalhava... O certo é: À medida que a epidemia se espalhava... Existe ainda na medida em que (tendo em vista que): É preciso cumprir as leis, na medida em que elas existem.

59. Não queria que "receiassem" a sua companhia. O i não existe: Não queria que receassem a sua companhia. Da mesma forma: passeemos, enfearam, ceaste, receeis (só existe i quando o acento cai no e que precede a terminação ear: receiem, passeias, enfeiam).

60. Eles "tem" razão. No plural, têm é assim, com acento. Tem é a forma do singular. O mesmo ocorre com vem e vêm e põe e põem: Ele tem, eles têm; ele vem, eles vêm; ele põe, eles põem.

61. A moça estava ali "há" muito tempo. Haver concorda com estava. Portanto: A moça estava ali havia (fazia) muito tempo. / Ele doara sangue ao filho havia (fazia) poucos meses. / Estava sem dormir havia (fazia) três meses. (O havia se impõe quando o verbo está no imperfeito e no mais-que-perfeito do indicativo.)

62. Não "se o" diz. É errado juntar o se com os pronomes o, a, os e as. Assim, nunca use: Fazendo-se-os, não se o diz (não se diz isso), vê-se-a, etc.

63. Acordos "políticos-partidários". Nos adjetivos compostos, só o último elemento varia: acordos político-partidários. Outros exemplos: Bandeiras verde-amarelas, medidas econômico-financeiras, partidos social-democratas.

64. Fique "tranqüilo". O trema não faz mais parte da ortografia da Língua Portuguesa, portanto: tranquilo, consequência, linguiça, aguentar, Birigui.

65. Andou por "todo" país. Todo o (ou a) é que significa inteiro: Andou por todo o país (pelo país inteiro). / Toda a tripulação (a tripulação inteira) foi demitida. Sem o, todo quer dizer cada, qualquer: Todo homem (cada homem) é mortal. / Toda nação (qualquer nação) tem inimigos.

66. "Todos" amigos o elogiavam. No plural, todos exige os: Todos os amigos o elogiavam. / Era difícil apontar todas as contradições do texto.

67. Favoreceu "ao" time da casa. Favorecer, nesse sentido, rejeita a: Favoreceu o time da casa. / A decisão favoreceu os jogadores.

68. Ela "mesmo" arrumou a sala. Mesmo, quanto equivale a próprio, é variável: Ela mesma (própria) arrumou a sala. / As vítimas mesmas recorreram à polícia.

69. Chamei-o e "o mesmo" não atendeu. Não se pode empregar o mesmo no lugar de pronome ou substantivo: Chamei-o e ele não atendeu. / Os funcionários públicos reuniram-se hoje: amanhã o país conhecerá a decisão dos servidores (e não "dos mesmos").

70. Vou sair "essa" noite. É este que desiga o tempo no qual se está ou objeto próximo: Esta noite, esta semana (a semana em que se está), este dia, este jornal (o jornal que estou lendo), este século (o século 20).

71. A temperatura chegou a 0 "graus". Zero indica singular sempre: Zero grau, zero-quilômetro, zero hora.

72. A promoção veio "de encontro aos" seus desejos. Ao encontro de é que expressa uma situação favorável: A promoção veio ao encontro dos seus desejos. De encontro a significa condição contrária: A queda do nível dos salários foi de encontro às (foi contra) expectativas da categoria.

73. Comeu frango "ao invés de" peixe. Em vez de indica substituição: Comeu frango em vez de peixe. Ao invés de significa apenas ao contrário: Ao invés de entrar, saiu.

74. Se eu "ver" você por aí... O certo é: Se eu vir, revir, previr. Da mesma forma: Se eu vier (de vir), convier; se eu tiver (de ter), mantiver; se ele puser (de pôr), impuser; se ele fizer (de fazer), desfizer; se nós dissermos (de dizer), predissermos.

75. Ele "intermedia" a negociação. Mediar e intermediar conjugam-se como odiar: Ele intermedeia (ou medeia) a negociação. Remediar, ansiar e incendiar também seguem essa norma: Remedeiam, que eles anseiem, incendeio.

76. Ninguém se "adequa". Não existem as formas "adequa", "adeque" etc., mas apenas aquelas em que o acento cai no a ou o: adequaram, adequou, adequasse, etc.

77. Evite que a bomba "expluda". Explodir só tem as pessoas em que depois do d vêm e e i: Explode, explodiram etc. Portanto, não escreva nem fale "expluda" ou "expluda", substituindo essas formas por rebente, por exemplo. Precaver-se também não se conjuga em todas as pessoas. Assim, não existem as formas "precavejo", "precavês", "precavém", "precavenho", "precavenha", "precaveja", etc.

78. Governo "reavê" confiança. Equivalente: Governo recupera confiança. Reaver segue haver, mas apenas nos casos em que este tem a letra v: Reavemos, reouve, reaverá, reouvesse. Por isso, não existem "reavejo", "reavê", etc.

79. Disse o que "quiz". Não existe z, mas apenas s, nas pessoas de querer e pôr: Quis, quisesse, quiseram, quiséssemos; pôs, pus, pusesse, puseram, puséssemos.

80. O homem "possue" muitos bens. O certo: O homem possui muitos bens. Verbos em uir só têm a terminação ui: Inclui, atribui, polui. Verbos em uar é que admitem ue: Continue, recue, atue, atenue.

81. A tese "onde"... Onde só pode ser usado para lugar: A casa onde ele mora. / Veja o jardim onde as crianças brincam. Nos demais casos, use em que: A tese em que ele defende essa ideia. / O livro em que... / A faixa em que ele canta... / Na entrevista em que...

82. Já "foi comunicado" da decisão. Uma decisão é comunicada, mas ninguém "é comunicado" de alguma coisa. Assim: Já foi informado (cientificado, avisado) da decisão. Outra forma errada: A diretoria "comunicou" os empregados da decisão. Opções corretas: A diretoria comunicou a decisão aos empregados. / A decisão foi comunicada aos empregados.

83. Venha "por" a roupa. Pôr, verbo, mesmo com a nova ortografia da Língua Portuguesa, tem acento diferencial: Venha pôr a roupa. O mesmo ocorre com pôde (passado): Não pôde vir. Veja outros: fôrma, pêlo e pêlos (cabelo, cabelos), pára (verbo parar), péla (bola ou verbo pelar), pélo (verbo pelar), pólo e pólos. Perderam o sinal, no entanto: Ele, toda, ovo, selo, almoço, etc.

84. "Inflingiu" o regulamento. Infringir é que significa transgredir: Infringiu o regulamento. Infligir (e não "inflingir") significa impor: Infligiu séria punição ao réu.

85. A modelo "pousou" o dia todo. Modelo posa (de pose). Quem pousa é ave, avião, viajante etc. Não confunda também iminente (prestes a acontecer) com eminente (ilustre). Nem tráfico (contrabando) com tráfego (trânsito).

86. Espero que "viagem" hoje. Viagem, com g, é o substantivo: Minha viagem. A forma verbal é viajem (de viajar): Espero que viajem hoje. Evite também "comprimentar" alguém: de cumprimento (saudação), só pode resultar cumprimentar. Comprimento é extensão. Igualmente: Comprido (extenso) e cumprido (concretizado).

87. O pai "sequer" foi avisado. Sequer deve ser usado com negativa: O pai nem sequer foi avisado. / Não disse sequer o que pretendia. / Partiu sem sequer nos avisar.

88. Comprou uma TV "a cores". Veja o correto: Comprou uma TV em cores (não se diz TV "a" preto e branco). Da mesma forma: Transmissão em cores, desenho em cores.

89. "Causou-me" estranheza as palavras. Use o certo: Causaram-me estranheza as palavras. Cuidado, pois é comum o erro de concordância quando o verbo está antes do sujeito. Veja outro exemplo: Foram iniciadas esta noite as obras (e não "foi iniciado" esta noite as obras).

90. A realidade das pessoas "podem" mudar. Cuidado: palavra próxima ao verbo não deve influir na concordância. Por isso : A realidade das pessoas pode mudar. / A troca de agressões entre os funcionários foi punida (e não "foram punidas").

91. O fato passou "desapercebido". Na verdade, o fato passou despercebido, não foi notado. Desapercebido significa desprevenido.

92. "Haja visto" seu empenho... A expressão é haja vista e não varia: Haja vista seu empenho. / Haja vista seus esforços. / Haja vista suas críticas.
93. A moça "que ele gosta". Como se gosta de, o certo é: A moça de que ele gosta.

Igualmente: O dinheiro de que dispõe, o filme a que assistiu (e não que assistiu), a prova de que participou, o amigo a que se referiu, etc.

94. É hora "dele" chegar. Não se deve fazer a contração da preposição com artigo ou pronome, nos casos seguidos de infinitivo: É hora de ele chegar. / Apesar de o amigo tê-lo convidado... / Depois de esses fatos terem ocorrido...

95. Vou "consigo". Consigo só tem valor reflexivo (pensou consigo mesmo) e não pode substituir com você, com o senhor. Portanto: Vou com você, vou com o senhor. Igualmente: Isto é para o senhor (e não "para si").

96. Já "é" 8 horas. Horas e as demais palavras que definem tempo variam: Já são 8 horas. / Já é (e não "são") 1 hora, já é meio-dia, já é meia-noite.

97. A festa começa às 8 "hrs.". As abreviaturas do sistema métrico decimal não têm plural nem ponto. Assim: 8 h, 2 km (e não "kms."), 5 m, 10 kg.

98. "Dado" os índices das pesquisas... A concordância é normal: Dados os índices das pesquisas... / Dado o resultado... / Dadas as suas ideias...

99. Ficou "sobre" a mira do assaltante. Sob é que significa debaixo de: Ficou sob a mira do assaltante. / Escondeu-se sob a cama. Sobre equivale a em cima de ou a respeito de: Estava sobre o telhado. / Falou sobre a inflação. E lembre-se: O animal ou o piano têm cauda e o doce, calda. Da mesma forma, alguém traz alguma coisa e alguém vai para trás.

100. "Ao meu ver". Não existe artigo nessas expressões: A meu ver, a seu ver, a nosso ver.

EXERCÍCIOS ENEM

1.

Para o Mano Caetano

O que fazer do ouro de tolo
Quando um doce bardo brada a toda brida,
Em velas pandas, suas esquisitas rimas?
Geografia de verdades, Guanabaras postiças
Saudades banguelas, tropicais preguiças?
A boca cheia de dentes
De um implacável sorriso
Morre a cada instante
Que devora a voz do morto, e com isso,
Ressuscita vampira, sem o menor aviso
[...] E eu soy lobo-bolo? lobo-bolo
Tipo pra rimar com ouro de tolo?
Oh, Narciso Peixe Ornamental!
Tease me, tease me outra vez 1
Ou em banto baiano
Ou em português de Portugal
De Natal
[...]
1 Tease me (caçoe de mim, importune-me).

LOBÃO. Disponível em: http://vagalume.uol.com.br.
Acesso em: 14 ago. 2009 (adaptado).

Na letra da canção apresentada, o compositor Lobão explora vários recursos da Língua Portuguesa, a fim de conseguir efeitos estéticos ou de sentido. Nessa letra, o autor explora o extrato sonoro do idioma e o uso de termos coloquiais na seguinte passagem:

a) "Quando um doce bardo brada a toda brida" (v. 2)
b) "Em velas pandas, suas esquisitas rimas?" (v. 3)
c) "Que devora a voz do morto" (v. 9)
d) "lobo-bolo//Tipo pra rimar com ouro de tolo? (v. 11-12)
e) "Tease me, tease me outra vez" (v. 14)

2.

> Gerente – Boa tarde. Em que eu posso ajudá-lo?
> Cliente – Estou interessado em financiamento para compra de veículo.
> Gerente – Nós dispomos de várias modalidades de crédito. O senhor é nosso cliente?
> Cliente – Sou Júlio César Fontoura, também sou funcionário do banco.
> Gerente – Julinho, é você, cara? Aqui é a Helena! Cê tá em Brasília? Pensei que você inda tivesse na agência de Uberlândia! Passa aqui pra gente conversar com calma.
>
> BORTONI-RICARDO, S. M. *Educação em língua materna*.
> São Paulo: Parábola, 2004 (adaptado).

Na representação escrita da conversa telefônica entre a gerente do banco e o cliente, observa-se que a maneira de falar da gerente foi alterada de repente devido:

a) à adequação de sua fala à conversa com um amigo, caracterizada pela informalidade.
b) à iniciativa do cliente em se apresentar como funcionário do banco.
c) ao fato de ambos terem nascido em Uberlândia (Minas Gerais).
d) à intimidade forçada pelo cliente ao fornecer seu nome completo.
e) ao seu interesse profissional em financiar o veículo de Júlio.

Texto para as questões 3 e 4

INFLUENZA A (GRIPE SUÍNA):

Se você esteve ou manteve contato com pessoas da área de risco e apresenta os seguintes sintomas:

* Febre alta repentina e superior a 38 graus;
* Tosse;
* Dor de cabeça;
* Dores musculares e nas articulações;
* Dificuldade respiratória.

Entre em contato imediatamente com o Disque Epidemiologia: 0800-283-2255.

EVITE A CONTAMINAÇÃO:

* Quando tossir ou espirrar, cubra sua boca e nariz com lenço descartável. Caso não o tenha utilize o antebraço. Se utilizar as mãos lave-as rapidamente com água e sabão.
* O uso de máscaras é indicado para prevenir contaminações.

BRASIL. Ministério da Saúde, 2009 (adaptado).

3. O texto tem o objetivo de solucionar um problema social:

a) descrevendo a situação do país em relação à gripe suína.
b) alertando a população para o risco de morte pela Influenza A.
c) informando a população sobre a iminência de uma pandemia de Influenza A.
d) orientando a população sobre os sintomas da gripe suína e procedimentos para evitar a contaminação.
e) convocando toda a população para se submeter a exames de detecção da gripe suína.

4. Os principais recursos utilizados para envolvimento e adesão do leitor à campanha institucional incluem:

a) o emprego de enumeração de itens e apresentação de títulos expressivos.
b) o uso de orações subordinadas condicionais e temporais.
c) o emprego de pronomes como "você" e "sua" e o uso do imperativo.
d) a construção de figuras metafóricas e o uso de repetição.
e) o fornecimento de número de telefone gratuito para contato.

5.

> A dança é importante para o índio preparar o corpo e a garganta e significa energia para o corpo, que fica robusto. Na aldeia, para preparo físico, dançamos desde cinco horas da manhã até seis horas da tarde, passa-se o dia inteiro dançando quando os padrinhos planejam a dança professor, um preparador físico dos adolescentes. Por exemplo, dos adolescentes. O padrinho é como um o padrinho sonha com um determinado canto e planeja para todos entoarem. Todos os tipos de dança vêm dos primeiros xavantes: Wamarĩdzadadzeiwawẽ, Butséwawẽ, Tseretomodzatsewawẽ, que foram descobrindo através da sabedoria como iria ser a cultura Xavante. Até hoje existe essa cultura, essa celebração. Quando o adolescente fura a orelha é obrigatório ele dançar toda a noite, tem de acordar meia-noite para dançar e cantar, é obrigatório, eles vão chamando um ao outro com um grito especial.
>
> WÉRÉ' É TSI'RÓBÓ, E. A dança e o canto-celebração da existência xavante. VIS-Revista do Programa de Pós-Graduação em Arte da UnB. V. 5, n. 2, dez. 2006.

A partir das informações sobre a dança Xavante, conclui-se que o valor da diversidade artística e da tradição cultural apresentados originam-se da:

a) iniciativa individual do indígena para a prática da dança e do canto.

b) excelente forma física apresentada pelo povo Xavante.

c) multiculturalidade presente na sua manifestação cênica.

d) inexistência de um planejamento da estética da dança, caracterizada pelo ineditismo.

e) preservação de uma identidade entre a gestualidade ancestral e a novidade dos cantos a serem entoados.

6.

La Vie en Rose

Os quadrinhos exemplificam que as Histórias em Quadrinhos constituem um gênero textual

a) em que a imagem pouco contribui para facilitar a interpretação da mensagem contida no texto, como pode ser constatado no primeiro quadrinho.

b) cuja linguagem se caracteriza por ser rápida e clara, que facilita a compreensão, como se percebe na fala do segundo quadrinho: "</DIV> </SPAN> <BR CLEAR = ALL> < BR>
 <SCRIPT>".

c) em que o uso de letras com espessuras diversas está ligado a sentimentos expressos pelos personagens, como pode ser percebido no último quadrinho.

d) que possui em seu texto escrito características próximas a uma conversação face a face, como pode ser percebido no segundo quadrinho.

e) em que a localização casual dos balões nos quadrinhos expressa com clareza a sucessão cronológica da história.

7.

A linguagem da tirinha revela

a) o uso de expressões linguísticas e vocabulário próprios de épocas antigas.
b) o uso de expressões linguísticas inseridas no registro mais formal da língua.
c) o caráter coloquial expresso pelo uso do tempo verbal no segundo quadrinho.
d) o uso de um vocabulário específico para situações comunicativas de emergência.
e) a intenção comunicativa dos personagens

8.

> Oximoro, ou paradoxismo, é uma figura de retórica em que se combinam palavras de sentido oposto que parecem excluir-se mutuamente, mas que, no contexto, reforçam a expressão.
>
> Dicionário Eletrônico Houaiss da Língua Portuguesa.

Considerando a definição apresentada, o fragmento poético da obra Cantares, de Hilda Hilst, publicada em 2004, em que pode ser encontrada a referida figura de retórica é:

a) "Dos dois contemplo rigor e fixidez. Passado e sentimento me contemplam" (p. 91).
b) "De sol e lua De fogo e vento Te enlaço" (p. 101).
c) "Areia, vou sorvendo A água do teu rio" (p. 93).
d) "Ritualiza a matança de quem só te deu vida.
e) me deixa viver nessa que morre" (p. 62).

9.

Cara, se, tipo assim, o seu filho escrever como fala ele tá ferrado

Na parte superior do anúncio, há um comentário escrito à mão que aborda a questão das atividades linguísticas e sua relação com as modalidades oral e escrita da língua. Esse comentário deixa evidente uma posição crítica quanto a usos que se fazem da linguagem, enfatizando ser necessário:

A implementar a fala, tendo em vista maior desenvoltura, naturalidade e segurança no uso da língua.
B conhecer gêneros mais formais da modali-

dade oral para a obtenção de clareza na comunicação oral e escrita.

C dominar as diferentes variedades do registro oral da língua portuguesa para escrever com adequação, eficiência e correção.

D empregar vocabulário adequado e usar regras da norma padrão da língua em se tratando da modalidade escrita.

E utilizar recursos mais expressivos e menos desgastados da variedade padrão da língua para se expressar com alguma segurança e sucesso.

QUEM VAI PARAR ATRÁS DAS GRADES

A figura abaixo é parte de uma campanha publicitária. Com Ciência Ambiental, n. 10, abr./2007

NEM SEMPRE É O CRIMINOSO QUEM VAI PARAR ATRÁS DAS GRADES

10. Essa campanha publicitária relaciona-se diretamente com a seguinte afirmativa:

a) O comércio ilícito da fauna silvestre, atividade de grande impacto, é uma ameaça para a biodiversidade nacional.

b) A manutenção do mico-leão-dourado em jaula é a medida que garante a preservação dessa espécie animal.

c) O Brasil, primeiro país a eliminar o tráfico do mico-leão-dourado, garantiu a preservação dessa espécie.

d) O aumento da biodiversidade em outros países depende do comércio ilegal da fauna silvestre brasileira.

e) O tráfico de animais silvestres é benéfico para a preservação das espécies, pois garante-lhes a sobrevivência.

11.

Antigamente

Acontecia o indivíduo apanhar constipação;
ficando perrengue, mandava o próprio chamar o doutor e,
depois, ir à botica para aviar a receita, de cápsulas ou
pílulas fedorentas. Doença nefasta era a phtísica, feia era
o gálico. Antigamente, os sobrados tinham assombrações,
os meninos, lombrigas (...)

Carlos Drummond de Andrade. Poesia completa e prosa.
Rio de Janeiro: Companhia José Aguilar, p. 1.184.

O texto acima está escrito em linguagem de uma época passada. Observe uma outra versão, em linguagem atual.

> Antigamente
>
> Acontecia o indivíduo apanhar um resfriado;
> ficando mal, mandava o próprio chamar o doutor e, depois,
> ir à farmácia para aviar a receita, de cápsulas ou pílulas
> fedorentas. Doença nefasta era a tuberculose, feia era a
> sífilis. Antigamente, os sobrados tinham assombrações, os
> meninos, vermes (...)

Comparando-se esses dois textos, verifica-se que, na segunda versão, houve mudanças relativas a:

a) vocabulário.
b) construções sintáticas.
c) pontuação.
d) fonética.
e) regência verbal.

12. Nesta tirinha, a personagem faz referência a uma das mais conhecidas figuras de linguagem para

a) condenar a prática de exercícios físicos.
b) valorizar aspectos da vida moderna.
c) desestimular o uso das bicicletas.
d) caracterizar o diálogo entre gerações.
e) criticar a falta de perspectiva do pai.

13.

> **O jivaro**
>
> Um Sr. Matter, que fez uma viagem de exploração à América do Sul, conta a um jornal sua conversa com um índio jivaro, desses que sabem reduzir a cabeça de um morto até ela ficar bem pequenina. Queria assistir a uma dessas operações, e o índio lhe disse que exatamente ele tinha contas a acertar com um inimigo.
>
> O Sr. Matter:
>
> — Não, não! Um homem, não. Faça isso com a cabeça de um macaco.
>
> E o índio:
>
> — Por que um macaco? Ele não me fez nenhum mal!
>
> *(Rubem Braga)*

O assunto de uma crônica pode ser uma experiência pessoal do cronista, uma informação obtida por ele ou um caso imaginário.

O modo de apresentar o assunto também varia: pode ser uma descrição objetiva, uma exposição argumentativa ou uma narrativa sugestiva. Quanto à finalidade pretendida, pode-se promover uma reflexão, definir um sentimento ou tão-somente provocar o riso.

Na crônica "O jivaro", escrita a partir da reportagem de um jornal, Rubem Braga se vale dos seguintes elementos:

Assunto - Modo de apresentar - Finalidade

a) caso imaginário - descrição objetiva - provocar o riso
b) informação colhida - narrativa sugestiva - promover reflexão
c) informação colhida - descrição objetiva - definir um sentimento
d) experiência pessoal - narrativa sugestiva - provocar o riso
e) experiência pessoal - exposição argumentativa - promover reflexão

14.

A conversa entre Mafalda e seus amigos:

a) revela a real dificuldade de entendimento entre posições que pareciam convergir.
b) desvaloriza a diversidade social e cultural e a capacidade de entendimento e respeito entre as pessoas.
c) expressa o predomínio de uma forma de pensar e a possibilidade de entendimento entre posições divergentes.
d) ilustra a possibilidade de entendimento e de respeito entre as pessoas a partir do debate político de ideias.
e) mostra a preponderância do ponto de vista masculino nas discussões políticas para superar divergências.

GABARITOS – EXERCÍCIOS ENEM

1. Alternativa D.
2. Alternativa A.
3. Alternativa D.
4. Alternativa C.
5. Alternativa E.
6. Alternativa D.
7. Alternativa C.
8. Alternativa D.
9. Alternativa D.
10. Alternativa A.
11. Alternativa A.
12. Alternativa E.
13. Alternativa B.
14. Alternativa A.